CABAÑAS, EL GENERAL
SIN MIEDO Y SIN TACHA

(Medardo Mejía, José Reina Valenzuela, Céleo Arias y otros).

ERANDIQUE
COLECCIÓN

CABAÑAS, EL GENERAL SIN MIEDO Y SIN TACHA

(Medardo Mejía, José Reina Valenzuela, Céleo Arias y otros).

©Editorial Erandique 2024
Antología de: Óscar Flores López
Diseño de portada: Andrea Rodríguez-Lilyana Gálvez
Administración: Tesla Rodas y Jéssica Cordero
Presidente: José Azcona Bocock

Primera edición
Tegucigalpa, Honduras-febrero de 2024

CABAÑAS, EL GENERAL SIN MIEDO Y SIN TACHA

(Medardo Mejía, José Reina Valenzuela, Céleo Arias y otros).

ERANDIQUE
COLECCIÓN

CONTENIDO

CÁTEDRA SOBRE EL GENERAL CABAÑAS

Es más que justo que en las escuelas, colegios y universidades de Honduras sea impartida algún día —no perdamos la fe— la Cátedra Morazánica. A casi dos siglos del asesinato del héroe unionista, el país ha sido incapaz de crear un plan de estudios que dé a conocer su obra y vida, sus pensamientos y su sentido de la justicia.

De igual forma es urgente que Honduras articule la cátedra de otro de sus hombres ilustres: José Trinidad Cabañas, el caballero sin miedo y sin tacha.

Opacado por la grandeza de Morazán, Cabañas ocupa un lejano lugar secundario, sin luces, por lo que apenas se le menciona rápidamente, en las aulas hondureñas.

El "descuido" es tal, que hay muy pocos libros sobre el valiente lugarteniente morazanista. En Colección Erandique nos sentíamos en deuda con él y por eso decidimos publicar este libro que nos permite saber un poco más de él.

Para darle forma a la edición **Cabañas, *el general sin miedo y sin tacha,*** utilizamos las siguientes fuentes: Homenaje al más puro, noble y sincero de los militares de Centro América de Paulino Venegas y Marciano Castillo (Tipografía La Luz, San Salvador, 1905); Trinidad Cabañas, soldado de la república federal de Medardo Mejía (Imprenta Cultura, Tegucigalpa, 1971) y Estudio Biográfico de José Trinidad Cabañas de José Reina Valenzuela (Dirección de Relaciones Públicas de las Fuerzas Armadas de Honduras, Tegucigalpa, 1984); y artículos de la Revista del Archivo Nacional.

El libro *Homenaje al más puro, noble y sincero de los militares* inicia en la página 11.

Trinidad Cabañas, soldado de la república federal: comienza en la página 51.

Estudio Biográfico de José Trinidad Cabañas: a partir de la página 161.

Llamado despectivamente "el señor de las derrotas" por sus enemigo conservadores, Cabañas no solo fue un valiente soldado, temerario, leal, sacrificado, sino también un hombre con un profundo amor por el pueblo centroamericano, honrado, desinteresado de halagos y de poder.

El libro contiene relatos de sus orígenes y testimonios de soldados que lo acompañaron, crónicas de sus batallas (victorias y derrotas), sus discursos, los años de gloria y de oscuridad, su labor como presidente y la célebre carta en la que rechaza la pensión vitalicia que había aprobado el Congreso Nacional.

"Todos los ciudadanos tenemos la más estrecha obligación de ser útiles a la Patria y defenderla cuando se ve amenazada de algún peligro. Y cuando hemos tenido ocasión de prestarle algún servicio señalado no hemos hecho más que llenar nuestro deber", fue la respuesta del general Cabañas.

"No olvido tampoco —agregó en su carta del 30 de junio de 1851— el estado deficiente en que se halla el erario público; y yo desearía tener cuantiosas riquezas para suministrarle, a fin de que cubriese tantas y tan importantes atenciones que no es posible acudir por falta de medios. ¿Cómo había de querer aumentar sus apuros gravándolo con aceptar una pensión? Así es que la renuncio formalmente".

¡Hermoso! ¡Sublime!

Agradezco profundamente a doña Victoria Mejía, hija del recordado escritor, investigador e historiador Medardo Mejía, por enviarnos desde Venezuela, donde vive desde hace muchos años, la carta que nos autoriza a publicar la obra completa de su padre. ¡Y qué mejor forma que iniciar con extractos sobre el general Cabañas!

Además, va mi agradecimiento al personal de la Colección de Letras Hondureñas de la Universidad Nacional Autónoma de Honduras y del Archivo Nacional en la antigua Casa Presidencia, porque su apoyo nos permite realizar esta tarea que tiene como objetivo ayudar a reconstruir la memoria histórica del país y fortalecer la identidad nacional

¡Qué todos los hondureños aspiremos a imitar al general José Trinidad Cabañas y no convirtamos en ciudadanos SIN MIEDO Y SIN TACHA!

(Óscar Flores López/Editor Colección Erandique)

HOMENAJE AL GENERAL TRINIDAD CABAÑAS

TRINIDAD CABAÑAS SOLDADO
ILUSTRE Y BENEMÉRITO DE LA PATRIA

Nació en Comayagua el año de 1805 y falleció en la misma ciudad en enero de 1871. Fueron sus legítimos padres Don José María Cabañas y Doña Juana Fiallos de origen español. Su índole suave y su educación respetuosa y esmerada, lo hacían personalmente simpático, aún para sus mayores adversarios políticos. Enemigos personales, jamás los tuvo aquel hombre hidalgo, obsecuente y bondadoso.

Comenzó su carrera militar el año 1827, como soldado raso. Tuvo a más honra empuñar la carabina que la espada, contra los reaccionarios de aquella época. Entonces, por otra parte, se había relajado la carrera militar, confiriendo grados indebidos por favoritismos, o por contemplaciones de otra naturaleza, que amenguan más todavía.

Su alistamiento en la bandera liberal, fue como sigue: Sitiada la capital del Estado, Comayagua por fuerzas de Guatemala al mando de Don Justo Milla, jefe expedicionario de la oligarquía chapina, el ilustre patricio Don Dionisio Herrera, Jefe Supremo de Honduras, sostenía en persona la plaza, al frente de un puñado de soldados con la abnegación y el valor que sólo se hallan en los hombres del partido liberal, entre los cuales descollaba la gran figura de Herrera.

El padre de Trinidad Cabañas era ya anciano. Ardía en su pecho la llama del patriotismo e iluminaba su cerebro las ideas de libertad en la República democrática. Llamó a su presencia á sus tres hijos varones, Trinidad, Urbano y Gregorio, les habló de patria y de honor: los conjuró á que se prestasen hasta el sacrificio, en defensa de la buena causa; y se apresuró á presentarse con ellos ante el Jefe Supremo:

—Señor —le dijo—: el peso de mis años no me permite acompañaros en este campo de batalla; pero aquí tenéis a mis tres hijos, dispuestos á derramar su sangre al pie de la bandera que defendéis.

Desde ese día el joven Trinidad Cabañas se hizo notable por su valor. Pedía y ocupaba siempre los puestos avanzados y de mayor peligro. Largo sería enumerar sus actos de arrojo en aquel sitio memorable. Rendida la plaza por traición infame de un godo de apellido Fernández, Cabañas no quiso presenciar la humillación de Honduras y las ruinas de Comayagua reducida a cenizas. Partió para

San Salvador, en cuya plaza se defendía la misma bandera que acababa de sucumbir en Honduras sitiada también por ejércitos de la aristocracia de Guatemala.

Prolongado, más que el de Comayagua, fue aquel asedio. Los valientes que defendían la plaza nunca desmayaron ni perdieron la fé como no la pierde jamás el partido liberal en el triunfo definitivo de su causa. Por fin les saludó la aurora. El General Morazán llegado como ángel de salvación, se presentó a la espalda de las tropas oligárquicas, con una bizarra división hondureña: les intimó a la rendición y las hizo capitular á su voluntad.

El General. Morazán entró á la plaza libertada, bajo un trueno de aplausos y vitoreado por el puñado de héroes.

Hizo bajo sus órdenes la campaña de Guatemala, que dió en tierra con la oligarquía, inaugurándose la década brillante de 1829-1839, período único de escuela que en Centro América ha tenido la República Democrática, en su sentido radical.

Vino la reacción de 1840 con su cortejo de frailes, al grito feroz de los salvajes de Mataquescuintla, mandados por el bárbaro Carrera. La salida del General Morazán de la plaza de Guatemala, estrechada por enormes y compactas mazas de indios brutales, ofreció ocasión a Cabañas, para mostrarse, como se mostró digno de la fama que siempre siguió á su nombre inmortal.

Era ya General de División y segundo Jefe del General Morazán. Dada por éste la orden, el General Cabañas, al frente de una pequeña columna de valientes salvadoreños y texiguats, cayó sobre las masas de salvajes y tropas organizadas que los nobles y los frailes habían agregado: rompió las líneas que estrechaban la plaza y circunvalaban la ciudad; y abriéndose paso con espada en mano, dejó libre brecha para que saliese el General Morazán con su Estado Mayor y las reliquias del ejército federal que, en los paroxismos de la República, había movilizado el General Morazán de San Salvador sobre Guatemala.

Nada pudo ya hacer el Genio Centroamericano para salvar las instituciones.

Los traidores hicieron de la patria los girones que aún se conservan para baldón de los Estados. La historia nos presenta al héroe con la amargura de las decepciones, largándose á extranjeras playas, acompañado de una pléyade brillante de sabios y guerreros, entre los cuales figuraba el legendario Trinidad Cabañas.

Después de dos años de ostracismo, el General Morazán y los suyos tornaron a Centroamérica.

Sabemos ya cómo el General Morazán fue proclamado Presidente de Costa Rica, y la alarma que esto trajo al conservatismo dominante en Centro América. Sabemos los esfuerzos del héroe centroamericano y sus medidas preparatorias, en aquel Estado, para reorganizar la República. Sabemos el fin trágico que tuvo en San José de Costa Rica, con todos sus episodios. Lo que la historia no nos ha contado es el papel heroico que tocó al General Cabañas en la estupenda cuanto maravillosa salida del General Morazán de la plaza de San José estrechada como con un círculo de hierro, por todo un pueblo sublevado.

Hélo aquí: Después de tres días de combate desesperado, en que habían inundado de sangre las calles, perdiendo la vida Jefes tan notables como el valiente Coronel Lazo; herido ya el mismo General Morazán y perdida toda esperanza de someter a los sublevados, dióse la orden de romper las líneas del sitio, que las componían fuertes columnas de tropas de salida de los cuarteles insurrectos y masas informes que afluían de todos los Departamentos, colocados en grupos desde el centro hasta los arrabales de la ciudad.

El General Cabañas, como en la memorable salida de Guatemala, se puso al frente de una pequeña guardia que había quedado al General Morazán, y se abrió paso de un modo portentoso a través de la metralla enemiga, rompiendo con su espada cuerdas obstructoras colocadas de balcón a balcón en las calles principales, hasta llegar fuera de la ciudad, donde no había ya fuerzas que combatir.

Allí hizo alto; y a la llegada del General Morazán, el intrépido Cabañas ocupó la retaguardia para contener y rechazar las partidas de tropa enemiga que venían en persecución. El General Morazán, acompañado de los Generales. Saravia y Villaseñor, llegó á Cartago con la mira de esperar al General Cabañas.

Todos conocemos la traición de que allí fue víctima el grande hombre. Cabañas, siguiendo instrucciones de su Jefe, á quien suponía en marcha, se dirigió al Puerto de Matina donde esperaba encontrarlo. Antes de llegar al Puerto tuvo la fatal nueva de la captura de Morazán. Desde ese instante, ya no pensaría en su persona, sino en la suerte de su digno Jefe y amigo.

Disuelve la escolta que aún llevaba; y resignado á una muerte segura corre a San José, se presenta voluntario prisionero, pide y suplica con insistencia se le conceda la honra, para él la más gloriosa, de morir en el cadalso al lado del al lado del General Morazán.

Los verdugos no se lo conceden, respetan su vida y le otorgan enseguida libertad. El que estas líneas escribe oyó varias veces de sus propios labios referir este pasaje por demás doloroso, derramando lágrimas que revelaban lo que pasaba en aquel corazón magnánimo.

Después de la catástrofe de San José, el General Cabañas y demás amigos del General Morazán que le sobrevivieron, quedaron con el sobrenombre de coquimbos, proscritos de Centro América.

Al fin les fué concedido asilarse en Nicaragua, país culto y esencialmente democrático. Siguiéronse las reclamaciones de los Gobiernos reaccionarios, especialmente de Honduras y El Salvador, regidos por los corifeos Ferrera y Malespín.

El Gobierno de Nicaragua, por convicciones propias y siguiendo los sentimientos de aquel pueblo humanitario, rechazó las bárbaras demandas de extradición, y aceptó la guerra. Ejércitos aliados de El Salvador y Honduras, al mando en Jefe de Francisco Malespín, Presidente de El Salvador, invadieron á aquel Estado, y pusieron sitio formal á la plaza de León.

Inauditos fueron los horrores que allí se cometieron por los generales aliados. Guardiola, Comandante de las fuerzas de Honduras, no fue menos feroz que el bárbaro Malespín. La plaza sucumbió. Los Jefes prisioneros fueron decapitados. La ciudad saqueada y entregada a las llamas.

El General Cabañas, el General Barrios y algunos otros jefes y oficiales, lograron evadirse y salvarse de la carnicería de Malespín. Salieron de la plaza casi sin dirección elegida. No tenían medios como embarcarse para salir de Centro América; proscritos de todos los Estados, no podían buscar ni hallar asilo en ninguno de ellos. La necesidad de tomar una ruta cualquiera, los llevó á la costa del Sur, con la mira de ocultarse en sus bosques, mientras se les presentaba una embarcación cualquiera, para surcar los mares en nueva peregrinación. Hacían el camino en disfraz; y en el tránsito fueron informados de la exasperación del pueblo salvadoreño contra Malespín, á quien deseaba cerrar las puertas.

Barrios y Cabañas, con tales precedentes, se resolvieron á dirigirse al Salvador, penetrando hasta San Miguel donde contaban con grandes simpatías y prestigios personales y políticos. El pueblo los recibió alborozados y ellos supieron aprovechar su entusiasmo. El General Cabañas no mentía nunca en tanto que el General Barrios era capaz de ese artificio para llegar á un fin; y no tuvo embarazo para asegurar en público al Vicepresidente Don Joaquín Eufracio Guzmán, encargado del Poder, que Malespín había sufrido completa derrota en León; y acatando y siguiendo, decía, la opinión del pueblo salvadoreño, era llegado el momento de desconocer su oprobioso Gobierno.

Guzmán vacilaba; el General Cabañas guardaba silencio respeto á la supuesta derrota de Malespín, y las pasiones populares, se desencadenaban contra los pocos partidarios y familiares del odioso Presidente. La revolución estalla incontrastable, y el Vicepresidente Guzmán, vellis nolis (guste o no guste) desconoce el Poder de Malespín.

Refugiose este en Honduras buscando á su correligionario y amigo Ferrera. Siguiéronse reclamaciones con pretextos especiosos y amenazas insultantes y provocativas del Gobierno de Honduras contra el del Salvador, de donde surgió la expedición armada, que, al mando del General Cabañas vino a fracasar en Yamabal el 2 de Junio de 1845.

Los serviles de Honduras harto desacreditados en Centro América y cargando el odio del país, decaían ya visiblemente. Ferrera fue reelegido Presidente del Estado, en el ocaso de su vida pública: renunció y vióse precisado á renunciar del mando, y vino á sucederle el Doctor Don Juan Lindo, de la antigua escuela conservadora; pero culto y astuto, se puso en contacto con los jefes más conspicuos del partido liberal centroamericano, y con marcada habilidad, sacó del escenario a los serviles de Honduras. Jauregui, Ferrera, Chávez y Guardiola, próceres del partido reaccionario en Honduras, vivieron en el destierro que Lindo les impuso, durante su Administración.

Lógico era que al Doctor Lindo sucediese un Gobierno liberal ya que dejaba abierto un abismo entre él y los cachurecos de Honduras. El partido liberal, vuelto á la vida después de sus proscripciones del 39 al 47 trajo al poder por elección popular, al preclaro General Cabañas al terminar el período del Señor Lindo.

Vida humilde y sin aspiraciones de mando, llevaba el General Cabañas en San Miguel, República del Salvador. Allí le halló la comisión que el Congreso de Honduras nombró para que pusiese en sus manos el decreto de su elección presidencial, y para que lo excitase á ponerse en camino, viniendo desde luego á tomar posesión del alto puesto á que lo llamaba el pueblo hondureño.

Su ilustre amigo el inolvidable León Alvarado, presidía la honrosa comisión. Victoria moral fue para ella, obtener la aceptación de General Cabañas. Este sin bienes de fortuna que jamás persiguió, por un extremo para proporcionarse recursos y poder venía a Honduras: aceptó el numerario, valor de las alhajas y propiedades de su esposa que ella, su digna compañera, vendió espontáneamente.

Así vino a colocarse al frente del Gobierno de Honduras este hombre virtuoso y respetable. Su aparición victoreada por el partido liberal de centro América, despertó las iras de los conservadores y arrancó un grito de alarma en la nobleza de Guatemala que, contrita, besaba el caite de Carrera.

Consecuente con sus ideas, uno de sus primeros pasos fue dado en pos de la reconstrucción de la patria de Morazán. Convocó al efecto, un Congreso Centro Americano; y en 1853 vimos representados en Tegucigalpa, al Salvador, Honduras, y Nicaragua. La mala fé y la falsía fueron el alma de aquella Asamblea. Los Gobiernos de Nicaragua y El Salvador eran separatistas.

Sólo el General Cabañas quería sinceramente la Unión. Fiel entre infieles metido, lo traicionaban hasta en su Gabinete. Aquella tentativa patriótica no dió otro resultado que la guerra sin tregua que al Gobierno del Gral. Cabañas hicieron los nobles de Guatemala, despertando para ello el odio de banderilla y la ferocidad de Carrera. El Gral. Cabañas sucumbió después de prolongada y digna lucha, con fuerzas y elementos siempre desiguales; y en 1855 le sucedió en el Poder Don Santos Guardiola, el proscrito de Lindo y la resurrección encarnada del cachurequismo de Honduras.

El General Cabañas solicitó y obtuvo asilo en El Salvador, tornando a la vida humilde, casi en la indigencia, separado de la política y de toda ocupación pública hasta 1862, no obstante, la altura a que en los últimos años había llegado su antiguo camarada y hermano político Don Gerardo Barrios, Presidente del Salvador. Prefería la pobreza y el aislamiento, á empañar la pureza de su nombre, acercándose á Barrios en aquella época en que, real o aparentemente, se le vio en buena inteligencia y armonizado con Carrera.

Vino al fin la ruptura entre estos Jefes de dos bandos esencialmente antagónicos. Barrios hizo llamamiento al partido liberal, y en breve se encontraron frente a frente, retados a muerte, los dos partidos eternamente enemigos. Para el General Cabañas había llegado el momento. Olvidando justos resentimientos con el General Barrios, voló á los campos de batalla, á la primera insinuación. Los rayos de su espada victoriosa iluminaron el campamento de Coatepeque; y, á haber seguido su consejo, el General Barrios habría hecho ondear el pabellón de la patria centroamericana, si aprovechándose del triunfo, persigue al vencido Carrera hasta Guatemala.

Faltó en Barrios la mirada política y la audacia militar que elevaron á Morazán después de la batalla de Gualcho, pedestal de su gloria. La inercia de Barrios en Contepeque, después del esplendido triunfo, vigorizó la mano temblorosa de sus enemigos y alentó á los traidores que más tarde cavarían su tumba.

No pasó mucho tiempo sin que lo comprobase Don Santiago Gonzales, el Judas de Santa Ana. Su traición inaudita trajo la perdición de Barrios y la prolongada noche tenebrosa en que pasó Centro América. El General Cabañas se hallaba en Santa Ana cuando Gonzales cometió su gran crimen, habiéndole ofrecido éste el mando en Jefe de las armas con tal que desconociese al Gobierno de Barrios.

El inmaculado Cabañas le enrostró su infamia; y acompañado del leal y pundonoroso General Rafael Osorio, destiló con la División de este en presencia del traidor, y fué a incorporarse á su Jefe en la plaza de San Salvador.

A favor de la traición de Gonzales, guatemalteco de origen, y tocado astutamente por los nobles de su patria, Carrera invadió de nuevo El Salvador, penetrando impune hasta la capital, a la que puso formal sitio.

El General Cabañas acompañó a Barrios hasta los momentos de suprema prueba. Evacuada la plaza por orden de Barrios, el General Cabañas en la salida, se colocó a la retaguardia, haciendo alto de tiempo en tiempo para retener y rechazar las fuerzas enemigas que iban en su persecución.

El General Barrios, después de muchos días de admirables evoluciones en presencia de sus perseguidores, pudo al fin embarcarse en el Puerto de La Unión, y al General Cabañas fué permitido, más tarde, volver á su retiro.

Allí se hallaba cuando el Gral. Barrios anunció de Sur América su regreso al país. Para apoyarlo proyectó entonces y puso en obra una revolución en San Miguel contra el Gobierno de Dueñas que Carrera había impuesto al pueblo salvadoreño.

Sin más que un chilillo en la mano, se dirigía solo al cuartel militar de aquella ciudad, donde fue aclamado, reconocido y respetado como Jefe, sin resistencia ni contrariedad alguna. Esto pasaba por la noche; al amanecer tenía más de seiscientos voluntarios que volaron a ponerse bajo sus órdenes. El comercio, sin excitación suya, puso a su disposición cuantiosa suma de dinero para los gastos militares Su objeto primordial era proteger á Barrios en su desembarque, y, al efecto, se dirigió á La Unión con sus voluntarios, devolviendo untes al comercio de San Miguel, el dinero que le había aprontado.

"Si Barrios llega —decía—, él trae los fondos para la revolución; si no llega, no necesito plata, porque mi movimiento de armas terminará La historia de nuestras revoluciones no presenta igual pureza de manos y de leal franqueza.

El General Barrios no llegó: la naturaleza le fue adversa y un rayo en deshecha tempestad dejó inmóvil el bajel que le conducía á las playas de La Unión. El General Cabañas, entre tanto, fue seguido y atacado en el Puerto por numerosas fuerzas del Gobierno de Dueñas. Hizo aquella jornada prodigios de valor, hasta arrojarse con revólver en mano sobre una de las trincheras que ya ocupaba el enemigo, en cuyo acto una bala le fracturó el brazo izquierdo, haciéndole soltar incontinente la brida del caballo en que montaba.

Desbocado éste, en consecuencia, salió con dirección á la plaza del mar, á donde el General llegó ya desmayado; y, sin su conocimiento, fué conducido por algunos amigos a bordo de un buque francés, anclado en aquellas playas. Así terminó ese episodio desgraciado. Barrios indefenso y sin actitud hostil para Nicaragua, fué capturado por el Gobierno de Martínez en aguas de aquella República y entregado bárbaramente á sus verdugos, quienes lo hicieron morir en el patíbulo.

El General Cabañas pasó á Costa Rica; de donde vino a Honduras en 1867. Siempre el mismo: sin recursos, casi en la miseria, se resignó a vivir la vida del leñador en las inmediaciones de Comayagua. Las aguas del "Selguapa" fueron testigo mudo de la humildad de aquella encarnación de la virtud.

Allí, acompañado de su inteligente esposa, pasó los últimos días de su vida aquel hombre extraordinario, tanto más grande cuánto más lo persiguió el infortunio.

Bajó al sepulcro al rayar la aurora radiante del 71, llorando por sus amigos y respetado de sus adversarios políticos.

El general Cabañas no presenció el derrumbamiento de la teocracia reinante en la tenebrosa noche de los treinta años, contra la cual había derramado su sangre generosa; pero, en cambio, no ha sentido los sinsabores de la inconsecuencia política, que nos aleja de la patria de sus ensueños.

¡Repúblico Ilustre! ¡Honor de Centro América! ¿Quién como tú podrá pasar por la tierra sin llevar á la eternidad sombra del mal en su conciencia?"

Comayagua, Septiembre, 1888.

CÉLEO ARIAS.

CABAÑAS

La vida de ese hombre sin mancilla, de ese abnegado apóstol de la democracia y del derecho, debería ser historiada por la pluma de oro y perfilada de la musa laureada de la guerra.

Cabañas no era de esos soldados vulgares que se elevan a merced de la escala frágil de la audacia y de la ambición rastrera; su ideal era elevadísimo y augusto, defendía una gran causa; la reconstrucción de la unidad política de Centro América.

FÉLIX MARÍA RIVAS.

*****

(Al triunfo de mis principios, que son los de la libertad, he consagrado teda mi vida. —Trinidad Cabañas. (Proclama del 5 de febrero de 1863 contra Carrera.)

*****

CABAÑAS

Yo no conozco nada más sinceramente noble, en los anales militares de Centro América, que la personalidad de este anciano inmaculado, cuyo sable no cayó nunca sobre el dócil cuello de estos pueblos.

Hombre de conciencia y de justicia, Cabañas no martilló las aspiraciones colectivas, ni sacrificó el bien y el derecho a las conveniencias rastreras de las marañas políticas. Esa espada gloriosa no abrió jamás una herida en el corazón de la libertad, ni se hundió en el seno, tan eternamente violado, de la conciencia pública.

Nunca se vió, en los perpetuos fratricidios centroamericanos, elevarse un hombre, ileso de las negruras del delito, limpio en sus antecedentes políticos, y recto de una rectitud indoblegable, en sus procederes patriarcales, íntegros y sobrios.

Este fuerte varón, héroe pero desgraciado como Héctor, no sintió jamás, en su tormentosa vida de guerrero, la unción anhelada del dios de las batallas. En sus innúmeras refriegas combatía personalmente, y muchas veces se vió envuelto en las espesas humaradas de la pólvora, en medio del fragor de los truenos épicos de la batalla, oyendo el grito desesperado de sus gloriosos combatientes, impasible ante la visión de la derrota y el clamor doliente de los que caían bajo la amplia ala roja de sus banderas.

Y la derrota sobrevenía, con su funesto cortejo de desesperaciones.

Era entonces cuando Cabañas, como la alta figura de un epopeya de los tiempos heroicos, surgía aquí, resurgía allá, aparecía acullá, con los ojos enrojecidos, con la luenga barba temblorosa y ahumada, y con los labios cargados de frases de aliento para sus fatigados veteranos.

Estaba en todas partes, altivo y enérgico, blandiendo su espada llena de fulgores, en medio de una espantosa confusión de gritos de vencedores y clamores de vencidos. Y salía derrotado, ¡casi siempre derrotado! ¡Pero siempre con el alma pletórica de esperanzas y la cabeza llena de proyectos republicanos!

Del fragor de la pelea, Cabañas sacaba siempre ileso su bagaje de ensueños democráticos, porque siempre lo llevaba en la conciencia. Sus derrotas no lastimaban en nada sus ideales. He ahí uno de sus más grandes méritos.

Después de que el General Morazán rodó en el cadalso levantado por la traición; después de ese trágico desastre en que parecía haberse aniquilado el ideal nacionalista, sólo Cabañas quedó de pie sobre las sangrientas ruinas...

Profesando alta lealtad a sus altos principios, él continuó, solo, la cruenta peregrinación hacia la unidad, la libertad y la justicia. Desterrado, perseguido, derrotado, llegó un momento en que hubo de refugiarse con Gerardo Barrios en la tierra nicaragüense, que les ofrecía generoso asilo.

Pero atacados de celos El Salvador y Honduras, unidos reclamaron a los gloriosos refugiados; mas como Nicaragua se negara á mancharse con la infamia de entregar asilados de tan alta talla, Malespín y Guardiola entraron a sangre y fuego en la ciudad de León.

Todos saben lo que siguió después.

Cabañas continuó en su viacrucis, infatigable y perseverante, hasta que la muerte salvadora llegó hacia él y lo libertó del dolor y de las hondas penalidades que siempre siguen, de muy cerca, a los hombres cuya conciencia no se rinde nunca y cuyos ideales se hallan siempre en plena floración.

Al morir este caballero cruzado del patriotismo, no contaba con recursos pecuniarios, ni tal vez con la justicia y veneración de sus contemporáneos. Pero contaba con su conciencia y con la Historia.

PAULINO VANEGAS.

LÍNEAS

Hace cerca de medio siglo que la figura del General Cabañas pasó a la Historia en medio del aplauso universal de los centroamericanos, y hoy se cumple una centuria cuando por primera vez respiró aquel vasallo de la Unión el aire de las montañas hondureñas.

Obligación, más que justicia, es hacer protestas de fe en este momento histórico en presencia del centenario del General Cabañas. Celebrarlo es un deber.

Brindar un recuerdo a las cenizas del célebre guerrero, es una fuerza que se impone en los espíritus libres. Al pensar en todas las injusticias de nuestra vida política, nos viene esta reflexión: La apoteosis del General Cabañas deben celebrarla los jóvenes que se consideren suficientemente honrados y que llevan por lema la divisa egregia, es decir, de velar por los principios que sustentó el más humilde de nuestros mártires y el más virtuoso de nuestros gobernantes. Participarán de este regocijo los hombres que no se hayan corrompido a pesar del duelo a muerte que hoy se hace al carácter por los que han perdido el corazón del verdadero patriota centroamericano. Y por último, se excluirán de este festejo, los gobiernos conculcadores de la ley, que no les importa la civilización, para atravesar en pleno siglo XX, con las bayonetas, las páginas de la Constitución, los que violan todos los derechos, los que asesinan las instituciones y los que tratan de ahogar el grito de redención lanzado por los que ansían nueva vida y nuevo sol a la infortunada madre de Cabañas: Centro América.

Todo lo demás que se haga en nombre de la memoria del General Cabañas será una verdadera apoteosis, de lo contrario, una profanación.

AGUSTÍN BUSTILLO. 7 de junio de 1905.

—La espada al servicio de los principios: pensamiento que encierra en su simplicidad la solución de muchos problemas que el estado actual de Centro América hace surgir. El imperio de la ley vendría como corolario preciso cuando la clase militar comprendiera lo alto y noble de su misión, y cediendo el paso al derecho ale- jara del campo el predominio del hecho. Los partidos podrían entonces organizarse, procurar en la lucha pacífica el triunfo de sus ideales; llevar a las conciencias la convicción sobre la bondad de sus doctrinas, hoy, desgraciadamente tolerados por te- mor, más que por adhesión.

EMILIO CÁCERES BUITRAGO.

AQUELLOS HOMBRES.
(LO QUE DIJO UN SOLDADO).

Habla un anciano soldado, refiriéndose á Cabañas: Cuando le conocí —dijo— yo venía prófugo de la casa de mis padres, seducido por un cariño especial, por mi gran admiración y mi deseo vehemente de ver y hablar a aquel hombre, de servirle, de ser un valiente al lado suyo é ir siempre con el que era un león, del que contaran proezas infinitas...

Hacía poco que se había efectuado un combate en el que cayeron trece prisioneros; el General algo encorvado, con las manos atrás se paseaba por el corredor del cuartel.

—¡Los prisioneros! —ordenó de pronto, enfrentándose al cabo de guardia, y yo temblé por la suerte de aquellos desgraciados; sabía que no había perdón para el vencido, había presenciado yo fusilaciones en masa y pensé que morirían los infelices avanzados; tentado estuve a suplicar por ellos, pero era un desconocido, un voluntario que llegaba.

Los prisioneros formaron frente a Cabañas, que ordenó se les quitaran los lazos y les habló, como amigo, como padre: "Hijos míos: Están en libertad. La tierra espera el trabajo de ustedes, también les esperan a ustedes las madres y las esposas, los hijos y los hermanos; hay que trabajar y ser bueno y honrado, pero si alguno de ustedes, o todos, por sentimientos propios, son enemigos míos, están libres también para replegarse a las filas de los que me combaten".

Después haciendo registro en sus bolsillos sacó trece pesos que entregó uno a cada uno de los apresados por sus fuerzas. Les aseguro que ese día es uno de los que me he sentido más conmovido y quise más desde entonces al héroe, más aún cuando supe que se había quedado sin ningún dinero...

Guardó silencio el soldado y respetamos ese silencio en el que tal vez miraba pasajes de hechos lejanos, u oía el estruendo de la pelea ó vibraba al evocar cuadros de remembranzas gratas.

DANIEL SÁNCHEZ SORIANO.

A CABAÑAS.

El pabellón federal, en vuestras manos, dejó la estela inmaculada y fugaz de un ensueño de romántica ingenuidad: pertenece a la leyenda: a su recuerdo impecable se le rinde algún culto sincero, más se aprovecha su renombre como pretexto transitorio de conveniencia, lo cual es siempre una esperanza.

MIGUEL PINTO.

CABAÑAS.

Cabañas fue el Don Quijote de la América. Enamorado de una idea, jamás contó los enemigos, ni sospecho el miedo, ni aquilató el peligro. Derrotado cien veces, volvió siempre a la carga con la misma fe, con el mismo entusiasmo de sus primeras aventuras. No conoció el orgullo: siendo la lucha por su ideales, allá corría de jefe ó de soldado, leal y bravo entre los bravos y los leales.

Él primero entraba al combate, con su sencillo dormán azul, ondeante la barba de nieve, firme en la silla como un centauro. Se retiraba el último, acribillado a balazos, cuando solo ya en la pelea, notaba que podía caer prisionero. Muerto, sí; rendido, no.

Y mientras aquel hombre no cayera de su corcel, ni perdiera su espada, seguro estaba que los vencedores le aprisionaran. Para eso tenía él aquella maniobra suya que llamaba "romper la línea". Cosa fácil: romper la línea era, solo ó acompañado, retroceder por buen trecho, hundir las espuelas en el vientre de su caballo, partir como un ciclón sobre los enemigos, abrirse camino a sablazos, saltar por sobre las bayonetas, y ya al otro lado, volverse, saludar con la espada, é irse luego a curarse de cinco ó seis heridas.

Esto era "romper la línea" y jamás falló en la maniobra. Cuentan que le vencían siempre. Yendo de Jefe llevaba él su plan; mas á las primeras descargas olvidaba su empleo; que su verdadero lugar estaba en lo más fragoso del combate; y allá se entraba hendiendo cráneos y taja tajando brazos como un Rolando ó un Oliveros, celebrando los grandes golpes, fueran de amigos ó de adversarios, saludando a los que de su camino se apartaban; resucitando en plena edad bárbara las hazañas de los siglos caballerescos.

Cabañas, como Don Quijote, habría desafiado a un león. No llegó el caso, más no vacilo en desafiar á Carrera, que era un tigre.

Morazán erraba en el destierro, y el porquerizo daba la ley á Centro América. ¿Quién era el loco que iba a enojarle? Ca-bañas. Llegado a la presidencia de Honduras, sin dinero, sin armas, sin soldados casi, le declaró la guerra. Pudo ser el obediente vasallo de Carrera, vivir en el poder, hartarse de dinero y de goces; pero su oficio era desfacer entuertos; Carrera era un follón, un malandrín, y como a tal había de combatirle, aunque todos los endriagos de la tierra vinieran en su contra.

Y le combatió, sin tregua, sin calcular los resultados; y fue vencido, porque en esta miserable tierra los reveces son el patrimonio de los nobles andantes, y la fortuna se va enamorada tras de los mal nacidos.

Jamás derramo sangre sino en el combate: pudo ser opulento, y vivió pobre; pudo ser poderoso y prefirió el destierro; y nunca, nunca jamás ni la sombra de una deslealtad mancho su pensamiento.

En la devoción por sus ideales, don Quijote; en el arrojo y gallardía, un Murat; en la pureza de su vida, un Bayardo.

Y en verdad, fue ese hombrecito, un caballero sin miedo y sin tacha.

A. MASFERRER.

—¡Cabañas! No sé qué fulguraciones redentoras enciende en mi espíritu la silueta inmaculada que tu nombre evoca. ¡Bayardo legendario del Istmo! La Gran Patria reconstruida bajo las inspiraciones que de tu vida emanan como de pura y abundosa fuente, será sin duda el más excelso monumento de tu gloria.

CARLOS SERPAS

MENSAJE

Pronunciado por el señor Presidente de Honduras, General don Trinidad Cabañas, en el acto de la instalación del Poder Legislativo.

SEÑORES REPRESENTANTES:

Vuestra reunión periódica es una necesidad en nuestro sistema político. De ella esperan siempre los pueblos providencias sabias y benéficas que les aseguren su libertad, su felicidad y bienestar; objetos primordiales de toda sociedad; y el Gobierno que la ha procurado por todos los medios posibles, se congratula de ver coronados sus esfuerzos, prometiéndose que vuestras ingentes tareas darán los más felices resultados para los intereses, honor y ventura del país. Yo os felicito, pues, cordialmente por vuestro advenimiento, y felicito á mis conciudadanos por el acierto con que han procedido en la elección de los esclarecidos patriotas que hoy veo congregados en este sagrado recinto, y cuya prudencia é ilustración son la prenda más segura de la exactitud, con que serán llenadas las augustas funciones del alto Cuerpo que se les ha confiado.

El Estado se halla en paz, y guarda con los demás, en cuanto le es dado, aquella armonía que se requiere para el reposo común. Espero poder mantener este estado de cosas, ya que no sea posible perfeccionarlo, evitando todo motivo de queja por medio de una conducta franca y leal. La esperanza de que se llegaría a establecer un Gobierno General, y el deber en que he estado constituido de obsequiar el deseo que a este respecto han manifestado constantemente mis conciudadanos, me han abstenido de ligar al Estado con ninguna clase de tratados que pudieran servir de embarazo a la realización de aquel gran pensamiento. Pero observando que los otros Estados no proceden de la misma manera, y que tenemos una necesidad urgente de relacionarnos y procurarnos la amistad y simpatías de algunos Gobiernos extranjeros para asegurar nuestra independencia é integridad territorial, creo ser llegado ya el tiempo de abandonar aquella conducta expectante, y entablar todas las relaciones que conduzcan a los objetos, indicados;

y al efecto encontraréis en el presupuesto que se os presentará por el Ministerio del ramo, una suma destinada para misiones diplomáticas, adherido siempre a la idea de que todas las secciones de Centro-América, y especialmente las que concurrieron al último Congreso de Tegucigalpa, tienen intereses comunes de que no pueden prescindir a pesar de su actual separación, y de que bajo este concepto es necesario fijar las reglas que deben servir de base a sus mutuas relaciones, y convenir en llevarlas de una manera uniforme con las otras potencias; se invitó con estos fines a los Gobiernos de El Salvador y Nicaragua, después de haberse separado de los nuevos pactos que tendían & restablecer el lazo federativo, y me cabe el sentimiento de manifestaros, que hasta ahora no se ha recibido una contestación satisfactoria sobre tan grave excitativa. No puedo persuadirme que se haya desconocido su importancia, pero cualesquiera que sean las causas que se hayan tenido para desatenderla, mi propósito, sin entrar al examen de estas causas, es continuar obrando de acuerdo con ellos siempre que se manifiesten dispuestos al efecto; porque es preciso evitar a todo trance una división que bajo cualquier aspecto que se considere sería fatal a nuestra común independencia.

Los gobiernos de Nicaragua y El Salvador declararon insubsistentes los pactos que se celebraron con este Estado con el objeto de restablecer la Unión Nacional de Centro-América; y aunque se han manifestado deferentes a contraer otros, que consolidando la amistad y fraternidad recíprocas afiancen la soberanía é independencia respectivas, no han dejado de observar una conducta equívoca hacia nosotros en la crisis pasada, conducta que sólo puede atribuirse a su animadversión a los principios que nosotros hemos sostenido con firmeza y perseverancia. Cuando se desatiendan las circunstancias de personas, lugares y tiempos, cuando se deje obrar la voluntad de los pueblos y se miren solamente los verdaderos intereses del país, entonces se nos hará la debida justicia, Y acaso los vetemos abjurar tan deplorables errores.

Sin embargo, existen con los referidos Gobiernos de El Salvador y Nicaragua relaciones de buena inteligencia, que facilitan no poco el mantenimiento de la paz general. Procuraré cultivarlas con esmero, y estrechar, á medida que se vaya fortaleciendo la confianza que comienza a renacer, los lazos de amistad que siempre han existido entre los tres Estados, y que son tan naturales y necesarios para su recíproco bienestar.

Estáis informados de las agresiones que las fuerzas de Guatemala hicieron al Estado en noviembre del año próximo pasado, y de la negativa de aquel Gobierno a ratificar el tratado de Esquipulas. Después de rotas las hostilidades en las que la suerte ha favorecido alternativamente a ambas partes; los Gobiernos de Nicaragua y El Salvador interpusieron su mediación amistosa para terminar por un tratado de paz los conflictos de la guerra. La mediación fue aceptada por los dos beligerantes; pero el de Guatemala ha encontrado medios de eludirla, rehusando nombrar los Comisionados que debían concurrir a Santa Ana á celebrar la negociación, exigiendo se le presentasen previamente las proposiciones sobre las cuales se haría el arreglo, como que de otra suerte carecería de estabilidad cuanto se estipulase a este respecto. Tal pretensión fue considerada como depresiva, y repulsada por la imparcialidad y justificación de los Gobiernos mediadores. Entre tanto y por un medio privado se me propuso una conferencia con el General Carrera, y consentí en ella bajo ciertas condiciones; pero el término que se fijó para mi concurrencia fue tan corto, que no pude tener lugar, y además tampoco el General Carrera. llegó a Esquipulas como ofreció. Recientemente ha ido a Guatemala el señor Zeledón, Comisionado de Nicaragua, y se ocupaba de llevar adelante las negociaciones, con cuyo objeto y como un paso preliminar ha promovido la conclusión de un armisticio. Por un correo extraordinario se recibió en el Ministerio de Relaciones una declaratoria formal de aquel Gobierno para la suspensión de hostilidades, la cual ha sido aceptada y reciprocada por el mío, con la aclaración de que para estimarlo por tal no se deben prestar auxilios à Guardiola y sus partidarios para inquietar la tranquilidad de Honduras. El señor Zeledón propone que nuestros Comisionados pueden ir á aquella capital; pero he rehusado dar un paso de esta naturaleza, porque para tratar bajo un pie de igualdad es necesario hacerlo en país neutral, y porque no veo justicia ninguna de parte de Guatemala para exigir tal condición. Estoy resuelto á procurar la paz por todos los medios razonables; pero no puedo pasar por nada que sea humillante y depresivo para el Estado. Así es que se contestó al señor Zeledón, que nuestros Comisionados irán á Santa Ana, o a cualquiera otro punto de un Estado neutral.

De la anterior narración vendréis en conocimiento del estado actual de nuestra cuestión con Guatemala, de la buena voluntad con que me he prestado constantemente a un arreglo amistoso, y de las evasivas con que por aquella parte ha procurado dificultarse; deduciéndose de tal conducta, que se ha tenido la esperanza de efectuar un cambio en la administración de Honduras, para dejar burlada la justicia de su causa, y que esas evasivas han sido con el objeto de ganar tiempo y prepararlo todo para la ejecución de este plan. Guardiola, a quien se tiene en servicio allá, ha publicado proclamas y manifiestos, concitando los pueblos a la rebelión: y el 19 de enero último hizo salir de Esquipulas una partida de sus adictos con armas de los almacenes de Guatemala; ésta transitó por el Estado de El Salvador, y apareció a principio de febrero anterior en las márgenes del río Guascorán, con el fin de inquietar nuestra frontera del Sur y promover trastornos en Choluteca; pero fue desarmada el 6 por el Coronel Gómez que había acudido con una pequeña fuerza a mantener el orden y dar seguridad a aquellos pueblos. De suerte que al presente puedo decir que en todo el Estado se halla afianzada la autoridad del Gobierno, y no dudo que malogrados, como están, los designios de los enemigos, se facilitará el arreglo que tan imperiosamente demandan la humanidad y el bienestar de todo Centro-América.

Recomiendo a vuestro pronto despacho y aprobación la contrata de ferrocarril interoceánico, celebrada con una compañía norteamericana, cuyo Presidente se halla en esta capital para canjear las ratificaciones. No necesito indicaros las ventajas que reportará el Estado de una empresa de tanta importancia, porque está al alcance de vuestra acreditada ilustración el inmenso desarrollo que dará al comercio, a la agricultura, riqueza y civilización del país. No ignoro que dentro y fuera del Estado hay unos pocos hombres poseídos de una ciega suspicacia que están mal prevenidos contra ella, olvidándose de que Nicaragua ha concluido otra para la apertura de su gran canal sin despertar las mismas susceptibilidades dades. Sería muy desacreditante para el país una repulsa inconsiderada, y nos presentaría ante el mundo culto, no sólo como un pueblo atrasado, sino absolutamente incapaz de adelantos y mejoras.

Es preciso pensar ya seriamente en la amortización de la moneda provisional. Son casi incalculables los males que ella causa. Con su demérito progresivo produce una perpetua fluctuación en todos los precios, y una pérdida constante a cuantos la tienen en sus manos. En el comercio, la necesidad de cambiarla retrasa los negocios, mantiene en la inacción una parte considerable de nuestro pequeño capital circulante, y es causa de una estagnación general. De aquí nace el desaliento de todas las clases laboriosas de la sociedad, la aversión a un trabajo improductible, y, en una palabra, el aislamiento, el atraso y falta de estímulo para progresar. De aquí nace también que los funcionarios públicos, y mucho menos el soldado, no tienen ni aun lo necesario para sus más precisos gastos, en medio de las fatigas de un servicio activo, y sólo el fuego sagrado del patriotismo los hace sobrellevar el sufrimiento y las privaciones a un grado que, con razón, puede llamarse heroico. Las circunstancias en que ha estado envuelto el país, me han impedido hacer uso de la facultad que me disteis el año próximo pasado para procurar la amortización de dicha moneda; y como dudo, además, si en ella se comprende la de contratar un empréstito extranjero con este fin, deseo que lo declaréis, pues tengo seguridad de conseguirlo, y a mi modo de ver, es este único recurso positivo con que se puede contar actualmente para hacer al Estado un bien tanto más inestimable, cuanto que remueve uno de los obstáculos que se presentan para la prosperidad.

El presupuesto que este año se os presentará, es de moneda corriente en Centro-América. Ha bajado tanto la provisional, que la administración no pudo ya subsistir con el sistema actual de pagar á los empleados. Puede preverse desde luego un déficit en las rentas para cubrirlo, y por tanto el Gobierno os recomienda el establecimiento del ramo de tabaco, bajo el pie en que estaba antes de las leyes que ahora lo reglamentan, y que lo han arruinado, privando al tesoro público de recursos.

También concluyen este año las contratas del puerto de Amapala y de la alcabala terrestre del Sur, y podrá disponerse de los productos que ellos proporcionen para los gastos ordinarios. El Ministro os presentará un reglamento en proyecto para el régimen administrativo de que hasta hoy carece aquel establecimiento, con notable perjuicio público, para que os sirváis darle vuestra aprobación si la mereciese.

La junta de crédito público demanda muy particularmente vuestra atención. Ha subsistido durante siete años sin interrupción, y parece que sería ya tiempo de abolirla, ó por lo menos de declarar prescritas las acciones de aquellos que según la ley que la estableció no hagan sus reclamos dentro del término que se designe.

Además, son muchos los defectos de esa ley: hace al fiscal juez y parte, y le priva de muchos recursos para defender los intereses de la Hacienda: da lugar a muchos reclamos indebidos porque no impone penas a los que con ellos intentan defraudar al Estado, y no divide por períodos la calificación y pago de la deuda pública. De todo esto ha resultado una gran confusión, y un desorden en la emisión de bonos, con notable baja de su valor y descrédito del Gobierno, pues a la vez que se ha aumentado la deuda, se ha perjudicado á los verdaderos acreedores.

Tal es el estado actual de los negocios públicos y las mejoras cardinales que a mi juicio requiere la administración. Otras secundarias se os indicarán oportunamente por el órgano del Ministerio General. La situación del Estado no es tal como yo la deseara; pero no deja de ofrecer fundadas esperanzas para el porvenir. Os he indicado los principales obstáculos que se oponen á su prosperidad, y los medios de removerlos. Si esto se logra, lo demás bien puede confiarse a la libertad de acción del individuo y a su interés bien entendido. Seguro de vuestro patriotismo y anhelo por la felicidad de vuestros representados, lo repito, saludo cordialmente vuestra instalación, y os ofrezco mi apoyo y cooperación en cuanto conduzca a llenar los altos deberes que la sociedad nos ha impuesto al colocarnos en la elevada posición que ocupamos.

Comayagua, 26 de marzo de 1854.

DISCURSO DEL PRESIDENTE DE LA ASAMBLEA GENERAL DON TRINIDAD CABAÑAS EN LA CLAUSURA DE LAS SESIONES EXTRAORDINARIAS DEL CUERPO LEGISLATIVO DEL PRIMERO DE MAYO DE 1858.

Señor Presidente de la República:

Apenas entendieron los Representantes del Pueblo Salvadoreño, que cuestiones de mucha trascendencia habían impulsado al Supremo Gobierno a convocarlos para que se reuniesen extraordinariamente; todos, animados por el más puro patriotismo dejaron sus hogares ansiosos de cooperar en cuanto les fuera dable a allanar las dificultades, que, diferidas, hubiera tal vez, trastornado la tranquilidad pública, y a conjurar peligros que, si llegaba la época de realización, podrían ser irremediables.

Hoy se retiran los Representantes llevando la satisfacción de creer que han cortado de raíz el mal que iban a conmover a todas las clases de la sociedad. En la historia de nuestros errores y de nuestros desaciertos, jamás se había presentado el espectáculo de dos Supremos Tribunales en competencia, disputándose la autoridad, y paralizando por esto de hecho, la administración de justicia: espectáculo misérrimo originado de una interpretación arbitraria de la ley hecha por aquellos mismos que por su elevada posición, debían servir de ejemplo y ser modelo de sumisión y sabiduría. Queda este triste episodio fenecido.

La insolente audacia de los filibusteros de los Estados Unidos, amenazan a otras Repúblicas Hispano Americanas, al paso que prepara para el próximo junio dos expediciones contra Centro América combinadas y basadas en la debilidad resultante de nuestra desunión y fraccionamiento en menguadas nacionalidades.

Para lo primero, las Cámaras dejan ya bastante autorizado al Gobierno para que, de acuerdo con las demás Secciones de Centro América, concurran a la defensa de cualquiera de las Repúblicas del Sur que sea agredida por los vándalos.

Respecto a lo segundo, no tan solo se han ensanchado las facultades concedidas al Gobierno para el caso de una invasión pirática, sino que se le autoriza para que desde luego haga uso de ellas, a fin de que pueda preparar todos los elementos de defensa que juzgue necesarios a efectos de salvar nuestra independencia y libertad.

Pero lo que más satisface a los Representantes, es haber correspondido al clamor público, que, de un extremo a otro de Centro América, pide unión nacional. Esta necesidad imperiosa, solo podía ser retardada por los que mandan en nuestras débiles secciones; más esta vez, por una dicha, los mismos supremos mandatarios son los primeros que dan pasos para satisfacer la opinión general. Esta feliz disposición, y la convicción que tiene el pueblo salvadoreño de que su actual Presidente, si tiene ambición, no es la del mando, sino la muy noble de hacer el bien del país, y de hacerlo de un modo durable, ha impelido a la Representación Nacional a investirlo de la facultad más alta para promover y llevar a efecto, la ansiadísima unión Centroamericana.

Señor Presidente:

En vuestras manos queda la suerte futura del Salvador y hasta cierto punto de la América Central. ¡Qué la Divina Providencia os ilumine, pues, para que todos vuestros pasos en esa nueva senda que vais a recorrer, lleven el sello del tino y del acierto; y que vuestro nombre y el de los Jefes de las otras secciones se hagan, merecedores de ocupar una página en la historia, como bienhechores del género humano.

HE DICHO

CONTESTACION DEL PRESIDENTE
DE LA REPUBLICA DEL SALVADOR D. MIGUEL SANTIN.

Señor Presidente de la Asamblea General.

Las graves dificultades en que se encontraba el Gobierno con la probabilidad de una nueva expedición filibustera sobre Nicaragua y el Perú, y las que había acarreado en el interior el cisma judicial, con gravísimo daño de los intereses públicos, y con todos los síntomas de un trastorno, fueron las causas de la convocatoria extraordinaria de la augusta Representación Nacional.

Estos asuntos vitales, solo podían ser tratados por el Cuerpo Legislativo, tanto por que son de su resorte y atribuciones, como porque me juzgué insuficiente para darles una solución perfecta y en consonancia con el interés general.

En efecto, sometidos a su deliberación, me congratulo al observar la sabiduría y patriotismo con que los ha resuelto el Soberano.

El Gobierno queda ampliamente facultado para cooperar a la defensa de cualquier país Hispano-Americano que sea atacado por el filibusterismo. Se le ha dado una autorización omnímoda para acordar y establecer con los demás de Centro América, su Gobierno provisorio, invistiéndolo de todo el poder que es necesario para defender la integridad del territorio y la independencia de las Secciones hermanas; entendiéndose la facultad para tratar con ellas de organizar un Gobierno común que las represente y haga la felicidad de todas.

Si por un lado esta confianza me llena de satisfacción, por otro me aflige, pues no desconozco la gravedad de estos negocios y mi insuficiencia. Empero, este mismo conocimiento que tengo de mi persona, y desnudo de toda vanidad y presunción, me harán ocurrir a las luces de todos los centroamericanos, llamándolos en mi auxilio, y lo haré confiado en que, sobre el punto de nacionalidad, los intereses son comunes y se confundan y amalgamen.

Por grande que parezca el peligro de las agresiones filibusteras, yo confío en el triunfo de nuestra causa, porque el patriotismo renace y se fortifica en los grandes conflictos.

Por lo que respecta al cisma judicial la Legislatura ha hecho lo que le pareció más análogo al bien general juzgando y deponiendo de sus destinos a los Magistrados que lo establecieron, como una consecuencia necesaria de la desobediencia a la orden legislativa del 6 de febrero de este año. He sentido vivamente que hubiese llegado hasta esta extremidad aquel desagradable asunto; pero, por otra parte, todo sacrificio es pequeño frente a frente de los intereses generales, y en materia de bien público y de orden, no debe superar otra consideración. ¡Señor Presidente de la Asamblea General! Yo felicito a este augusto Cuerpo, por el acierto que ha tenido en las resoluciones de los negocios que sometió a su conocimiento el Ejecutivo.

¡Señores Senadores y Representantes! Yo os doy las gracias por toda la confianza que os he merecido, y por la prontitud con que ocurristeis al llamamiento que os hizo el Gobierno.

Vuestro patriotismo se ha marcado perfectamente por el empeño que habéis manifestado en favor de la República, haciendo marchar la Administración por el camino de la regularidad. Yo me despido cordialmente de vosotros, quedándome la esperanza de ocurrir siempre a vuestro apoyo. Os vais a confundir entre vuestros compatriotas llevando la satisfacción de haber acertado en los legislativos, y a mí me cabe el consuelo de que no abandonaréis al Estado y su Gobierno.

HE DICHO

Gaceta Oficial de Honduras, Tomo 3, Número 13, Año de 1858.
GENERAL CABAÑAS DESEA LIBERTAD DE PRENSA LIMITADA

EL PRESIDENTE DEL ESTADO DE HONDURAS.
A SUS CONCIUDADANOS.

Vosotros habéis depositado en mí la mayor confianza. Me habéis revestido del poder, y me encargáis la salvaguardia de vuestros derechos, de vuestros intereses, de vuestras familias, de vuestro honor, de vuestra vida. ¿Qué hay de caro, de sagrado en la sociedad, que vosotros no lo hayáis ahora fiado a mis manos?

Hay más, ahora que la patria se halla herida y vacilante; ahora que llama a sus hijos, a sus hijos fieles, alrededor de sí para que le den la mano en el mayor peligro, vosotros os acordáis de mí y me confiáis el terrible honor de su salvación; sublime pero terrible honor ¿Mas cómo pudiera yo escuchar esta voz sagrada, y no volar a tributarla mis pequeños servicios, mis cortas capacidades para tan alta y noble empresa?

Sin embargo, yo no creí estar en mi puesto al frente del Gobierno. A la par que vosotros me elevái s, yo siento mi insuficiencia para tan grave cargo. Yo temo que mi cara patria no dé un paso falso al apoyarse en mi desnudo patriotismo. Y como el soldado que ve claramente la muerte al cumplir una orden, y muere al desempeñarla; así yo palpo la superioridad inaccesible de este puesto, y caeré acaso; pero obedezco.

He debido manifestar francamente esta convicción al Cuerpo Legislativo. Al hacer un sacrificio tan violento al deber de Ciudadano, y al obedecer vuestro mandato, nada me abruma tanto como el ver comprometido el interés público por el distinguido honor de que me habéis colmado. Si yo no contara con la cooperación activa, con el civismo ilustrado de tantos hijos de la libertad que me rodean, y con el esfuerzo simultaneo de este pueblo hondureño que ahora se pone a la cabeza de la regeneración del país, yo no tuviera, a fe, la temeraria condescendía de dirigir vuestros vitales intereses entre el vórtice de los partidos, la complicación y dificultad de las circunstancias, y entre los escombros de cien revoluciones desastrosas.

Mas hay compatriotas, una luz que me dirige, una esperanza que me alienta en la terrible posición en que me habéis colocado, y es, la armonía que siento en el interior de mi corazón entre mis sentimientos, y los del pueblo hondureño; entre mi razón particular y la razón pública; y es, que la marcha de mi administración será precisamente á el par de la opinión general, sin tirarla ni resistirla. Tal será mi guía incontrastable por el sendero de la ley en la órbita de acción que vuestro pacto fundamental tiene trazado.

He sido un soldado fiel a mi bandera. He lidiado siempre por las instituciones republicanas, por la libertad, por el Gobierno nacional.

Pero yo no creía jamás ocupar esta silla prominente, de donde parte toda la acción del Gobierno, todo el movimiento del poder público. En medio de mi asombro al pasar de la obediencia al mando; yo no podré ofreceros sino lealtad, dedicación y firmeza.

Algunas veces habéis podido conocer mis principios y mis sentimientos. Las circunstancias pueden cambiarse, los sucesos alterar gravemente la situación; pero mi fe política no cambiará jamás; porque ella es un instinto en mí y es una convicción; por que la razón y la verdad la apoyan y la verdad del civismo practicado, sostenido y bien correspondido en el pueblo y por el pueblo.

Tengo algún derecho a ser creído, y vosotros conoceréis que os hablo con el corazón, y fuera del aparato artificial de los mensajes oficiales ó de una orgullosa modestia. Mi protesta ante vosotros afecta mi corazón y mi conciencia como si estuviera ante el Eterno. Yo os juro que en la línea de mis deberes la ley será mi guía y la Constitución mi evangelio, la razón pública dirigirá mi programa de administración.

No es un programa para mí el respeto más profundo a los derechos individuales del hombre consignados en la Constitución, objeto primitivo de las sociedades y fin último de las instituciones. Estas garantías sagradas y esenciales yo las considero y las respetaré en cualquier circunstancia; yo no las interpretaré ni subordinaré jamás a la razón de estado, a las exigencias de la revolución, ni de los trastornos. Yo las veré como el faro que da una luz salvadora que prevalece en las tormentas. Este es para mí el primero, el más inflexible de los deberes, el encargo más delicado é interesante del pueblo al crear el poder público.

El cumplimiento, pues, de todos los cargos que me impone la ley fundamental y la ejecución activa de todos los decretos y órdenes del Cuerpo Legislativo con lealtad y eficacia es para mí una rigurosa obligación y no un programita de política.

Tampoco mi programa consiste en una oferta vaga, es un deseo general y no concretado de hacer bien. Es necesario circunscribirse y presentar los medios que quiere emplear la administración. En las circunstancias actuales la primera necesidad del país es conservar su independencia, su integridad mutilada y amenazadas gravemente por el fraccionamiento del gobierno general y la debilidad y aislamiento de pequeñas y absolutas soberanías. La razón Pública y la cruel lección de la experiencia han exigido la reorganización de un gobierno general. Este no es ya un problema, es ya un dogma en los hombres de estado y en todos los hombres independientes del país.

Por desgracia no todos los poderes públicos han cooperado lealmente a desprenderse de la autoridad que corresponde al gobierno de la Unión. Se han pasado años en verificar el primer núcleo de Gobierno nacional; y después de mil debates, el único paso aceptado ya y convenido, es el de la convocatoria de la A.N.C. El Estado de Honduras, en donde está convocado este Poder Supremo del pueblo, es el que manifiesta toda la decisión, todo el empeño por esta obra de salvación y patriotismo. La nacionalidad es pues el primer art. de mi programa, organizada por la A.C. de Centro América, estableciendo un poder bien autorizado y eficaz para todo lo exterior, y para conservar el orden constitucional y las relaciones de Estado a Estado.

Soy hondureño, y estoy a la vanguardia de la opinión del Estado, y protesto ser el primero en promover esta organización, en darle todos los auxilios necesarios y en cumplir sin interpretación ni evasivas todas sus órdenes y decretos. Mi principio es, que, erigida la autoridad nacional, cualquiera que sea la independencia de los Estados en su administración interior, ellos son súbditos y no directores de la Unión.

Estoy convencido, que, si los Estados quieren conservar la revisión de los decretos nacionales, la nacionalidad no es más que una farsa y la independencia centro americana una ironía para el extranjero.

¿De qué habría servido la emancipación, el rompimiento del lazo de familia con nuestra madre patria, si hubiéramos de sucumbir en detal a las exigencias, a los ultrajes y a la absorción de nuestros derechos y de nuestros territorios más importantes por las agresiones continuas de la ambición y de la rapacidad exterior sobre los restos de la primitiva República?

Mas el programa de la conservación de la independencia, de la paz y de la guerra corresponde al Gobierno Nacional. Si yo hubiera de presentar y ejecutar mi política en un punto tan grave y general, que abraza el interés vital de todos los Estados, adoptaría la base de una conducta moderada y llena de consideraciones para el extranjero; pero firme é indomable para sostener los derechos del país y su soberanía, preferiría siempre y preferiré la paz con toda su prosperidad encantadora, los bienes positivos y materiales de un arreglo amistoso y sincero; mas no la paz de la deshonra y de la amenaza, la tranquilidad precaria del miedo y las concesiones inicuas al orgullo y a la rapacidad. Creo que hay algo superior al positivismo de un interés fugaz y mal calculado, ó por mejor decir, de un falso cálculo, que no cuenta sino con los momentos presentes y no con los males muy efectivos y con las pretensiones exageradas que surgen siempre de una condescendencia esclava y habitual, que abandona la razón, la justicia y la resistencia; la resistencia que nunca es débil apoyada por el derecho, y la razón social.

Hay, pues, algo imprescindible, algo de más importe que los intereses materiales, que la utilidad. de presente; y es el honor del país, y los derechos del pueblo. Yo no los considero como una ideología, como una utopía; porque ellos no pueden sujetarse al cálculo ni expresarse con guarismos. Este es también un depósito sagrado encargado al poder público. No es posible someterlo a un positivismo mal apreciado.

Si los derechos y la justicia deben ceder al interés del momento; la moralidad, la asociación y la unión nacional deben doblarse a una política de egoísmo y de aislamiento, que no tiene otra mira que aumentar la suma precaria de sus ingresos con sacrificio del honor, de la independencia de la patria, y de los intereses de los demás Estados consocios. "Y he aquí una perturbación completa en el corazón de la sociedad".

¿Cuál fuera el estado de las colonias inglesas y españolas en América, de la España en la guerra con la Francia, y de la Inglaterra y la Suiza, y el de todos los pueblos que han tenido que luchar contra fuerzas superiores para defender su nacionalidad, si este cálculo de egoísmo, de vil condescendencia, de rentas y de guarismos hubiera prevalecido en los grandes conflictos, en la contienda de sus sacrificios heroicos por la patria, con las viles exigencias del reposo, del interés y del positivismo?

Mi programa pues, sería la paz y la armonía dentro y fuera de la nación, cultivada con el mayor esmero, y consideraciones; y atender a los reclamos del extranjero con la más imparcial, más pronta y menos gravosa justicia. Sería dar a nuestras contestaciones la mayor decencia y dignidad, desentenderse de agravios y ultrajes; pero resistir con todo el poder del país a las agresiones de hecho, a las pretensiones inicuas y a los reclamos de extranjeros que han hecho de ellas una especulación sobre nuestra hacienda y un arbitrio infame de espoliación y privilegios sobre los hijos del país.

Si un sistema de condescendencias hubiera de regir en los Estados en ¿dónde terminarían estas? ¿Hasta dónde llegarían las condiciones que nos impusiese el espíritu de piratería siempre satisfecho y fomentado por el sentimiento vil y cobarde a sus exigencias siempre reproducidas y aumentadas?

No seré yo pues, conciudadanos, yo os lo protesto, quien perturbe la paz, o de ocasión a la guerra. Respetaré los derechos del extranjero como los de vosotros mismos; pero no será cuando yo me halle al frente de vuestros destinos, cuando vuestros derechos y vuestro territorio puedan ser conculcados. Yo tendré que perecer o salvar nuestro honor y el interés verdaderamente positivo de vuestra independencia.

Encuentro por otra parte dos fuentes de prosperidad y de libertad en la administración pública convertidas en dos abismos por su endeudamiento, por sus vicios y desconcierto. La una es la hacienda del Estado, la otra la instrucción pública. Sin la hacienda no existe el elemento vital del Gobierno y del orden: sin la hacienda se hacen indispensables los ataques a la propiedad, las vejaciones, las requisiciones a mano armada, y el despotismo militar para las marchas y el sostenimiento del ejército, la depresión de las autoridades civiles, el desorden, la dilapidación é inmoralidad de los funcionarios. No hay así un programa posible en el Gobierno. Yo dedicaré mis trabajos y velaré asiduamente por establecer una reforma radical en el sistema de rentas, una economía estricta en los gastos, una pureza en los empleados.

La instrucción pública será entonces atendida, la instrucción pública elemento de civilización y de capacidad en las masas que se gobiernan a sí mismas, elementos de luz, de libertad y de inteligencia único que puede constituir y desarrollar la democracia y las capacidades republicanas.

Comprendo, compatriotas, todo lo que significan estos ramos ó por decir mejor, estas bases orgánicas de una sociedad independiente. Yo os ofrezco poner en uso todas las combinaciones posibles en las circunstancias para su mejora y progreso.

Hay un derecho constitucional en el pueblo inherente a su soberanía, y el fundamento supremo de todas las libertades públicas; este es el derecho de la prensa libre. Yo debo manifestaros en este punto mi programa y mi principio. En la disensión de la política y de la administración pública, no hay limitación posible, no hay formas prohibidas. El público es el juez, y toda coartaría es un ataque a la soberanía y a la ilustración del pueblo. Los escritos sin razón, sin pudor o sin verdad caen por sí mismos desechados por la razón pública, ó tienen alguna justicia y fundamento, ý sirven de ilustración al Gobierno. Estoy persuadido que no hay caso en que convenga la represión: si no es en los que toquen el sagrado de la conducta privada.

Yo deseo, pues, que la libertad de la prensa sea de hecho ilimitada, y que mi administración sea censurada de cualquier manera, siempre que ella desagrade a mis conciudadanos. Para que yo pueda conocer la opinión para que pueda saber mis extravíos, os encargo que me iluminéis con la razón de vuestros escritos, que me corrijáis con vuestra censura.

Lejos de reprimir, ni aun indirectamente, vuestro soberano derecho, me aprovecharé de vuestras luces y opiniones, veré con la tolerancia más completa aun los desahogos de la pasión y la causticidad de los partidos.

¿Y por qué? Es porque siempre deben servirme de norte aun las opiniones de los que pudieren ser mis enemigos; es porque estoy seguro del buen sentido y de la justicia del pueblo hondureño; es porque quiero que mi conciencia pública nada tenga que temer del juicio de mis conciudadanos; pero, sobre todo, es porque quiero siempre concertar mi Gobierno y medirlo en la balanza de la razón pública.

Y yo os protesto, conciudadanos, que si por accidente llego a comprender y a convencerme por el examen diario que me propongo hacer del estado de la opinión, y para el cual quiero que esta se manifieste francamente, aunque sea desbordándose, que el juicio de la generalidad o de la mayoría desaprueba mi administración; o bien porque crea que me he separado de mis deberes y de mi programa, o porque este no satisfaga sus deseos, y sus esperanzas, os protesto digo, que en cualquier época de mi período volveré sereno a mi vida privada sin turbación y sin escándalo. No seré yo, a fe, el que permita en mandaros contra vuestra voluntad o perdida ya vuestra confianza.

Yo tornaré tranquilo a mi elemento natural que es el hogar doméstico, y vosotros me llamareis para emplear mi espada en favor de vuestra libertad, siempre que la creáis amenazada.

No perderé jamás vuestro favor aun cuando difiriéramos en opinión. Vosotros me comprendéis, y yo os comprendo. Bien sea en el Gobierno; bien en lo privado, ó en el campo de batalla, vosotros reconoceréis tres cosas en mi corazón y en mis hechos

EL PUEBLO HONDUREÑO—LA LIBERTAD—LA NACIONALIDAD.

Comayagua marzo 2 de 1852.

T. CABAÑAS
PAZ Y UNIÓN

Gaceta Oficial de Honduras de 1858

La paz o se refiere al individuo o a la sociedad. En el individuo, es una virtud que pone en el ánimo la tranquilidad y sosiego, opuestos a la turbación y las pasiones. Es en fin, aquella firme y dulce situación moral, que proporciona a las criaturas humanas, la capacidad de ser felices, apartándolas de los hechos, de los deseos y de los pensamientos, que pueden servir de pábulo al error. Pero como esta paz cede a la jurisdicción del moralista o del teólogo, incúmbenos, como periodistas, hablar solamente de la paz social, o más bien dicho, de la pública tranquilidad de los Estados.

Basta pensar en que la paz es un estado opuesto al de la guerra, para apreciar las inmensas ventajas de la misma paz. Sin ella no hay seguridad ni orden, las pasiones ocupan el lugar de la ley, la sangre corre a torrentes, la propiedad no existe: todo trabajo útil se suspende, necesidades de todo género se desarrollan, los templos se cierran, la moral pierde su energía, y al fin, si la guerra se prolonga, la Nación se aniquila o sucumbe. Por eso los forjadores de revoluciones y conquistas, hanse visto en todos tiempos condenados por la historia.

Por eso las leyes de casi todas las naciones, condenan a los trastornadores públicos con el último suplicio; porque a la verdad, ningún motivo individual, ninguna mira política justifica jamás, en la consideración del hombre de buenas ideas, al que toma armas para emprender agresiones injustas o para derrocar el gobierno de su país.

Los antiguos mismos, en tiempos muy remotos, conociera muy bien la importancia de la paz.

Adsórbanla como divinidad alegórica, suponiéndola hija de Júpiter y de Temis. Vespasiano la edificó en un templo, en donde los sabios se reunían para depositar en él sus obras, ejemplo digno de imitarse entre nosotros, para que los votos de nuestros sabios escritores fuesen siempre en favor de la paz.

Pero como aunque el Gobierno de un país, mantenga a sus súbditos en paz, y desee conservar ésta con las otras naciones no depende de la voluntad de aquel, que se le conceda el uso de tan sagrado derecho, se hace sentir siempre imperiosamente, la necesidad de otro vínculo como es el de la buena inteligencia diplomática entre naciones del todo extrañas, y la unión nacional de aquellas que el destino ha colocado sobre un mismo suelo, con unas mismas necesidades e intereses, como sucede a las diversas secciones de la América Central.

En ellas solo la unión puede asegurar la paz nacional, pues como el peligro de agresiones exteriores es común, no siendo simultáneos la defensa interior y los trabajos de la política exterior, por esforzados y extraordinarios que fuesen los sacrificios de cada Gobierno en particular, de uno en uno irían sucumbiendo, y la Nación a poco caería al golpe de un afortunado aventurero.

La paz, pues de la América Central, será a no dudarlo, una consecuencia de la unión de sus secciones; y si se quiere, también, un precedente de ésta.

GENERAL CABAÑAS RENUNCIA
FORMALMENTE UNA PENSION —1851—.

COMUNICACIÓN

San Salvador, junio 30 de 1851. Señor Ministro general del Supremo Gobierno del Estado de Honduras. Tuve la satisfacción de recibir la muy estimable nota de usted de 5 del que espira, en que se sirve insertar el decreto que el 31 del próximo pasado mayo se dignó emitir el Cuerpo Legislativo, concediéndome durante mi vida el sueldo correspondiente a mi grado, y la mitad a mi viuda, madre, ó hijos legítimos, si los hubiese a mi fallecimiento.

Al imponerme de ese rasgo de distinción y generosidad con que me han honrado y favorecido de las Cámaras, me he sentido penetrado de la más viva gratitud, é influido por ella y por el vehemente deseo de dar testimonios del alto aprecio con que veo las decisiones de los dignos representantes del pueblo, aceptaría sin vacilar aquella gracia; pero me determinan a renunciarla las consideraciones siguientes.

En primer lugar: todos los ciudadanos tenemos la más estrecha obligación de ser útiles a la patria, y defenderla cuando se ve amenazada de algún peligro y cuando hemos tenido ocasión de prestarle algún servicio señalado no hemos hecho más que llenar nuestro deber.

Si mis constantes esfuerzos en defender, las instituciones democráticas, la libertad é independencia de mi país, han podido llamar la atención de mis conciudadanos, ellos por el órgano de sus apoderados me han dado ya el más lisonjero galardón en el decreto de 11 de mayo, que me condecora con el título de SOLDADO DE LA PATRIA: declaratoria que es un premio más que suficiente por los servicios que yo haya prestado, y que deja mi ambición superabundantemente satisfecha, no siendo después de esto dable que acepte una pensión.

También me impulsa a renunciarla la idea de que los enemigos del orden, que siempre están en asedio de cuantos pasos dan los defensores de los derechos populares, para desvirtuarlos, no dejarían de levantar el grito, ya inculpando a las Cámaras por su benevolencia hacia mí, ya calumniando mis intenciones, interpretando mis acciones siniestramente, como hijas de miras interesadas en que el egoísmo calculista hubiera cifrado su futuro bienestar. No olvido tampoco el estado deficiente en que se halla el erario público; y yo que desistía tener cuantiosas riquezas que suministrarle; a fin de que cubriese tantas y tan importantes atenciones a que no es posible acudir por falta de medios.

¿Cómo había de querer aumentar sus apuros gravándolo con aceptar una pensión? Así es que la renuncio formalmente. Sírvase Ud. señor ministro elevar estas rápidas indicaciones al conocimiento del señor Presidente, suplicándole se digne en su oportunidad trasmitirlas a las Cámaras, significándole mi eterno reconocimiento por las inequívocas muestras de estimación con que me han honrado.

Con sentimiento de la mayor consideración me suscribo de u. muy atento servidor.

TRINIDAD CABAÑAS

Es copia ministerio de guerra del Supremo Gobierno del Estado de Honduras Comayagua junio 17 de 1851.

Apolinario Flores

CONTESTACIÓN

Ministerio de guerra del Supremo Gobierno del Estado de Honduras —Casa de Gobierno— Comayagua julio 17 de 1851.

Señor Benemérito general don Trinidad Cabañas, SOLDADO ILUSTRE DE LA PATRIA. Informado el señor Presidente de Honduras de la grata comunicación de usted datada en San Salvador el 30 de junio próximo pasado, en la que se sirve exponer los motivos que le obligan a renunciar la gracia que las Cámaras legislativas le concedieron en decreto de 31 de mayo último, me ha prevenido decirle en respuesta: que se pondrá en conocimiento de la Asamblea la nota de u. puesto que a ella corresponde resolver sobre el particular; y que entre tanto el Gobierno hará efectivo el decreto referido, en atención a que las gracias concedidas por los soberanos, son más bien una prueba de gratitud, que indemnización á los servicios prestados; y de consiguiente honran más al que las concede, que á los agraciados. Tal es, señor general, la contestación que se me ha ordenado dar a su precitada nota; y al verificarlo tengo el gusto de firmarme atento servidor de usted. D.U.L.

APOLINARIO FLORES

Boletín Oficial del Gobierno Supremo de Honduras Comayagua Julio 24 de 1841. Num. 28.

DECRETO QUE CONDENA EL FILIBUSTERISMO Y QUE FIRMA EL GENERAL CABAÑAS COMO PRESIDENTE DEL CONGRESO DE EL SALVADOR.

El Presidente del Estado del Salvador. Por cuanto: la Asamblea General ha decretado lo que sigue:

La Cámara de Senadores del Estado de El Salvador.

CONSIDERANDO

1. Que los filibusteros preparan dos expediciones una en la Movila y la otra en California sobre Centro América, las cuales amenazan de una manera positiva su independencia y nacionalidad.

2. Que la propensión esclavista del filibustero es la ocupación del país, hacerse dueño de las propiedades de los centroamericanos, profanar los templos y la religión; y satisfacer por todos los medios de la rapacidad y la fuerza su extremada codicia e inmoralidad, sometiendo, por último, a los hijos del país, a la condición de abyectos y miserables esclavos.

3. Que los proyectos ambiciosos, audaces e injustos del vandalismo se prometen buen éxito fundándose en la debilidad de Centro América, con motivo de hallarse dividida en cinco secciones independientes y sin vínculo firme y eficaz de unión entre ellas.

4. Que esa misma división no permite que la defensa y resistencia contra los invasores sea pronta, enérgica, fuerte y combinada, por la

falta de centro de unidad, resultando de esto que se presentan al enemigo muchas ventajas ensanchando así su insolencia, lo cual retarda el éxito de la campaña con graves sacrificios de hombres y dinero, exponiéndonos al riesgo inminente de perder la independencia, siendo presas de la horda de filibusteros sin religión y sin ley.

5. Que una harto dolorosa y prolongada experiencia nos está demostrando, de muchas maneras y con la mayor evidencia que la división en cinco secciones, sobre excitar la ambición y codicia extranjeras, y sujetarnos al escarnio y humillaciones, nos conduce cada día a peor condición, porque agotándose la riqueza pública, fomentándose la inmoralidad y el espíritu de localismo, promoviéndose la discordia, las facciones interiores y guerras fratricidas, se impide el progreso de la agricultura, la industria y el comercio.

6. Que los Estados de Centro América no se hallan en capacidad de sostener gobiernos independientes que figuren entre las naciones sino es en un rango muy inferior por carecer de todos los elementos necesarios para representar entre los soberanos.

7. Que la América Central unida cuenta una población numerosa, rentas abundantes, un territorio extenso y feraz y que brinda grandes ventajas para el progreso general, y que, con tan importantes elementos, regido por un solo Gobierno será una Nación fuerte, considerada, respetada, y digna de contarse en el número de las naciones cultas.

8. Que la América Central bajo un solo Gobierno, escarmentará y castigará los filibusteros que invadan su territorio, mediante a que posee suficientes elementos para ello, así como para conservar su independencia y nacionalidad.

9. Que establecido el Gobierno unitario en la América Central serán más extensas, firmes y consideradas sus relaciones con las potencias extranjeras, por restablecerse de esta manera la confianza y el crédito.

10. Que la opinión pública se ha pronunciado abierta y unánime en favor del establecimiento de un gobierno nacional, como la única medida capaz de salvar nuestra independencia y nacionalidad amenazadas gravemente por la rapacidad filibustera, y de poner fin a las desgracias que ha sufrido la Nación.

11. Y que el Presidente de Nicaragua animado de tan eminente

pensamiento se ha dirigido a los Presidentes de las secciones que componen la América Central, excitándolos a reunirse en un punto dado de la República para tratar acerca de este particular, ha tenido a bien decretar y…

DECRETA UNÁNIMEMENTE:

Art. único. Se autoriza extraordinaria y omnímodamente al Supremo Poder Ejecutivo para que celebrando los convenios conducentes con los Gobiernos de Guatemala, Honduras, Nicaragua y Costa Rica, procure y concurra a organizar y establecer dentro del menor término y de común acuerdo con ellos, un Gobierno nacional que rija a todo Centro América; invistiéndolo con facultades amplísimas para salvarla de las invasiones filibusteras que la amenazan y de cualquier otra; y para que después de cesar el peligro, promueva sin demora la organización del Gobierno Nacional de un modo firme, definitivo y permanente como fuere más conveniente y adaptable a las Repúblicas Centroamericanas.

Dado en el Salón de sesiones de la Cámara de Senadores en Cojutepeque, a 30 de Abril de 1858.

Pase a la Cámara de Diputados.
José María Silva, Senador Presidente.
Manuel Rafael Reyes, Senador Secretario.
Mariano Payes, Senador Secretario

Cámara de Diputados: Cojutepeque,
Abril 30 de 1858. Al Poder Ejecutivo.

Trinidad Cabañas, Diputado Presidente.
Miguel Saizar, Diputado Secretario.
José María Videz, Diputado Secretario.

Casa de Gobierno: Cojutepeque, Mayo 1o. de 1858. Por tanto ejecútese, Miguel Santín
Por impedimento del Sr. Ministro de Gobernación, el Jefe de Sección. Manuel Urungaray

Gaceta Oficial de Honduras. Tomo 3, Número 15, Año de 1858.

TRINIDAD CABAÑAS, SOLDADO DE LA REPÚBLICA FEDERAL

Por Medardo Mejía

ANTECEDENTES REVELADORES EN EL CENTENARIO DE CABAÑAS

El abogado acusa o defiende con el rigor de la teoría de la prueba. El historiador, sin sentenciar como el juez, recoge los hechos del pro y el contra y los presenta en un cuadro imparcial que deja a la interpretación de los hombres.

—I—

CABAÑAS Y GUARIOLA EN LOS MERIDIANOS DE WASHINGTON Y DE LONDRES

Qué satisfacción nos produce completar la visión histórica del apreciable compatriota don Fernando Ferrari Bustillo, quien ha escrito una obra de suma importancia para los estudiosos de los anales hondureños, titulada Biografía del Capitán General Don Santos Guardiola, Presidente

Constitucional de Honduras en el período de 1856 a 1860 y, reelecto por voluntad popular e inmensa mayoría de votos para el período de 1860 a 1864, después de largas y perseverantes investigaciones en los Archivos del Estado, Costa Rica, El Salvador, Guatemala y, reforzadas por numerosas consultas intensivas en veinte obras publicadas en distintos años de los siglos pasado y presente.

Decimos que nos llena de satisfacción el empeño del señor Ferrari Bustillo, que adelanta en unos pasajes extractados de su Biografía, aún inédita, y dirigidos, posiblemente, a la Academia de Historia y Geografía de Honduras, porque así podemos ver su paciente esfuerzo de diez años, y advertir que ha descubierto tesoros irrevelados de la vida pública nacional y centroamericana en relación con ciertos poderes extranjeros que han dictado, desde sus cumbres casi inasibles, nuestra verdadera historia, un vertiginoso desfile pelicular de personajes y hechos teledirigidos.

Ciertamente, es el señor Bustillo el primer investigador hondureño que menciona en el hacer histórico nacional la función militante del expansionismo de los Estados Unidos en Honduras y en Centro América en el pasado siglo; pero como consideramos que al investigador le falta en su exposición biográfica, el contra-término, la antítesis o, como se dice en lenguaje corriente el otro son de la campana, nosotros, sin la capacidad del distinguido historiador, nos vamos a referir a éste, es decir, a la función militante del coloniaje de la Gran Bretaña en Centro América, para completar la visión histórica, que en el aspecto internacional correspondía a los países centroamericanos en aquella época.

Porque siendo la historia un conflicto, con cuyos factores contradictorios se realizan los acontecimientos en su esencia y en su forma, y desfilan en sucesión continua sin parar un milésimo de segundo en los renovados escenarios del tiempo y del espacio, no es posible recoger y reflejar los hechos en páginas deslucidas o brillantes con cabal exactitud, si caprichosamente la exposición se ofrece unilateral, renunciando de ese modo a los opuestos conflictivos.

Para darle vida a esta introducción precisa que cumplamos aquí mismo la ley contradictoria proclamada, haciendo cita textual de los pasajes extractados por don Fernando Ferrari Bustillo de su Biografía inédita del Capitán General Don Santos Guardiola, y que ha publicado para conocimiento público, con fines determinados, como es impedir la celebración del centenario de la muerte del general Trinidad Cabañas, el 8 de enero de 1971.

Dice:

"No es mi propósito opacar la memoria de los muertos ni adulterar sus acciones públicas, pero mi amor indeclinable por nuestra Patria Honduras y mi vocación irrevocable por las disciplinas históricas, me inspiran a exponeros los siguientes datos extractados de nuestros episodios nacionales, y, confío, en que vuestra condición de leales hijos de Honduras, os llevará al conocimiento de hechos importantes ocurridos hace unos 125 años en esa lucha, casi continua, que El Salvador, nos ha obligado en defensa de nuestra integridad institucional y soberanía territorial. Hechos que, desafortunadamente, el espíritu del sectarismo político e indiferencia de algunos historiadores, los han excluido en las diferentes Historias de Honduras que se han escrito y publicado.

"Estimo, asimismo, que es conveniente que conozcáis esos hechos, particularmente te en estos momentos en que es sabido que el Supremo Gobierno de la República proyecta consagrar el próximo año de 1971 como **Año del General Trinidad Cabañas.**

"Es oportuno recordaros que la historia en condición de ciencia, no es un salón elegante en donde solamente se deben escuchar cumplidos y razones gentiles. Es un campo donde debe prevalecer la rectitud de los hechos sin tintas de romanticismo ni otras particularidades que prostituyen la luminosidad de la VERDAD, y mucho menos, que adulteren los hechos como las evidencias los registran. Ceder a determinados sentimientos surgidos de simpatías y admiraciones tradicionales que no corresponden como la autenticidad de los hechos lo comprueban, es contribuir a que se perpetúe la falsificación y lo absurdo que en nada edifica, y que contribuyen a que los pueblos deslicen su existencia consagrando como héroe y prohombre a lo que la misma historia —recta y serena— coloca en el banquillo de los acusados para ser motivo de análisis —frío e inalterable— y extractar en síntesis la realidad de sus méritos y de sus errores.

"Pido a vosotros mis cumplidas excusas por este extenso preámbulo, pero considero imperativo hacerlo en mi condición de historiador profesional y amante de mi patria y de la Verdad, a fin de exponernos datos y fechas y relacionadas con la personalidad histórica del General Trinidad Cabañas. La hora ha llegado en que los hondureños empezamos a evaluar el pasado con ojos avizores y reconstruir las gestas de algunos hondureños que galvanizaron nuestra historia con hechos superlativos, unos, y otros, con hechos que son acreedores a la censura que, algunos historiadores, inflamados por sentimientos político-sectarios, solamente han evaluado parcialmente para favorecer sus propias ideas político-sociales y justificar lo injustificable.

Historiadores, que, en vez de estudiar los hechos dentro de la filosofía de la historia, han convertido a sus biografiados en personajes de novela; extractando solamente aquellos hechos de su propia conveniencia y olvidando incluir otros hechos que en nada les podrían ser favorables.

Débese tener presente que la historia es una escuela viviente donde no solo se aprende a conocer el pasado sino también a indagar lo por venir, y es la cátedra elevada del historiador despojarse de sentimientos que puedan desviar la VERDAD, que es la madre orientadora de estas disciplinas".

Los pasajes extractados de la obra biográfica de don Fernando Ferrari Bustillo, son los siguientes:

AÑO DE 1844. 1ª Invasión de Cabañas a Honduras.

"**UN CENTENARIO.** Batalla de Cabañas—Guardiola. Una colina histórica y una simbólica corona.
"AÑO DE 1845. 2º Invasión de Cabañas a Honduras.
"Gobierno del General Trinidad Cabañas.
"1º Concesión anti-Patria celebrada entre Cabañas y Squier.
"2º Concesión anti-Patria celebrada entre Cabañas y Follin.
"3º Concesión anti-Patria celebrada entre Cabañas y Follin.
"Guardiola derroca a Cabañas del Poder.
"Cabañas solicita apoyo al filibustero Walker.
"Catarsis histórica.
"Síntesis histórica.
"La supuesta anexión de Honduras.
"Conclusión".

Los pasajes extractados del señor Ferrari Bustillo descansan en numerosos documentos, que ciertamente han omitido los historiadores descriptivos y tradicionalistas del país. Con ello el expositor avanza hacia la historia crítica, y es lo de alabar en él, lugar que le permite sonreír desdeñoso de los "impugnadores a la violeta" que le han salido al paso. La historia critica publica documentos que la timidez, la complacencia o la malicia había mantenido ocultos; no toma en consideración unos y rechaza otros, en su afán de mostrar sin temores ni reticencias el pro y el contra del conflicto histórico.

Por tal razón en este complemento que la buena voluntad añade a los pasajes extractados de la obra del señor Bustillo, aparece un nuevo documental, ya conocido, pero no argumentado, que exige la visión histórica global y que concretamos con suma sencillez, para lograr una mayor comprensión de los lectores con el mote de "Cabañas y Guardiola en los meridianos de Washington y de Londres".

Con esta fórmula queremos dejar en claro que no defendemos a Cabañas y acusamos a Guardiola, ni pedimos que las estatuas en proyecto para Cabañas, se levanten en glorificación de la imagen de Guardiola.

Ambos compatriotas viven en el resplandor del recuerdo nacional situados en el lugar y la época de su existencia, con sus aciertos y sus fallas, en la hora temible en que dos poderes enormes, los Estados Unidos y la Gran Bretaña, disputaban el dominio de Centro América, en particular el de Honduras, jugando con sus mejores hijos como quien mueve peones en un tablero de ajedrez.

—II—

EL EJERCITO NACIONAL DE CENTRO AMERICA Y SUS VETERANOS

Tenemos a la vista el cuadro del Estado Mayor General del Ejército del Jefe del Estado de Costa Rica, General Francisco Morazán, levantado el 13 de Agosto de 1812, el cual está compuesto de los siguientes jefes y oficiales:

Generales de División: Vicente Villaseñor, General en Jede del Ejército; Máximo Cordero, Subjefe del Estado Mayor General en Misión en Alajuela; Trinidad Cabañas, enfermo; Carlos Salazar, con licencia en Puntarenas; Nicolás Espinoza, Secretario del Despacho.

Generales de Brigada: J. Miguel Saravia, enfermo; Nicolás Angulo, enfermo.

Coroneles: Manuel Bonilla, con licencia en Puntarenas; José María Cacho, suelto; Manuel Antonio Lazo, Ayudante del General en Jefe; Máximo Orellana, enfermo; Gregorio Pinto, enfermo: Eugenio Carías, enfermo.

Tenientes Coroneles: Miguel Molina, con licencia en Heredia; Gerardo Barrios, en servicio; Domingo Guzmán, en servicio; Mariano Quesada, en servicio; Eduardo Avilés, en servicio; Agustín Guzmán, en servicio; José Solórzano, en servicio; Cruz Lozano, en servicio; Pedro Mora, en servicio; Manuel Zepeda, en servicio.

Capitanes: José María Espinar, en servicio; Estanislao Valenzuela, en servicio; Juan Antonio Pantoja, en servicio.

Auditor de Guerra: Doctor José María Castro.

Intendente del Ejército: Joaquín Rivera

Tesorero: Antonio Bonilla.

Capellán: Presbítero Antonio Castro.

Cirujano: Doctor José María Montealegre.

El cuadro contiene secciones de altas y bajas, el Visto Bueno del General Saget y la firma de Higinio Pinto.

El Ejército lleva el nombre de EJERCITO NACIONAL DE CENTRO AMERICA.

Asesinado el General Francisco Morazán en el lugar y fecha conocidos, los militares sobrevivientes del Estado Mayor del Ejército, juntamente con los civiles de la política morazánica siguieron siendo federalistas, con excepción de aquellos que por diversas causas abandonaron el ideal o se pasaron al enemigo.

Morazán había tomado la base nacional de Costa Rica para proyectar desde ella el federalismo y arrojar del suelo centroamericano a los invasores británicos, que pretendían ocupar todo el territorio con fines coloniales. Tales propósitos están muy claros en el Manifiesto que publicó el ex-Presidente Federal luego de haber regresado del Perú, y en el que llama a la unidad patriótica a los pueblos y a los gobernantes de Centro América para arrojar del país al primer colonizador del siglo XIX, Gran Bretaña, que se había apoderado de Belice, las Islas de la Bahía, La Mosquitia, el Río San Juan y pretendía ocupar hasta la costa del Pacífico.

De sobra se sabe que Morazán fue muerto antes de iniciar su plan de liberación nacional por haberse adelantado la traición con el crimen, y que de uno a otro confín de Centro América hubo campañas con repiques de regocijo; cornetas con vibrantes dianas en los cuarteles; bandas marciales que tocaban alegres marchas en las calles y las plazas; abrazos, besos, felicitaciones, bailes, discursos, proclamas, versos con el tema antipoético del asesinato de un héroe. Todo hubo en aquella quincena de septiembre, en aquellos meses de 1842. El separatismo centroamericano estaba de plácemes. Allá arriba, muy arriba, en el Palacio de Buckingham, su graciosa majestad la reina Victoria debe haber sonreído satisfecha al saber la noticia que aseguraba la conquista británica en Centro América.

Los militares del Estado Mayor General del Ejército morazánico perdieron la base nacional de Costa Rica, pero se harían de una nueva para seguir en el afán de arrojar a los británicos de la tierra sagrada de Centro América y restablecer la República Federal, libre de los errores del pasado, con autoridades federales auténticas en los Estados federados y en el Distrito Federal, que en el caso sería Honduras, por acuerdo expreso de Morazán.

La nueva base nacional a tomar sería Nicaragua por abundar allí los federalistas antibritánicos, o El Salvador, donde estaba probado el federalismo del pueblo en constante pugna con la casta separatista dominante, o las dos a la vez, por hacerse necesaria una base amplia para constituir el Distrito Federal en Honduras, con un gobierno que lanzaría poderosas ofensivas sobre Guatemala, principal base separatista y británica.

Los componentes del Estado Mayor General dieron la jefatura del Ejército al general Trinidad Cabañas, considerando su largo servicio a la República Federal y su despego de las cosas terrenales para entregarse en cuerpo y alma a la causa federalista.

Tan luego la base nacional fuera constituida, y tomada Honduras desde El Salvador y Nicaragua, el jefe del Ejército organizaría el Gobierno Provisional de Centro América, que establecería relaciones internacionales, especialmente con los Estados Unidos, estimados entonces como la fortaleza de la libertad de los pueblos jóvenes del continente, destinados a protegerlos de las asechanzas de las potencias europeas, en primera línea la Gran Bretaña.

Digamos de paso que, si nos introdujéramos en la cabeza de un federalista de la década cuarenta de aquel siglo, veríamos una concepción distinta de los Estados Unidos en reacción a la nuestra. Para aquel federalista los Estados

Unidos no habían perdido la inspiración ni el fuego libertador de Jorge Washington, Thomas Jefferson y Benjamín Franklin.

No había penetrado suficientemente en el contenido y el alcance de la Doctrina Monroe. No había profundizado con la fuerza del pensador que la Doctrina Monroe significaba expansionismo hacia los países tropicales.

Y menos había percibido los dos tipos de expansionismo existentes, el comercial de los Estados del Norte y el agrícola de los Estados del Sur; el que buscaba abrir canales interoceánicos o construir ferrocarriles de mar a mar para comunicar con facilidad a Nueva York con San Francisco de California, y el que conquistaba territorios ajenos para imponer el trabajo esclavo a los pobladores de los mismos y ampliar la agricultura algodonera lo más posible. El federalista de la década cuarenta de aquel siglo no sabía establecer la semejanza y la diferencia del millonario Cornelio Vanderbilt, de los Estados del Norte, que había establecido una empresa de transportes navieros y terrestres que pasaba por el Río San Juan y el Estrecho de Rivas, y el aventurero William Walker, de los Estados del Sur, que llegara con una banda de forajidos de adueñarse de Nicaragua. Y menos sabía aquel valiente, honrado y sencillo federalista que James Buchanan había proclamado en el senado norteamericano, precisamente, en la década cuarenta, la Doctrina del Destino Manifiesto, concebida así: "Es de destino manifiesto que Centro América pertenezca a los Estados Unidos; si no les gusta a los indígenas centro-americanos, que enrollen sus petates y vayan a echar pulgas a otra parte".

Bajo esos funestos hados trataban los federalistas de reconstruir la República Federal de Centro América con los ojos puestos en los agravios que les había ocasionado la gran Bretaña.

—III—

EL FEDERALISMO Y EL SEPARATISMO EN ACCIÓN

Sin tomar en consideraciones los acuerdos de los jefes y oficiales que componían el Estado Mayor General del Ejército federalista poco después de la muerte del general Morazán el 15 de septiembre de 1842, acuerdos inspirados en la decisión de restablecer la República Federal de Centro América por la vía violenta, don Fernando Ferrari Bustillo, después de la introducción de su libelo en que se declara partidario del separatismo y disimulando el sentido federalista de las acciones del General Cabañas, titula su primer capítulo así: "Año de 1844, la Invasión de Cabañas a Honduras".

En esa parte escribe: "Para lograr establecer la causa de determinados procedimientos del general Cabañas en perjuicio de Honduras, débese advertir que era cuñado del general Gerardo Barrios, el más feroz enemigo que jamás tuvo Honduras en aquel tiempo. El general Cabañas contrajo matrimonio con doña Petronila

Barrios, hermana del precitado general Barrios. En Honduras existe una escuela que lleva su nombre. No hay duda alguna que la intriga familiar fue poderosa causa de muchas de las fallas del general Cabañas en el leal cumplimiento de su deber para con la Patria nativa".

Ya vimos en el capítulo segundo de este escrito que, en el cuadro del Estado Mayor General del Ejército de Morazán en agosto de 1842, Trinidad Cabañas tiene el grado de general de división y Gerardo Barrios el de teniente coronel. Esto indica que el teniente coronel Gerardo Barrios marchaba en las filas del ejército del general Francisco Morazán, y por tanto tenía una concepción federalista de la República de Centro América, siendo por ello ajeno a la concepción separatista de los Estados nacionales, de donde se desprende que no podía ser, como lo afirma el señor Ferrari, "el más feroz enemigo que jamás tuvo Honduras en aquel tiempo".

Pero admitiendo por el absurdo que Barrios fuera en aquel tiempo el más feroz enemigo de Honduras, como la parte sigue al todo, este sentimiento se lo habría aplicado a Trinidad Cabañas por su origen hondureño y no le hubiera dado a su hermana, Petronila Barrios, por esposa.

En realidad, como morazanista y federalista, Barrios no fue enemigo de Honduras sino de los gobiernos hondureños que se oponían a las ideas de Morazán y al restablecimiento de la República Federal, que es cosa muy distinta.

En efecto, fue enemigo por esas causas de Francisco Ferrera, Coronado Chávez y Santos Guardiola.

Escribe el señor Ferrari: "Varias veces las circunstancias llevaron a estos Generales (Cabañas y Barrios) a prestar sus servicios militares a gobiernos o presidentes con quienes su ideología unionista no se ajustaba, no se completaba. Así vemos al General Trinidad Cabañas a las órdenes del Presidente Malespín de El Salvador, y en abril de 1854 peleaba contra Carrera, Presidente de Guatemala, para meses más tarde, el 5 de septiembre del mismo año, pronunciarse juntamente con el "cojo" (Gerardo Barrios) en la ciudad de San Miguel contra el Gobierno del General Malespín".

Desvanezcamos lo escrito por el acusador: El 17 de julio de 1843, representantes de Honduras, El Salvador y Nicaragua celebraron un pacto de confederación en Chinandega para defender en común los Estados nacionales. Los gobiernos de los tres países invitaron a los de Costa Rica y Guatemala para que se sumaran al pacto y se negaron. El 29 de marzo de 1844, la Dieta derivada del pacto se instaló en San Vicente, con un Supremo Delegado, don Fruto Chamorro, de Nicaragua y con un Consejo consultivo presidido por el doctor Juan Lindo, de Honduras.

Funcionaba la Dieta, cuando a principios de diciembre del año citado tocaron el puerto de La Libertad los generales Cabañas, Saget y Barrios, acompañados de doscientos diez federalistas, pidiendo asilo y ofreciendo las armas que traían. El jefe del gobierno salvadoreño, general Francisco Malespín, otorgó el asilo y recibió las armas. Ofendido Carrera, de Guatemala, alentó la facción de Santa Ana y auxilió al general Manuel José Arce para invadir a El Salvador. Antes de acción alguna, Arce vio dispersarse sus tropas en Coatepeque y perdió los elementos bélicos.

La Dieta de San Vicente notó el delito cometido por el Gobierno de Guatemala y le pidió explicaciones que no le fueron dadas. Entonces, Malespín, apoyado por los gobiernos confederados, invadió Guatemala, tomó Jutiapa, El Sitio y la hacienda de Quesada.

Entre tanto Cabañas, aceptado en el servicio militar juntamente con sus compañeros, se hizo cargo de tomar Chiquimula. Pero de repente Malespín desconfió de Cabañas, y se apuró a celebrar un convenio de paz con Carrera.

La conducta de Malespín disgustó a Chamorro, Supremo Delegado de la Dieta. Ofendido Cabañas pasó con sus amigos a San Miguel, y en esa población él y Barrios se pronunciaron contra Malespín, pero como fracasara el movimiento se trasladaron a Nicaragua.

El Supremo Delegado Chamorro pidió mil hombres a Nicaragua para invadir Guatemala. El Presidente de Honduras, general Ferrera, dejó pasar la tropa, pero de doscientos en doscientos hombres, disponiendo al fin atacar los últimos grupos en Choluteca.

Esa conducta ofendió al Gobierno de Nicaragua, el que puso a la orden del general Cabañas mil hombres con los que penetró hasta Nacaome, donde fue derrotado.

Entonces Ferrera y Malespín hicieron causa común contra

Nicaragua, la invadieron y temaron la ciudad de León el 25 de enero de 1845. Malespín se interesaba en capturar a Barrios y Cabañas. Pero estos rompieron el cerco, pasaron a La Unión y luego a San Salvador donde dijeron que Malespín había sido derrotado. La noticia produjo su efecto porque entró a ejercer el Poder Ejecutivo don Joaquín Eufrasio Guzmán.

Don Coronado Chávez tomó la presidencia constitucional de Honduras el primero de enero de 1847. Tomó bajo su protección al general Malespín, hecho que produjo una guerra con El Salvador. Los generales Trinidad Cabañas y Máximo Cordero entraron al territorio hondureño. Cabañas fue derrotado en las cercanías de Comayagua y Cordero en el pueblo de Sensenti. En represalia el general Santos Guardiola llegó a La Unión y tomó San Miguel y el general Juan López, apoyado por Carrera, en virtud del suplicatorio diplomático del licenciado Felipe Jáuregui, amenazó con internarse profundamente en El Salvador. En Sensenti se reunieron a negociar los señores Juan Lindo, Carlos Herrera y Joaquín Aguiluz representantes de Honduras, con los señores José Antonio Jiménez y Cayetano Bosque, representantes de El Salvador, con asistencia de don Joaquín Durán, representante de Guatemala, como mediador.

La Dieta de San Vicente fue languideciendo hasta desaparecer el 29 de marzo de 1845. Desde entonces, los sucesos de los tres países antes confederados vuelven a la contienda de federalistas que contaban con la base de El Salvador y separatistas fuertemente situados en Guatemala y Honduras.

El señor Ferrari en su segundo capítulo que titula: "Año de 1845. 2ª Invasión de Cabañas a Honduras", reproduce una carta del general Nicolás Angulo para unos amigos de San Salvador en que objetaba la invasión a Honduras no por ilógica sino porque los hombres del ejército carecían de la preparación militar necesaria y los pertrechos de guerra eran insuficientes.

Pero los federalistas en El Salvador temían una invasión de Malespín desde Honduras, y mal preparados se lanzaron a la ofensiva, con los resultados conocidos.

En este punto el señor Bustillo inserta toda la documentación de aquel tiempo para destacar la traición del general Cabañas, el patriotismo del general Guardiola, defensor de la plaza de

Comayagua, y el parecido de aquella guerra de federalistas y separatistas con la guerra de cinco días desatada por El Salvador contra Honduras en julio de 1969.

Porque el meollo del trabajo es ese, en perjuicio de Cabañas y en gloria de Guardiola.

—IV—

DON JUAN LINDO TRASLADA EL GOBIERNO AL GENERAL CABAÑAS

Don Fernando Ferrari Bustillo corta el relato histórico en el lugar que conviene a su acusación contra el general Trinidad Cabañas, y nosotros lo continuamos para que se vea el conjunto de los acontecimientos y no haya dudas de la substancia federalista y separatista de éstos.

El 27 de noviembre de 1847 se firmó el Tratado de paz entre los gobiernos hondureño y salvadoreño, por el cual no podrían volver a El Salvador los generales Francisco Malespín y Nicolás Espinoza, que aparece con el General de División en el cuadro del Estado Mayor General del Ejército morazánico del 13 de agosto de 1842, lo que indica que éste famoso jefe se había pasado a la causa separatista, y los cuales regresarían a El Salvador hasta que el Gobierno estimara conveniente darles salvoconducto. Honduras y El Salvador se ligaban y confederaban en perpetua amistad y alianza respetándose ambas partes su independencia, sin entremeterse de modo alguno en su régimen interior y por medio de un comisionado hondureño en El Salvador y de un salvadoreño en Honduras, tratarían de armonizarse en la organización del Gobierno Nacional.

Fijarse bien: los regímenes de ambos países (después de la 27 invasión de Cabañas a Honduras, que detalla el señor Ferrari), convienen en erigir un Gobierno superior y unificado de ambos, lo que supone una fraternal comprensión por no haberse borrado aún el sentimiento unionista que dejara la República Federal.

A pesar del Tratado de Sensenti, en Honduras se favorecían las ambiciones de Malespín. El célebre caudillo participaba del movimiento subversivo que dirigía el Obispo Jorge Viteri y Ungo.

Dicho movimiento fracasó en julio de 1845. El Obispo rebelde quiso pasar a Guatemala, pero no fue recibido. Entonces dio la vuelta, pasando la frontera de Honduras. Una vez en Comayagua, platicó con el general Malespín y ambos con el doctor Juan Lindo, quien ya había sido jefe del Estado de El Salvador. De las pláticas resultó una invasión al país vecino. Malespín marchó a Nacaome donde el comandante Goyenaga le facilitó armas y municiones. En el mismo lugar recibió otros auxilios que le mandaba de Tegucigalpa el comandante Bernardo Lara. Además, don Juan Lindo le proporcionó tropas de Sensenti y de Guarita. Con la asistencia indicada atacó la plaza de Chalatenango y recorrió enseguida los pueblos y aldeas de la frontera.

En otro tiempo el Obispo Viteri y Ungo había excomulgado al general Malespín. Ahora, situado en el pueblo de Corquín, observando las operaciones bélicas pensaba de distinto modo. En una Pastoral que publicó dijo que "el general Malespín estaba destinado por la Providencia Divina para defender la religión del Estado y los derechos de los salvadoreños". Sin embargo Malespín y sus acompañantes fueron derrotados en el pueblo del Dulce Nombre. Ante el fracaso, los invasores concertaron el plan de hacer punto de reunión el volcán de Santa Ana, en la creencia de poder organizar allí un ejército de regulares proporciones. La tentativa no alcanzó el éxito deseado. Y llegó el desenlace trágico. Seguido el general Malespín de tres oficiales y un soldado, entró al pueblo de San Fernando. Recorría ese pueblo con los suyos buscando qué comer y dónde pasar la noche, cuando se le acercó un individuo con ofensas personales y ademanes agresivos. El general Malespín sacó el revolver y lo mató. A vistas del delito hubo un alzamiento popular en el que pereció a machetazos el notable militar. Los amotinados le cortaron la cabeza. La clavaron en una estaca. Y la llevaron de trofeo a San Salvador.

Vencido el período presidencial de don Coronado Chávez, depositó el mando en un Consejo de Ministros, y la Asamblea designo Presidente Provisional al general Francisco Ferrera para el período 1847-1848. Ferrera renunció el cargo con esta declaración: "Los partidos dominantes son: uno por el licenciado Felipe Jáuregui y el general Santos Guardiola y otro por el ex Presidente Chávez y yo. Cualquiera de los cuatro que obtenga la Presidencia encontrará ya una oposición anticipada a su Administración y a su conducta, pues bastantes pruebas se han dado de esto en la época del señor Chávez. En tal hipótesis, y en la de haber candidatos que no pertenecen a ninguno de estos partidos, yo juzgo con mucho fundamento que el acierto de la elección depende de la exclusión de aquellas personas que esperan los partidos para triunfar".

La Asamblea aceptó la renuncia del general Ferrera y designó Presidente Provisional al doctor Juan Lindo, quien tomó posesión el 12 de febrero y cuya gestión había de extenderse hasta septiembre de 1848. No es el momento de hacer larga relación del gobierno desapasionado y progresista de Lindo sino de llegar al punto en que el general Trinidad Cabañas —traidor en la literatura histórica de don Fernando Ferrari Bustillo— asciende a la Presidencia de Honduras.

Una asamblea Constituyente se reunió en Comayagua el 11 de diciembre de 1847 para reformar la Constitución del 4 de Enero de 1839 y dar códigos modernos. Firmada la Constitución el 4 de febrero de 1848, ese mismo día prolongó la Presidencia Provisional de Lindo hasta el 16 de julio del mismo año, para elegir a las nuevas autoridades constitucionales del período siguiente de cuatro años, o sea del propio 16 de julio del año citado al 1º de febrero de 1852.

La Constitución del 48 consignó en su artículo 2º "Honduras es uno de los Confederados de Centro América, en virtud de la aceptación que libremente ha hecho del Pacto de Nacaome". El Presidente Lindo había celebrado Tratados con El Salvador y Nicaragua para reunir una Dieta en dicha población. La Dieta se reunió el 6 de junio. El 7 de octubre firmó un convenio sobre el gobierno provisional y otro sobre una Asamblea Constituyente que se reuniría en Tegucigalpa. Los gobernantes de los tres países no eran ajenos al sentimiento unionista de los pueblos y por ello se orientaban a un Gobierno confederal que arrojara a los británicos de sus territorios. Vistas bien las cosas, don Juan Lindo era el sabio de la Confederación al anular en lo posible los pleitos familiares y reconocer a los verdaderos enemigos de Centro América.

Las cámaras lo eligieron Presidente constitucional por cuatro años desde el 16 de julio de 1848 hasta el primero de febrero de

1852. En ese tiempo siguió haciendo gobierno progresista; se deshizo de la funesta influencia de Ferrera y Chávez por medio de Guardiola, y más tarde de las componendas de Jáuregui y Guardiola con el cónsul Chatfield por medio de Cabañas, quien con tropas que puso bajo su mando el Presidente Vasconcelos determinó la paz de Pespire que impidió la guerra civil en Honduras. Ferrera, Chávez y Guardiola pasaron al destierro de El Salvador, y Jáuregui de Costa Rica pasó a Guatemala. Libre de estos hombres, don Juan Lindo rompió relaciones con el soberbio Chatfield, es decir con Inglaterra, y dio cuenta a la Representación Nacional reunida en Chinandega, desde el 9 de enero de 1851, y que integraban don José Guerrero, por Honduras: don José Francisco Barrundia y don José Silva, por El Salvador, y los licenciados Hermenegildo Zepeda y Pablo Buitrago, por Nicaragua.

Al mismo tiempo, de acuerdo con el Presidente Vasconcelos en reunión que tuvieron en La Labor, denunció las tropelías de Chatfield en un Manifiesto que dirigió a los pueblos de América. Luego enfrentó tropas a los británicos adueñados de la Costa Norte; invocó la Doctrina de Monroe para liberar la isla del Tigre en el Golfo de Fonseca tomada por Chatfield, y de acuerdo con Vasconcelos pensó en castigar la conducta cómplice de Rafael Carrera con el invasor inglés, que determinó el encuentro bélico de San José de La Arada, donde triunfó Carrera por mala dirección del ejército aliado.

El Presidente Lindo cesó en sus funciones el 1º de febrero de 1851. Recibió la Presidencia el senador Francisco Gómez quien la retuvo hasta el 1º de marzo, fecha en que la asumió el general Trinidad Cabañas, por elección de las cámaras, y quien estaría en ella hasta el 6 de octubre de 1855.

EL TRATADO CLAYTON-BULWER Y SU INFLUENCIA
EN LOS ESTADOS ISTMEÑOS

En el transcurso del último Gobierno del doctor Juan Lindo sucedió algo enorme en las alturas internacionales relacionado con la independencia de los cinco Estados istmeños. Los Estados Unidos y la Gran Bretaña celebraron un tratado de dominación sobre Centro América, con menosprecio de los gobiernos y los pueblos centroamericanos.

Ahorrando palabras nuestras, trasladaremos el Tratado Clayton-Bulwer, celebrado en Washington el 19 de abril de 1950, para ilustración de los lectores, los cuales podrán entender en lo sucesivo el meollo de la política centro-americana de la segunda mitad del siglo diecinueve, dominada por los anglosajones en su conjunto, y siendo pro-yanqui de una parte y pro-británica de otra.

Dice el Tratado Clayton Bulwer:

"Los Estados Unidos de América y S. B. M., deseosos de consolidar las relaciones de amistad que tan felizmente existen entre ellos, manifestando y estableciendo en un convenio sus miras e intenciones relativas a cualesquiera medios de comunicación de canal marítimo que haya de abrirse entre los océanos Pacífico y Atlántico, por el Río de San Juan de Nicaragua y ambos o cualesquiera de los lagos de Nicaragua y de Managua hasta cualquiera punto o lugar del Pacífico, han conferido plenos poderes: el 1° al señor John M. Clayton, Secretario de Estado de los Estados Unidos, y el 29 al muy Honorable señor Henry Litton Bulwer miembro del más respetable orden del B. de S. M. enviado Extraordinario y Ministro Plenipotenciario de S. M. B. para el fin indicado; y dichos Plenipotenciarios, habiendo canjeado sus plenos poderes, después de haberse hallado extendidos en dicha forma, han convenido en los artículos siguientes:

Artículo 1°—. Los gobiernos de los Estados Unidos y de la Gran Bretaña por el presente declaran: que ni el uno ni el otro adquirirán jamás o mantendrán para sí mismos poder exclusivo alguno sobre dicho canal marítimo; y estipulan, que ni uno ni otro erigirán jamás o tendrán fortificaciones algunas que lo dominen o que se hallen situadas en sus cercanías; que ni en tiempo alguno ocuparán, ni fortificarán, ni colonizarán ni se arrogarán o ejercerán dominio alguno sobre Nicaragua, Costa Rica, la Costa Mosquitia o parte alguna de Centro América; que tampoco harán uso de protección alguna, que cada uno de ellos preste o pueda dispensar o de cualquier alianza que cada uno de ellos tenga o pueda tener con algún estado o pueblo, con el objeto de mantener o erigir semejantes fortificaciones, o de ocupar o fortificar o colonizar a Nicaragua, Costa Rica, la Costa Mosquitia, o parte alguna de Centro América, o de arrogarse o ejercer sobre dichos puntos dominio alguno; y que ni los Estados Unidos ni la Gran Bretaña se aprovecharán de intimidad alguna ni harán uso de alianza, conexión o influjo alguno que cada uno de ellos tenga con cualquier Estado o Gobierno, por cuyo territorio haya de pasar dicho canal con el fin de adquirir o poseer, directa o indirectamente, para los ciudadanos o súbditos del uno, cualesquiera derechos ventajas, respecto al comercio y navegación del canal, que no se ofrecieran en los mismos términos a los ciudadanos o súbditos del otro.

Artículo 2°—. En caso de guerra entre las partes contratantes, los buques de los Estados Unidos y de la Gran Bretaña, atravesando dicho canal serán exentos del bloqueo, detención o captura por cualquiera de las partes beligerantes; y esta estipulación se extenderá hasta una distancia de las dos extremidades de dicho canal que en lo futuro se halle conveniente establecer.

Artículo 3°—. A fin de asegurar la construcción de dicho canal, las partes contratantes de una manera justa y equitativa, caso que éste se emprenda por cualquiera de ellas que obtenga poder de algún Gobierno o gobiernos locales, por cuyo territorio haya de pasar se obligan a que las personas empleadas en hacerlo y la propiedad que ocupen o hubiesen de ocupar para este objeto, sean protegidas desde el principio de dicho canal hasta su conclusión, por los gobiernos de los Estados Unidos y de la Gran Bretaña contra toda injusta detención, confiscación, captura u otro cualquier acto de violencia.

Artículo 4°—. Las partes contratantes harán uso de todo el influjo que respectivamente ejerzan con cualesquiera Estado, Estados o Gobiernos que tengan o pretendan tener jurisdicción o derecho alguno al territorio que dicho canal haya de cruzar, el cual habrá de estar cerca de las aguas que lo formen, con el objeto de procurar que los mismos Estados o Gobiernos faciliten su construcción, por todos los medios que estén a su alcance; y además, los Estados Unidos y la Gran Bretaña se comprometen a hacer uso de sus buenos oficios donde quiera y cuando sea conveniente, a fin de obtener el establecimiento de dos puertos libres, situados en cada extremidad de dicho canal.

Artículo 5º—. Asimismo las partes contratantes se obligan a proteger dicho canal, después de concluido, contra toda interrupción, captura o confiscación injusta, y a asegurar su neutralidad, de manera que dicho canal se abra y esté para siempre libre y seguro el capital que en él se invierta. No obstante, los gobiernos de los Estados Unidos y de la Gran Bretaña, al acordar su protección a la construcción de diche canal y al garantizar su neutralidad y seguridad después de concluido, siempre entienden, que dicha protección y garantía se conceden condicionalmente, y que podrá retirarse dicha protección y garantía por ambos gobiernos o cualquiera de ellos, si ambos gobiernos o cualquiera de ellas juzgaren, que las personas empresarias o administradoras de dicho canal adoptaban o establecían reglamentos, tocante al tráfico del mismo, que fuesen contrarios al espíritu e intensión de este convenio, ya sea haciendo injustas distinciones a favor del comercio de una de las partes contratantes en detrimento del comercio de la otra o ya sea imponiendo precios (tolls) o exacciones irracionales a los pasajeros, buques, efectos, géneros, mercaderías o a cualesquiera artículo. Sin embargo ninguna de las partes contratantes deberá retirarse de la susodicha protección y garantía, si no es dando previo aviso de seis meses a la otra.

Artículo 6º—. Por este convenio las partes contratantes se comprometen a invitar a cualquiera Estado, con el cual ambas o cada una tengan relaciones amigables, para que entre con ellos en estipulaciones iguales a las estipulaciones en que mutuamente han convenido a fin de que todos los Estados participen del honor y ventaja de haber contribuido a una obra de tan general interés e importancia como la del canal de que aquí se trata; e igualmente, las partes contratantes convienen en que cada una de ellas habrá de entrar en tales estipulaciones del tratado con los Estados de Centro América que les parezca conveniente, a fin de llevar más eficazmente al cabo el grande objeto de este contrato, como por ejemplo la de construir y mantener dicho canal como una comunicación marítima entre los dos océanos para el beneficio del género humano y en términos iguales para todos; y la de proteger el mismo. Convienen también en que los buenos oficios de cada una, al requerimiento de la otra habrán de emplearse para ayudar y apoyar la negociación de dichas estipulaciones del tratado. Y caso que se suscitaren algunas diferencias entre los Estados o Gobiernos de Centro América respecto a propiedad o derecho sobre el territorio, por el cual dicho canal haya de pasar y que éstas impidiesen y Obstruyesen de algún modo su ejecución, los gobiernos de los Estados Unidos y de la Gran Bretaña harán uso de sus buenos oficios, para arreglar dichas diferencias, de la manera más propia para promover los intereses del canal y robustecer los vínculos de amistad y alianza que existen entre las partes contratantes.

Artículo 7º—. Siendo de desearse que no se pierda tiempo innecesariamente en comenzar y construir dicho canal, los gobiernos de los Estados Unidos y de la Gran Bretaña determinan dar su apoyo y animación a la Compañía o a las personas que primero se presenten a comenzarlo con el capital necesario, con el consentimiento de las autoridades locales y bajo principios que sean conforme con el espíritu e intención de éste convenio; y si alguna Compañía o personas antes de ahora hubiesen obtenido de algún Estado, por el cual haya de pasar dicho canal, una contrata para su construcción, como la que se especifica en este convenio, a las estipulaciones de cuyo contrato ninguna de las partes de este convenio tiene motivo justo alguno que objetar, y si dichas personas o compañía hubiesen hecho preparaciones y gastado tiempo, dinero y trabajo en fé de dicho contrato, queda convenido por el presente, que dichas personas, tendrán una preferencia de derecho a la protección de los Estados Unidos y de la Gran Bretaña sobre cualquiera otra persona o compañía y que se les con cederá un año contado de la fecha del canje de las ratificaciones de este convenio, para concluir sus arreglos y presentar pruebas de que esté suscrito un capital suficiente para cumplir la empresa; quedando entendido de que si a la expiración de dicho período, dichas personas o compañías no estuviesen en estado de comenzar y llevar a efecto la proyectada empresa, entonces los gobiernos de los Estados Unidos y de la Gran Bretaña estarán libre de dispensar su protección a cualesquiera persona o compañía que estuviesen en disposición de comenzar y seguir la construcción del canal en cuestión.

Artículo 8°—. Los gobiernos de los Estados Unidos y de la Gran Bretaña, al entrar en este tratado, no habiendo tenido solamente el deseo de llenar algún objeto particular, sino también el de establecer un principio general, convienen por el presente en extender su protección por estipulación del tratado a cualesquiera otras comunicaciones practicables ya sean por canal o ferrocarril al través del istmo que une la América del Norte a la del Sur, y especialmente a las comunicaciones interoceánicas (por canal o ferrocarril) que actualmente se proponen establecer por la ruta de Tehuantepec o la de Panamá, si estas resultasen factibles.

Al conceder, sin embargo, su protección a cualesquiera canales o ferrocarriles de los que se trata en este artículo, queda siempre entendido por los Estados Unidos y la Gran Bretaña, que las partes que los construyan o posean no deberán imponer más cargas o condiciones sobre su tráfico que las que los mencionados gobiernos aprobasen como justas y equitativas; y que dichos canales o ferrocarriles, siendo abiertos en iguales términos ya por los ciudadanos y súbditos de los Estados Unidos y de la Gran Bretaña, habrán de serlo también de la misma manera para los ciudadanos y súbditos de cualquiera otro Estado, que quiera concederles la misma protección que los Estados Unidos y la Gran Bretaña se han obligado a dispensarles.

Artículo 9°—. La ratificación de este convenio habrá de canjearse en Washington dentro de seis meses contados desde esta fecha. En fé de lo cual nosotros los respectivos plenipotenciarios hemos firmado este convenio, y aplicándole nuestro sello.

Hecho en Washington, el décimo día de abril del año en Nuestro Señor 1850.

John M. Clayton. Henry Lytton Bulwer".

En las escuelas primarias se lee ante los niños el Acta de Independencia del 15 de septiembre de 1821, y a veces el Testamento del General Francisco Morazán del 15 de septiembre de 1842.

¿Por qué no se lee también el Tratado Clayton-Bulwer del 19 de abril de 1850, para que completen su conocimiento sobre la suerte de los cinco países istmeños supeditados a las dos grandes naciones anglosajonas en aquel siglo?

Desde pequeños estarían informados de la Doctrina de Monroe y del Destino Manifiesto de Buchanan, y crecerían forjados para servir la causa del patriotismo.

—VI—

EL PRESIDENTE CABAÑAS BAJO EL SIGNO DEL "DESTINO MANIFIESTO"

Leído reflexivamente el Tratado Clayton-Bulwer, el hondureño tiene en sus manos la clave mágica de la política de las grandes naciones anglosajonas, que se pusieron de acuerdo en Washington para dominar a los países de Centro América por medio de un canal o un ferrocarril interoceánico que construirán sin consultar a los gobiernos centroamericanos, por considerarlos indignos de consulta, y luego marcharon en desacuerdo porque cada una de ellas pretendía para su provecho una mayor porción centroamericana, contienda entre las partes del Tratado que produjo invasiones de tropas de una y otra, guerras civiles, guerras intercentroamericanas, desorden permanente en estos desdichados países.

Según el señor J. M. Torres Caicedo, Ministro Plenipotenciario de Venezuela en Francia, en 1865, el Tratado Clayton-Bulwer fue un anzuelo que la Gran Bretaña le arrojó a los Estados Unidos para detener su expansión en Centro América que consideraba propia y que tragaron al firmar el Tratado. "Por esa Convención —comenta el señor Torres Caicedo—, las dos partes contratantes estipularon que ninguna de ellas podía poseer, colonizar, etc., en punto alguno de la América Central. Por esa estipulación los norteamericanos creyeron haber vencido diplomáticamente a los ingleses; pero sucedió lo contrario. El Gobierno de Washington haciéndose fuerte con el artículo citado, dijo a Inglaterra:

—Abandonad las Islas de la Bahía y Belice, así como el territorio del soñado Rey de los Mosquitos.

Los ingleses, con sus puntos de ironía, respondieron:

—Los tratados no pueden tener efectos retroactivos; en adelante, ni vosotros ni nosotros podremos poseer nuevos territorios en la América Central, ni colonizar ni fortificar punto alguno en esas regiones; pero para lo poseído, colonizado o fortificado, antes, el tratado no tiene fuerza alguna.

Los norteamericanos fueron derrotados —sigue diciendo Torres Caicedo—; pero pronto antes de dos años les llegó su desquite.

En efecto, el 13 de julio de 1852, el superintendente de Belice anunció que la graciosa soberana de la Gran Bretaña había decidido que se estableciese una colonia inglesa en las islas de Roatán, Guanaja, Helena, Morat, bajo el nombre de COLONIAS DE LA BAHÍA. El Congreso norteamericano se alarmó con esa flagrante violación del Tratado Clayton-Bulwer, y protestó en términos enérgicos. Las reclamaciones se hicieron por la vía ordinaria. y la discusión tomó tal carácter, que en 1856 faltó poco para que estallará la guerra entre la Gran Bretaña y los Estados Unidos. Estos pidieron en último término que el Gobierno inglés devolviese las Islas de la Bahía a su legítimo dueño, Honduras. Suspendemos la relación del señor Torres Caicedo, hecha en su libro "Unión Latinoamericana"", publicado en París en 1865, porque se adelanta a los años del Gobierno del General Cabañas, y del que dice don Fernando Ferrari Bustillo:

"La gestión administrativa del general Cabañas duró apenas tres años siete meses, y durante ese período de tiempo se vio acosado por sus adversarios políticos dentro y fuera del país, aunque no se verificaron revoluciones para derrocarlo. A pesar de sus propósitos progresistas en bien de Honduras, no le fue posible materializarlos. Su gobierno fue bastante mediocre y sobresalió por sus actos que perjudicaban hondamente los intereses nacionales y que fueron la causa poderosa de su derrocamiento por el general Santos Guardiola".

Otro hondureño, don Pío Suárez Romero, en su pequeña obra

"Bosquejo Histórico de Honduras" describe con brevedad la Administración Pública del enjuiciado, de este modo:

"TRINIDAD CABAÑAS. Presidente electo. Primero de marzo de 1852. Arrojado por las armas, 6 de octubre de 1855. Fue electo por el Congreso Nacional como Presidente de la República y como Vice-Presidente don Santiago Buezo. Modificó los aforos, fomentó la instrucción pública y mantuvo la paz. Intentó la unión de Centro América, pero fracasó. El General Rafael Carrera desde Guatemala ordenó la invasión de Honduras y el general Cabañas la sofocó procurando la paz. Rota ésta, Cabañas tomó Chiquimula. Los chapines ocuparon Omoa, capitulando, muy sospechosamente, su comandante el general José María Medina.

Favoreció la agricultura y la minería. Firmó con Squier la primera contrata para la construcción de un ferrocarril Interoceánico. Fue acosado desde Guatemala, que daba todo su apoyo al general Santos Guardiola. Auxilió a los demócratas de Nicaragua contra los legitimistas de Fruto Chamorro, apoyado éste por el general Carrera de Guatemala.

En 1855 Carrera se valió del general Juan López, hondureño calificado como traidor, para invadir Honduras. El general López tomó Santa Rosa y Gracias, y avanzando más y más combatió al general Cabañas en Masaguara, derrotándolo, teniendo éste que escapar a El Salvador, abandonando el Poder.

El general López tomó Comayagua y llamó al Vice-Presidente don Santiago Buezo a ejercerlo".

Lo anterior es un modelo de historia descriptiva sintética. Ahora, caben las conjeturas de historia crítica.

Tampoco el Tratado Clayton-Bulwer podía tener efecto retroactivo en cuanto a Rafael Carrera, de Guatemala, por ser un derecho adquirido por la Gran Bretaña antes de la celebración de dicho Tratado. Igual repetición puede hacerse de los gobernantes de Costa Rica establecidos antes de la firma del Tratado y que siguieron como tales en las décadas siguientes, sucediéndose en el Poder con "buen sentido democrático".

La Gran Bretaña dominaba los extremos políticos de Centro América, y después del Tratado cifraba su interés en dominar el centro político de la misma por medio de ayudas y asistencias a sus partidarios desde Guatemala.

Por su parte, los Estados Unidos subían y sostenían a los suyos en Honduras, El Salvador y Nicaragua y, hasta los confederaba.

La lucha política del Cónsul norteamericano E. G. Squier, situado en León, con el cónsul inglés F. Chatfield, que unas veces estaba en la ciudad de Guatemala y otras en San José de Costa Rica, y posteriormente con el cónsul Wyke, se desarrollaba por medio de los gobiernos pro-yanquis y pro-británicos y de los aspirantes a gobernar, inscritos en los mismos bandos.

Así se explican las alianzas de Nicaragua, Honduras y El Salvador contra Guatemala y las respuestas militares, siempre triunfantes por estar mejor pertrechadas, de Guatemala contra los "confederados".

El viejo federalista que llegó a la Presidencia de Honduras sin notar el cambio de las condiciones políticas centroamericanas, en lo principal sirvió los intereses de los Estados Unidos, y estando en ese servicio, fue abatido por los intereses más influyentes y poderosos de la Gran Bretaña, corporizados en el hondureño general Juan López y un ejército armado en Guatemala por Rafael Carrera, vasallo inglés.

—VII—

LA CONTRATA DE MR. SQUIER PASA A MANOS DE SIR WILLIAM BROWN

Como la mayor parte de los hombres de Centro América en la segunda mitad del siglo XIX veían progreso en las inmigraciones y en las inversiones capitalistas extranjeras en estos países, el Presidente Cabañas, bajo consejo de los señores León Alvarado y Junto Rodas, estimó benéfica y civilizadora la contrata ferrocarrilera que proponía el cónsul norteamericano E. G. Squier, quien cumplía instrucciones reservadas del Gobierno de los Estados Unidos, al margen del Tratado Clayton-Bulwer.

Por el interés expansionista de la gran nación del Norte, las cláusulas de la contrata son horrendas, y no se debe culpar de ellas al general Cabañas, gobernante de una nación débil, que operaba bajo el signo del Destino Manifiesto.

Como el ferrocarril debía construirse con capital privado y Mr.

Squier no lo encontró en Nueva York, de su parte pagó la ingratitud cometida con el general Cabañas al pasar el proyecto ferrocarrilero en que pensaban los Estados Unidos, a manos de grandes nobles y capitalistas británicos.

El señor Fernando Ferrari Bustillo estaba obligado como historiador profesional a acompañar en su acusación contra el general Cabañas, parte de la "Relación Histórica" que publicó don Enrique Gutiérrez, Ministro Plenipotenciario de Honduras en Inglaterra, a exigencia de la Bolsa de Valores de Londres, con motivo de los empréstitos ferrocarrileros de 1867, 1868 y 1870 para explicarle al público, con motivo de la contrata Squier-Cabañas, cómo se forma una tormenta en un vaso de agua.

Dice la "Relación" de Gutiérrez: "En los años de 1850 á 1852 el representante de los Estados Unidos en Centro América, Mr. E. G. Squier, concibió la idea de que podía ser practicable un camino de fierro a través de la República de Honduras desde Puerto Caballos a la Bahía de Fonseca.

Firme en esa idea, consiguió en los Estados Unidos que se organizase un cuerpo científico para reconocer la practicabilidad de esa línea, el cual partió de los Estados Unidos en febrero de 1853, y retornó en diciembre del mismo año. El informe fue muy favorable y en consecuencia Mr. Squier pidió al Gobierno de Honduras la concesión para construir el camino, a favor de los señores Robert J. Walker, Amery Edwards, A. Miltenberger, James S. Thayer, Henry Staton, Fletcher Westray y el propio E. G. Squier, siendo entonces Presidente de aquella República el General Don José Trinidad Cabañas, y comisionados por parte de dicho Gobierno D. León Alvarado y D. Justo F. Rodas.

Obtenida la concesión del Gobierno de Honduras para construir este ferrocarril, el 28 de julio de 1853, Mr. Squier organizó en Nueva York una compañía, que fracasó poco después a causa de la oposición que se le hizo por los interesados y partidarios de la línea de Panamá, y por el desdén y frialdad con que fue recibida por el público especulador de los Estados Unidos.

Los promovedores de esta empresa determinaron recurrir a los mercados de Europa a fin de buscar capitales para llevarla a cabo, con cuyo objeto comisionaron a su iniciador Mr. Squier para que se trasladase a Londres o París, y la presentase al público en una de esas capitales.

Después de dos años de luchas y de esfuerzos, venciendo dificultades y oposiciones, consiguió organizar una compañía mixta, esto es, inglesa, francesa y norteamericana, con su residencia en Londres y bajo la sanción directa del Gobierno inglés.

Figuraban en aquella compañía Sir Willian Brown como Presidente, y Robert Wigram Crawford, Esp., como vice-presidente además de otros muchos hombres notables y de alta posición social, como no ha tenido mejores ninguna otra compañía semejante.

He aquí la lista completa de los señores que formaban esa compañía, los cuales, por su posición social, influjo y riqueza, forman un conjunto tan respetable y poderoso, que no podría reunirse mejor en ninguna plaza del mundo comercial:

R. W. Crawford, Esp., M. P. Londres.

Abraham Darby, Esp., Stoke Court.

Slough. Kennards y Ca.), Lombard Street.

John Pemberton Heywood, Esp., (Heywood, Charles Holland, Esp., Presidente de la Cámara de Comercio de Liverpool.

Thomas Sanden Kirkpatrick, Esp., Londres.

M. T. Weguelin, Esp., Londres.

Charles F. Meulton, Esp., París.

John Lewis Ricardo, Esp., Londres.

Major-General Tremenhere, Londres.

William Wheelwright, Esp., Londres.

Joseph Robinson, Esp. Ebbw Vale Company .

El mismo Lord Clarendon, entonces Ministro de Relaciones Exteriores de la Gran Bretaña, fue el que indujo a Sir William Brown a que se encargase de la Presidencia de la Compañía, dando de su parte todas las facilidades que estaban en su poder, a fin de que se pudiese llevar adelante la construcción. (Ya en tiempos de Guardiola).

El 20 de Agosto de 1856, se concluyó un tratado de amistad comercio y navegación entre Gran Bretaña de una parte, y en su representación el Ministro de Honduras en Londres.

Por ese tratado se establece la neutralidad del Ferrocarril a traves de Honduras, bajo la protección de la Gran Bretaña, y otra porción de condiciones favorables al desarrollo del comercio y libre tráfico por dicha línea. Los Estados Unidos y Francia hicieron poco tiempo después tratados semejantes.

Por otro tratado de 28 de noviembre de 1859, tomando en consideración la peculiar posición geográfica de Honduras, y para asegurar la neutralidad de las islas adyacentes con referencia a cualquier ferrocarril o línea interoceánica de comunicación que se pudiese construir a través de Honduras, el Gobierno de Su Majestad Británica convino en reconocer las islas de Roatán, Helena, Barbarota, Guanaja, Utila y Morat, conocidas con el nombre de Islas de la Bahía, y situadas en el Golfo de Honduras, como parte integrante de dicha República.

Por otro artículo del mismo tratado reconoció el Gobierno inglés la soberanía de la República de Honduras sobre el territorio habitado por los indios Mosquitos, comprendido dentro de los límites de la frontera de dicha República, cualesquiera que ellos fuesen.

De esta manera se zanjaron las dificultades que existían respecto a esos territorios entre la Gran Bretaña, Centro America y los Estados Unidos.

Esta restitución a la República de Honduras de las islas de la Bahía y del territorio de Mosquitos, de parte de la Inglaterra fue la primera ventaja que obtuvo Honduras del proyecto de abrir un ferrocarril interoceánico a través de su territorio.

Formada en Londres la compañía, y a espensas personales de sus directores, que gastaron en esto unas L. 80,000, se hizo un completo estudio de la línea en los años de 1857 y 1858, bajo la dirección del General William W. Wright, y los puertos y ríos fueron estudiados cuidadosamente por el capitán de la marina de los Estados Unidos W. N. Jeffers. Estos trabajos fueron comprobados luego por el teniente coronel Edward Stanton, ingeniero real, el cual, llevando a sus órdenes un cuerpo de ingenieros, fue despachado á Honduras en servicio del Gobierno de Su Majestad Británica.

El estudio de toda la línea del ferrocarril estaba minuciosamente expuesto en la siguiente colección de documentos:

I.—Mapa general de toda la línea del propuesto ferrocarril desde Puerto Caballos (ó Cortés) hasta la Bahía de Fonseca, en escala de una milla en pulgada.

II.—Mapas topográficos detallados del campo de trabajo (24 mapas), con escala de 500 pies en pulgadas.

III.—Perfil ó sección vertical de toda la línea, en escala de 400 pies en pulgada horizontal, y 40 pies en pulgada vertical.

IV. —Carta detallada de la parte de la Bahía de Fonseca en la cual debe terminar el ferrocarril, por triangulaciones del Teniente Jeffers, ingeniero hidrográfico.

V.—Carta detallada de Puerto Caballos y Alvarado Lagoon.

VI.—Extractos de la Memoria de J. C. Trautwine, Esq., ingeniero en jefe.

VII.—Memoria de W. W. Wright, Esq., primer asistente ingeniero, la cual contiene tablas y detalles de los desmontes, terraplenes, túneles, puentes, d., con los presupuestos.

VIII.—Memoria del Teniente W. N Jeffers, de la marina de los Estados Unidos, ingeniero hidrográfico, respecto a la Bahía de Fonseca.

IX.—Memoranda y observaciones presentadas por el Teniente W. N. Jeffers, actuando como agente diputado.

X.—Extracto de la Memoria del Teniente-Coronel Edward Stanton al General Sir. J. F. Burgoyne, K. C. B., respecto a la Bahía de Fonseca

XI.—Memoria del Dr. J. L. Le Conte respecto a los recursos agrícolas y minerales del país, en las inmediaciones de la línea del ferrocarril.

XII.—Memoria de Gustavus Holland, M. D. Cirujano de la expedición.

XIII.—Extracto de una Memoria al Gobierno Francés, respecto a la Bahía de Fonseca, por el Capitán M. T. de Lapelin, de la fragata "La Brillante".

Pero antes que se pudiesen recoger los frutos de estos trabajos preparatorios, estalló la guerra de Italia, y todas las operaciones para llegar adelante la empresa se suspendieron.

También empezó entonces la guerra en los Estados Unidos, y muy pronto la invasión de los Franceses en México, y en estas circunstancias los directores de la Compañía en Londres, que a mayor abundamiento habían recibido de uno de sus ingenieros un informe desfavorable respecto a la practicabilidad de la línea, se acobardaron y suspendieron toda acción encaminada a llevar adelante la empresa.

En medio de tantas circunstancias desfavorables, la concesión del referido ferrocarril caducó, en virtud de uno de los artículos de dicha concesión, desapareciendo por entonces de la escena pública el proyectado ferrocarril de Honduras".

—VIII—

LA CONTRATA DE MR. FOLLIN EN LA COSTA NORTE COMPRA UN PLEITO CON LOS BRITANICOS

El señor Agustín Follin, cónsul de los Estados Unidos, con domicilio en el puerto de Omoa, debe haber cumplido instrucciones de su Gobierno en el sentido de acosar por todos los medios posibles a los ingleses en la Costa Norte hasta lograr que abandonaran el suelo hondureño, no con el propósito de garantizar la soberanía de Honduras, por altruismo, sino de arrebatárselo a la Gran Bretaña, gran amiga en el Tratado Clayton-Bulwer y gran enemiga por los derechos adquiridos en Centro América antes del Tratado.

Si no fuera el serio conflicto de los Estados Unidos y la Gran Bretaña por lo apuntado últimamente, diríamos que Mr. Follin estaba loco al pedir concesiones en tierras insulares y continentales de Honduras que se hallaban en poder de los ingleses desde antes de la independencia, y que el cónsul inglés Federico Chatfield cuidaba como las niñas de sus oios al tenor de los numerosos documentos que se pueden arrasta al caso que se debate.

Ya dijimos que el 13 de julio de 1852 el Superintendente de Belice anunció que la Reina Victoria había decidido que se estableciera en las Islas de la Bahía una colonia inglesa con el nombre de Colonias de la Bahía, que levantó la protesta de los Estados Unidos.

Antes, el 10 de septiembre de 1847, el Cónsul Chatfield había dirigido un oficio al Gobierno del doctor Lindo en que le notificaba que "el Derecho territorial del Rey Mosquito debe mantenerse como extendiéndose desde el cabo de Honduras hasta la boca del Río San Juan" y "que el Gobierno de su Majestad no puede ver con indiferencia ningún atentado a usurpar los derechos o territorios del Rey Mosquito, quien está bajo la protección de la corona británica".

Del lado de Honduras, Chatfield afirmaba que el territorio del Rey Mosquito comprendía parte del departamento de Yoro, parte del de Tegucigalpa (hoy Francisco Morazán), Olancho, Colón y La Mosquitia hondureña. Del lado de Nicaragua, este país quedaba sin costa en el Atlántico y perdía las Segovias. Chatfield lo había notificado de este modo a los gobiernos hondureños y nicaragüense.

Así los hechos y las cosas, don Fernando Ferrari Bustillo, copia la concesión que el Gobierno del general Cabañas le dio al cónsul norteamericano Agustín Follin, que dice:

"Gobierno Supremo del Estado. Comayagua, Septiembre 19 de 1854. Se dio cuenta con el escrito del señor Agustín Follin, en el que por si y a nombre de la Compañía de Tierras de Honduras de que es individuo, a la cual representa como Agente autorizado, dice: que propone comprar los terrenos baldíos de la propiedad del Estado que comprenden todo lo que lleva el nombre de Territorio Mosquito y que abraza la línea demarcada por el señor Chatfield e Islas respectivas, al mismo tiempo que las que haya entre la margen oriental del Río Romano y la verdadera línea divisoria de este Estado con el de Nicaragua que termina en la desembocadura del Río de Cabo de Gracias a Dios, como también las tierras públicas que se encuentran en las Islas del mismo Estado conccidas con los nombres de Guanaja, Barbareta, Murat sele dichoa tiar tsila doricbiendo tonar sus pertenencias, con el derecho de arrendarlas, venderlas o traspasarlas a otros en perpetuidad, las cuales tendrá la propia Sonorania comietarte del Estadhi bries las leyes respectivas en todo respecto; ofreciendo reunir en los puntos que crea más aparentes los indios Payas, Toacas o Jicaques para que formen pueblos y pagando la caballería de tierra con estos términos: diez pesos plata por cada caballería de las que resulten en la medida que se haga, mitad en efectivo y la otra mitad en acciones de la Compañía, debiendo considerarse para evitar equivocaciones que treinta y seis caballerías de tierra serán igual a una legua cuadrada.

"Y considerando el Gobierno que la propuesta que antecede ofrece las ventajas de que el terreno a que se refiere se conserva bajo la soberanía y. señorío de Honduras a quien legítimamente.

Corresponde y sobre el cual ha pretendido el Gobierno de S. M. B. establecer un dominio injustiticable con pretexto de proteger al supueto Rey de los Mosquitos; y de que poblándose los desiertos que comprende y cultivandose por brazos laboriosos se desarrolle la riqueza territorial, se civilicen y mejoren de condición las tribus salvajes que en ellos se encuentran diseminados y se aumente por consiguiente la importancia estadística de Honduras, en uso de sus facultades ha tenido a bien emitir el siguiente:

ACUERDO:

1° Se acepta la propuesta por el señor D. Agustín Follin como Agente autorizado a nombre de la Compañía de tierras de Honduras sobre comprar los terrenos baldíos que se comprenden en las Islas que indica y en las Costas del Norte, desde la desembocadura del Río Romano o Aguán hasta el Río Cabo Gacias a Dios, lindero divisorio del Estado de Nicaragua sin determinarse por ahora la extensión que debe tener el interior que será la que fije el cuerpo Legislativo, y entendiéndose por Caballería un área que comprenda seiscientos cuarenta y cinco mil ochocientos diez y seis y octava varas cuadradas (645.816-/8), o lo que es lo mismo, un paralelogramo de veintidos cuerdas de cincuenta varas y treinta y seis y media varas más de largo y la mitad de ancho.

2° Se exceptúan de esta Contrata aquellas porciones de terreno que se consideren necesarias para ejidos de los pueblos de indígenas que existen nómadas o establecidos en aquellos desiertos.

3° La Compañía podrá hacer uso de cada porción del terreno referido tan luego come sea medido y pagado su valor al Estado en los términos que propone, obteniendo el título correspondiente, y,

4° Como inherente a la soberanía del Estado, el Gobierno conserva el derecho de habilitar puertos, aduanas y levantar fortificaciones en las islas y puntos de la enunciada costa que juzgue conveniente, comprando a la Compañía los terrenos que para tales fines necesite, al mismo precio en que ahora se los vende.

5° La admisión que por el presente se hace de la propuesta presentada por el señor don Agustín Follin como Agente autorizado a nombre de la Compañía de Tierras de Honduras, deberá tenerse como una iniciativa y, por consiguiente, queda sujeta a la aprobación del Cuerpo Legislativo, a quien para tal fin se le dará cuenta con este Acuerdo y antecedentes en su próxima reunión, librándose del mismo, entre tanto, un testimonio autorizado por los fines que convengan al mencionado proponente.

(f) CABAÑAS".

Subrayamos el punto quinto para que se vea la previsión del Presidente Cabañas en el sentido de tomarse la propuesta del señor Follin "como una iniciativa sujeta a la aprobación del Cuerpo Legislativos".

El señor Ferrari solo transcribe la contrata y no agrega el Decreto Legislativo en que fue aprobada la misma. En realidad no la consideró el Congreso por la turbulencias políticas del tiempo.

Dada la naturaleza de la contrata del señor Follin que pedía tierras isleñas y continentales ocupadas hacía mucho tiempo por los ingleses, con sonrisas estamos tentados a suponer que la sugirió el "zorro" de don Juan Lindo para reforzar la actitud última del Gobierno de los Estados Unidos encaminada a que la Gran Bretaña devolviera los territorios usurpados a su legítima dueña, la República de Honduras.

Mas, dejemos las alegres suposiciones improbables y atengámonos a lo que flotaba en el ambiente de aquella época o sea la animosidad de los Estados Unidos y la Gran Bretaña por la dominación exclusiva de los países centroamericanos, echándole leña al fuego con la contrata de Mr. Follin en tierras que ocupaban los ingleses.

—IX—

LA CONTRATA DE MR. FOLLIN EN LA ISLA DEL TIGRE Y SU SIGNIFICADO ANTIBRITANICO

Don Fernando Ferrari Bustillo parte en su acusación del supuesto que Guardiola salvó la Isla del Tigre para la Patria y Cabañas la vendió a un extranjero. Por tanto, en su concepto, Guardiola fue un patriota y Cabañas un traidor.

De ese modo, le da a la lucha que alimenta la historia la pequeña dimensión de un pleito de pavos en el corral, y así en vez de aclarar los hechos les arroja más sombras para que se obscurezcan del todo, y nadie vea la esencia histórica, y al cabo de ello jamás se salga del "dime que te diré" de los viejos historiadores liberales y conservadores, en los que lo que para unos es blanco, para los otros es negro y viceversa.

El Tratado Clayton-Bulwer no hizo más que arreciar la lucha por la dominación de Centro América entre los Estados Unidos y la Gran Bretaña. En el transcurso de este enjuiciamiento la luz opaca al principio se vuelve radiante a la postre. Los Estados Unidos se empeñaban en fincar intereses propios en Nicaragua, Honduras y El Salvador —zona central del país del Acta de Independencia y la Federación— y la Gran Bretaña con decisiva influencia en Guatemala y Costa Rica —las orillas del mismo país— se empeñaba en impedir que se le arrebatara lo que antes del Tratado consideraba suyo sin disputa.

Siguiendo la lógica de los acontecimientos, nuestros grandes hombres eran simples peones de aquel juego horrendo en el tablero centroamericano.

Los unos eran peones de los Estados Unidos. Los otros, peones de la Gran Bretaña.

Después del Tratado Clayton-Bulwer, los antiguos federalistas pasaron a llamarse liberales; los viejos separatistas se dieron el nombre de conservadores. Los liberales sonreían dichosos al sentirse apoyados por los Estados Unidos, y los conservadores, de un natural seudo aristocrático, pensando en su graciosa Majestad la Reina Victoria, descansaba su confianza en el poder mundial de la Gran Bretaña. Los liberales solían mostrar a sus amigos cartas autógrafas de personajes eminentes de Washington. Los conservadores en fechas memorables vestían los uniformes y lucían los espadines con que los halagaba el trono de Inglaterra.

Los liberales se entusiasmaban con las libertades proclamadas en la Constitución Federal de los Estados Unidos. Los conservadores contraían el ceño al afirmar que el orden centroamericano solo podría venir del "protectorado inglés".

Honradamente hablando, nuestro defendido, general Cabañas,

era un santo varón que sin darse cuenta de su papel histórico se movía por los caminos que le señalaban los estadounidenses; y al defendido de don Fernando Ferrari Bustillo, general Guardiola, era el caballero de la espada de fuego que exponía la vida en los combates que debían ganar los intereses británicos.

En tiempos anteriores, el general Guardiola ayudó en su condición de militar a salvar la Isla del Tigre, sirviendo a Honduras y a los Estados Unidos. Posteriormente cambió de rumbo al servir a Honduras y a la Gran Bretaña.

Hagamos un breve relato del pleito de las grandes naciones anglosajonas por la Isla del Tigre.

El Gobierno del Doctor Juan Lindo (1848-1852), personaje que no era liberal ni conservador sino tornasol, lo que le permitía aprovecharse de todas las situaciones con una habilidad de Talleyrand, habiendo estudiado el Tratado Clayton-Bulwer y darse cuenta del sol ascendente de los Estados Unidos, se hizo al lado del sol que alumbraba, y decidió enfrentarse con heroísmo de prócer a la Gran Bretaña, en la costa atlántica y en el Golfo de Fonseca, solo unas veces y en alianza confederada otras, (he aquí el sentido de la Confederación de Chinandega y Nacaome, siempre estimulada por Mr. Squier, cónsul de los Estados Unidos).

Para que se vea el encono vivo de las grandes naciones, citaremos los documentos o notas diplomáticas que se cruzaban entre el cónsul inglés Federico Chatfield y el Gobierno de Lindo:

El 20 de septiembre de 1849, el cónsul Chatfield amenaza al Gobierno de Honduras con retener la Isla del Tigre y ocupar el puerto de Trujillo a nombre de su Majestad Británica.

D1 28 de septiembre de 1849, los Estados Unidos de América y la República de Honduras celebran un convenio por el cual Honduras cede a los Estados Unidos la del Tigre, en el Golfo de Fonseca. Firmaron el convenio en León, Nicaragua, don José Guerrero y Mr. E. Geo Squier.

El 2 de octubre de 1849, Chatfield nombra Superintendente de la Isla del Tigre al señor Carlos Dárdano Dota y comunica este nombramiento al Gobierno de Honduras.

El 16 de octubre de 1849, Chatfield informa al Gobierno de Honduras haber tomado posesión de la Isla del Tigre.

El 26 de octubre de 1849 Carlos Dárdano Dota, en funciones de Superintendente Británico, dicta disposiciones reglamentarias en a Isla del Tigre.

El 27 de octubre de 1849, el Ministro de Relaciones del Gobierno de Honduras, don José María Rugama, remite a Chatfield copia del Convenio de Honduras con los Estados Unidos, por el que la primera cede la Isala del Tigre a los segundos.

El 28 de octubre de 1849, el general Santos Guardiola, patrióticamente (o equivocadamente, lucha esa vez contra los intereses de la Reina Victoria) lanza desde Tegucigalpa un manifiesto en que llama a las armas a los hondureños para defender la Isla del Tigre de los ocupantes británicos.

El 2 de noviembre de 1849, Chatfield se da por notificado del convenio de Honduras y los Estados Unidos y ratifica que la Isla del Tigre es de propiedad de Inglaterra por deudas pendientes del Estado.

El 8 de noviembre de 1849, el Ministro Rugama contesta la nota de Chatfield en la que declara que el "Gobierno de Honduras no volverá a entrar en relaciones con Usted (Chatfield)".

El 8 de noviembre de 1849, el Gobierno de Honduras condena la Superintendencia del señor Carlos Dardano Dota en la Isla del Tigre.

El 8 de noviembre de 1849, "El Gobierno de El Salvador reputa como ilegítima e injusta la ocupación que el Consulado británico ha hecho de la Isla del Tigre perteneciente al Estado de Honduras, contra cuyo acto protesta de la manera más solemne", y al mismo tiempo "corta y prohíbe absolutamente la comunicación del Estado de El Salvador con dicha Isla, y advierte al que infrinja esta disposición que será castigado con las penas que las leyes establecen para tales casos, durante la incomunicación, hasta que la Isla sea devuelta al Estado de Honduras, a quien pertenece", (Gaceta de El Salvador, número 4, de 7 de diciembre de 1849).

El 5 de noviembre de 1849, Chatfield desde el Gorgon, surto en el puerto de La Unión, dirige una nota al Gobierno de Honduras en que dice: "Desde el año de 1838, Honduras, Nicaragua y El Salvador, formalmente desconocieron la existencia del Gobierno federal de Centro América, pero se han abstenido de declararse repúblicas soberanas e independientes, al parecer con la mira de estar en una situación convoca, teniéndose unas veces las tres, como cuerpo nacional, según el caso puede convenir, haciendo de este modo difícil el distinguir propiamente como deben ser tratados".

El 23 de octubre de 1849, el cónsul norteamericano E. Geo Squier, desde León, Nicaragua, dirige una nota al cónsul británico F. Chatfield, en la que le exhorta a desocupar la Isla del Tigre en el término de seis días.

El 26 de diciembre de 1849, el Almirante Phipps Homly, a bordo del Gorgón, desde la Isla del Tigre, declara que las fuerzas británicas desembarcadas en la Isla serán removidas con la mayor prontitud posible.

El 30 de diciembre de 1849, el Comandante de Armas Licona toma posesión de la Isla del Tigre, enarbola el Pabellón Nacional y comunica este acto al Jefe de las fuerzas hondureñas, general Guardiola.

El 31 de diciembre de 1849, el Gobierno de El Salvador celebra que las fuerzas británicas hayan bajado la bandera inglesa y el Comandante de la Isla haya enarbolado el pabellón de Centro América.

Con la desocupación de la Isla del Tigre que hicieron las fuerzas británicas y la ocupación de la misma por las autoridades hondureñas, cesó el Convenio de los Estados Unidos de América y Honduras, celebrando entre Mr. Squier y don José Guerrero en la ciudad de León, Nicaragua, el 28 de septiembre de 1849.

Ahora puede comprenderse cómo fue de inmensa la gratitud de los grupos dirigentes de Honduras con los Estados Unidos que les habían ayudado a salvar la Isla del Tigre de las garras del León Británico.

Y ahora se comprende también cuán fácil fue para los inversionistas estadounidenses obtener contratas ferrocarrileras y de tierras en la costa atlántica y en el Golfo de Fonseca especialmente en la Isla del Tigre, que con el proyectado ferrocarril sería uno de los puertos más famosos del mundo.

Pasemos a transcribir la contrata de Mr. Follin:

"Considerando: El señor don Agustín Follin, vecino del Puerto de Omoa, se dirige el Gobierno en 7 del corriente por medio de una representación, en que manifiesta que el estado de sus negocios industriales que hace más de veintiséis años tiene establecidos en el país, y a los cuales ha dado toda la extensión posible en las Costas del Norte, demanda el adquirir posesión de tierras por el lado del Pacífico, con el cual debe relacionarse y habiendo calculado como el punto más análogo a llenar su objeto, la Isla del Tigre, ofrece comprar toda la parte que en ella se encuentra realenga, o de la propiedad de Estado, exceptuando por consiguiente, todos los sitios cedidos al señor D. Carlos Dardano y a otras personas a que hayan sido vendidas. En tal virtud ofrece por los referidos terrenos baldíos, que se calcula no excederán de doscientas caballerías, dar veinte mil pesos en estos términos: el equivalente de cinco mil pesos de plata en moneda de cobre al cambio de trece por uno; y los quince mil restantes en una carta cuenta o de crédito para que su gin convenga al Gobierno gire las letras respectivas a noventa días vista a cargo de su corresponsal residente en New York. Agrega que si después de medido el terreno resultase que la cantidad de caballerías que abraza no es bastante a emplear la de dinero que ofrece a razón del doble del calor que por la ley se fija a cada una de ellas, él cede todo el sobrante a beneficio del Estado.

Esta propuesta fue pasada a las oficinas de hacienda correspondientes y oída su opinión el Gobierno emitió el siguiente Acuerdo… Atendiendo el Gobierno a que por la ley del 23 de julio de 1836 deben ser considerados como propiedad del Estado todas las tierras llamadas realengas y por lo mismo venderse previos los trámites que ella determine: que se hallan en este caso las que comprenden la Isla del Tigre en el Golfo de Fonseca, con excepción de las cuatro caballerías que por Acuerdo Supremo le fueron cedidas al señor Don Carlos Dota en compensación de los oficios que ha prestado en favor del establecimiento del Puerto de Amapala; de los solares que también se han cedido por el Gobierno a nacionales o extranjeros, con el manifiesto interés de que se pueble la referida Isla; y de aquella parte del terreno que abraza los expresados solares y población; que la propuesta hecha por el señor don Agustín Follin, vecino de Omoa, de dar veinte mil pesos por las indicadas tierras públicas, es ventajosa al erario del Estado, pues que por el cálculo más aproximado, no puede exceder de trescientas las caballerías que contiene correspondiendo a cada una de ellas, más que el duplo de la cuota fijada por la Ley; de conformidad con el informe que la Dirección General de Rentas emitió después de haber oído al Fiscal de Hacienda, cuya opinión está en el sentido en cuanto hace relación a los intereses del Fisco.

Acuerda: 1º Que el Intendente del departamento de Choluteca previa la información a que se refiere el Art. 3º de la citada Ley haga que un profesor de agrimensura practique la medida de toda la Isla del Tigre; y en caso de que no lo haya, proceda él mismo a verificarlo, según lo dispuesto en dicho artículo. 2º Que después de medida la circunferencia de todo el terreno, se trace una área que contenga media legua cuadrada, procurando que contenga la mayor parte posible de la costa, quedando la población de Amapala aproximadamente al centro para que este sitio pueda servir a los usos comunes de la memorada población, pues aunque por la ley no le corresponden hasta ahora ejidos por no tener el número de habitantes que ella exige para tal gracia, es de esperarse sumamente, y debe prevenirse este caso. 3º Que se forme el plano correspondiente de todo el terreno y cálculo de las caballerías que contiene, para que extraído del número de ellas el que comprende la referida airea, los solares que se hallen fuera de ella, cedidos hasta ahora por el Gobierno, y se parando igualmente de aquella suma las cuatro caballerías correspondientes al señor cónsul de Cerdeña don Carlos Dárdano, se averigüe la cantidad de tierras de que puede disponer el fisco. 4º Que practicando todo esto, el Intendente del departamento de Choluteca proceda a mandar fijar los carteles y evacuar las demás diligencias prevenidas en el Art. 4 de la enunciada Ley, hasta verificar el remate que debe verificarse en el mejor postor, prefiriéndose por tanto al señor don Agustín Follin, y sin que baje aquel de la cantidad que éste ha propuesto; siendo advertencia que las pujas que se hagan por esta base debe ser en moneda efectiva, reputándose como tal la que el señor Follin ha adelantado al Gobierno en el valor de varios elementos de guerra. (Nosotros subrayamos para siguientes explicaciones). 5º Siendo de bastante importancia las tierras sobre que ha hecho propuesta el mencionado señor Follin, por su situación topográfica y estando, por lo mismo, en los intereses del fisco, sacar de ellas todas las ventajas posibles el Intendente expresado fijará para su remate el término que prudentemente exige para tal gracia. 3° Que se forme el plano correspondiente de todo el terreno y cálculo de las caballerías que contiene, para que extraído del número de ellas el que comprende la referida área, los solares que se hallen fuera de ella, cedidos hasta ahora por el Gobierno, y se parando igualmente de aquella suma las cuatro caballerías correspondientes al señor cónsul de Cerdeña don Carlos Dárdano, se averigüe la cantidad de tierras de que puede disponer el fisco. 4° Que practicando todo esto, el Intendente del departamento de Choluteca proceda a mandar fijar los carteles y evacuar las demás diligencias prevenidas en el Art. 4 de la enunciada Ley, hasta verificar el remate que debe verificarse en el mejor postor, prefiriéndose por tanto al señor don Agustín Follin, y sin que baje aquel de la cantidad que éste ha propuesto; siendo advertencia que las pujas que se hagan por esta base debe ser en moneda efectiva, reputándose como tal la que el señor Follin ha adelantado al Gobierno en el valor de varios elementos de guerra. (Nosotros subrayamos para siguientes explicaciones). 5° Siendo de bastante importancia las tierras sobre que ha hecho propuesta el mencionado señor Follin, por su situación topográfica y estando, por lo mismo, en los intereses fisco, sacar de ellas todas las ventajas posibles el Intendente expresado fijará para su remate el término que prudentemente calcule necesario para que llegue la noticia a los Estados vecinos y puedan concurrir las personas que quieran hacer posturas, dándose desde ahora con tal fin la publicidad conveniente de este Acuerdo en la Gacela oficial del Estado. 6° Ya sea que las tierras baldías de la Isla del Tigre sean rematadas en el señor Follin, o ya en cualquier otra persona, debe establecerse como condición indispensable de la venta y hacerse constar así en la escritura que se otorgue, que el Estado no enajena ni puede enajenar derechos de soberanía y dominio que tiene sobre la expresada Isla; que todas las personas que la habiten deben quedar por el mismo hecho sujetas a las leyes del Estado; y que cualquiera que sea el comprador no podrá vender el todo o parte de las tierras a ningún Gobierno, pues si así lo hiciera, deberá considerarse nulo y de ningún valor el Contrato, volviendo al Estado la propiedad; y 7° cuando el Gobierno considere conveniente ocupar algunos puntos de la Isla del Tigre para establecer fortificaciones fuera del terreno que ahora se destinará a la población de Amapala comprará la parte necesaria a este final poseedor o poseedores de dicha Isla, quienes desde ahora quedarán obligados a vendérsela en el mismo precio en que se hayan rematado, guardando una exacta proporción entre el todo y la parte que se ocupe.

Dado en Comayagua a 19 de Agosto de 1854. Rubricado "Cacho". Es copia del Ministerio General; Comayagua Agosto 23 de 1954.

(f) CACHO".

El 11 de agosto de 1854, don Lucas Ríos, Fiscal de Hacienda objeta la contrata de Mir. Pollin en la Isla del Tigre, diciendo que el asunto debe ser tratado bajo dos aspectos: el económico y el político. Considerados los terrenos como ramo de hacienda, la venta es ventajosa al Erario. Mas, viendo lo político hay inconvenientes, porque siendo Follin cónsul de los Estados Unidos de América, ha renunciado los derechos de Honduras y ha perdido esta calidad bajo el Art. 14 de la Constitución; por consiguiente hará valer sus derechos bajo la protección del Gobierno cuyo poder alcanzará legalmente hasta las posiciones de sus súbditos y agente, lo que viene a ser un contraprincipio de sumo imperio que todo Gobierno en su respectiva nación. Adquirida la propiedad por un extranjero, cualquiera condición que se estipule pertenecerá a las que se llaman imposibles por razón de quedar a la conveniencia del comprador el cumplirla o no, sin que Honduras pueda obligar por carecer de poder sobre súbditos de otra Nación como lo es el del señor Follin, mientras mantenga el Consulado. Así es que puede enajenar la Isla a otra Nación o a súbditos de otro Gobierno libremente, y Honduras sin derecho legal para impedirlo caerá en los lazos que la naturaleza del asunto y las circunstancias o espíritu de empresa le preparen. En el Atlántico, Honduras ha perdido la isla de Roatán, y perder en el Pacífico la del Tigre, Zacate y Meanguera, alarmará a Nicaragua y El Salvador por el influjo de un poder extraño en nuestro litoral. De lo dicho deduce el Fiscal de Hacienda, que no conviene a los intereses generales del Estado la venta de ninguna de las islas, y que al contrario es de la mayor importancia recuperar la de Zacate atendiendo el porvenir y los inconvenientes expresados, pues debe impedirse la enajenación a extranjeros y tomarla el Estado de conformidad con el Art. 112 de la Constitución.

Se nota que don Lucas Ríos era un patriota y un abogado juicioso. Se le debía levantar una estatua. Pero Ríos veía el porvenir, sin darse cuenta del soplo tremendo del Destino Manifiesto. No podía el Gobierno de Cabañas negarse a la contrata de Follin, por haberle adelantado armas para que se defendiera de las acometidas de la Gran Bretaña por medio de Guatemala.

Y así las cosas, no se puede culpar de imprudencia a quien es víctima de ella.

Bien podían los gobiernos centroamericanos levantar un frente nacional contra la expansión y dominación de las potencias del Tratado Clayton-Bulwer, pero en la práctica unos estaban halagados por el espíritu empresario de los Estados Unidos y otros se hallaban seducidos con el esplendor de pertenecer al imperio mundial de la Gran Bretaña.

Los Estados Unidos prepararon en el Gobierno del doctor Lindo el arribo al poder del general Cabañas, destinado a servirles más. Pero sabidos que no tardaría la contrapartida de la Gran Bretaña con a arrojo del general Guardiola, matriculado en el servicio inglés.

La Isla del Tigre era una manzana del jardín de las Hespérides. Una vez construido el ferrocarril interoceánico por Mr. Squier o por Sir Brown, Amapala sería uno de los puertos más famosos de América y del mundo.

Cuando Follin, cónsul de los Estados Unidos, pedía 200 caballerías de tierra en la Isla del Tigre, Dárdano, cónsul de Cerdeña, ex-Superintendente de la Isla y agente veterano de Inglaterra ya tenía otras tantas caballerías en pago por la construcción del puerto de Amapala, y se había quedado allí en espera de nuevas órdenes y de las novedades del porvenir.

—X—

ANEXIÓN DE HONDURAS A
LOS ESTADOS UNIDOS DE AMÉRICA

Don Fernando Ferrari Bustillo no deja fuera de su catilinaria al prócer José Francisco Barrundia, Ministro Plenipotenciario del Gobierno de Honduras, presidido por el general Trinidad Cabañas ante el Gobierno de los Estados Unidos de América, que presidía entonces Mr. Franklin Pierce. Para no dejarlo al margen de sus exclamaciones encendidas, echa mano del texto del guatemalteco Federico Hernández de León, titulado "El Libro de las Efemérides", publicado en 1965, y en el cual hay una con el mote de "Supuesta anexión de Honduras" en la que con el estilo propio del autor, que no era historiador sino periodista, con lo que pretendemos calificarlo de menos preocupado de la severidad histórica y más de la novedad, de la sensación, del "affaire" periodístico, da a entender que Barrundia por encargo de Cabañas fue a Washington con la misión de proponerle al Presidente Pierce que aceptara a Honduras como un Estado más de la Unión Americana, fundándose en la conveniencia de las partes, afanadas en mantener en alto los pendones de la libertad. Como Barrundia era un gran orador, en su primer discurso dio a entender con insinuaciones muy acentuadas la misión que lo llevaba a Washington, y en parte, como aquí pretendemos ser fieles a los argumentos de Ferrari Bustillo, consideramos mejor trasladar los capítulos más concretos del "Libro de las Efemérides" de Hernández de León, dicen:

"…En ese discurso de recepción, las insinuaciones como anotaba "Iberia" (una revista) son muy marcadas; demasiadas para un simple discurso protocolar. Decía Barrundia: "Hablo de la comunicación rápida que debe establecerse entre los dos océanos. Honduras ofrece sus puertos cómodos, su saludable clima y sus vastos recursos, no desarrollados aún, para ayudar a esta gran empresa y abre su rico y fértil territorio al espíritu emprendedor y a la industria del pueblo americano.

"El lector puede ver el alcance que tiene estas frases si considera que, al poco tiempo Nicaragua abría sus puertas al espíritu emprendedor del americano y un gringo de apellido Walker tomaba la presidencia por asalto y empapaba la tierra nicaragüense con la sangre de los que habían tenido la debilidad de acogerlos como amigos.

"...Más adelante, en el propio discurso, Barrundia agregaba: "Honduras debe ser para siempre el amigo y el hermano de los Estados Unidos y cuenta confiadamente con ellos para mantener su libertad y su independencia. ¡Quiera el Eterno, que dispone de los acontecimientos, unir a estos dos países con lazos indisolubles de interés y de una prosperidad futura!.. Será para mí una gran satisfacción dar el primer paso hacia ese resultado y probar al Gobierno de Vuecencia el deseo formal que tiene Honduras de establecer con los Estados Unidos una fraternidad íntima bajo una forma tal que las dos naciones no tengan más que un solo interés en la causa común de la libertad...".

Esta era una de las formas con que don José Francisco entendía el postulado de la libertad, idea muy original que consistía en someterse a otro.

"...La misión de Barrundia resultaba peligrosísima por su resonancia. Barrundia era un obcecado. Trinidad Cabañas, un fanático y siempre se le ve como turiferario de los caudillos, y lo que decía Barrundia lo aceptaba como el Evangelio. La anexión a los Estados Unidos se derivaba de algo meditado y medido. (Subrayamos lo que agrega Federico Hernández de León). El lector habrá de observar, como ya lo apunté en alguna ocasión, que los liberales de la América Central siempre han tendido a los Estados Unidos, en tanto que los conservadores tienden a México. Y desde estos días que señalo y desde los de la independencia, se ha mantenido esta inclinación manifiesta. (Ahora el comentario a lo subrayado: Hernández de León hace aquí lo que suele hacer el periodista que sabe manejar su carrera, con tal habilidad que juega con ella, a diferencia del bobo que escribe sin miraje, y a las últimas lamenta lo que escribió. El viejo director de "Nuestro Diario" afirma que los liberales de Centro América siempre han tendido a los Estados Unidos, y como él en el tiempo que redacta es liberal la advertencia tiene los vivísimos chispazos de un brillante. Y a renglón seguido informa que los conservadores tienden a México... salida de un cazurro, porque él sabe mejor que nadie que los conservadores fueron en la América central el caballo de Troya de la Gran Bretaña, desde Aycinena, pasando por Rafael Carrera hasta el mariscal Cerna). Con estas observaciones sigamos citándolo:

"...Indudablemente lo que salvó conflicto que adquiría caracteres penosos, fueron dos cosas: la renuncia del Presidente Pierce y la muerte inmediata de Barrundia (en Nueva York, 9 de agosto de 1854). Y aun ante la renuncia de Pierce, quedaba la actitud que podría tomar el Congreso. La prensa americana señalaba ese camino. "Asunto de negocio" gritaban los directores de la opinión pública. Los honorables congresales resolverían el asunto a base de transacción comercial; tantos millones de dólares y Honduras pasaba a formar parte integrante de los Estados Unidos.

"Se llegó a decir lo siguiente, después de increpar a Pierce por su renuncia a la absorción, que le insinuaba: "Si el Capitán Taylor fuera Presidente y su primer ministro un hombre como Calhoum, Barrundia no tendría más que hacer la propuesta a nombre de Honduras para que fuera aceptada... La agregación de Honduras a los Estados Unidos (vamos a subrayar) fijaría debidamente la cuestión de la balanza del poder naval y comercial en este continente en nuestro favor".

(Comentario: ¿A qué balanza del poder naval y comercial aluden los críticos del Presidente Pierce y partidarios del Capitán Taylor? A LA QUE ASPIRAN TENER CON LA PODEROSA FLOTA Y EL VASTO COMERCIO DE LA GRAN BRETAÑA, SEÑORA DE LOS MARES Y TALLER DEL MUNDO A LA MITAD DEL SIGLO DIECINUEVE, SUPERIOR A LA FLOTA Y EL COMERCIO DE LOS ESTADOS UNIDOS EN EL MISMO TIEMPO, ALUSION QUE REFLEJA EL TREMENDO CONFLICTO DE LAS DOS POTENCIAS ANGLOSAJONAS EN EL MAR CARIBE Y EN CENTRO AMERICA).

Coloquemos las cosas en sus puntos:

1° El 28 de abril de 1854, el Gobierno de Cabañas aprobó y publicó la contrata ferrocarrilera con Mr. E. G. Squier. En esos años existía la fiebre de los ferrocarriles, y el sentimiento en favor de las vías férreas era general, abarcaba por igual a los yancófilos y a los anglófilos, sin medir las consecuencias "antipatrias". Si la pasión ferrocarrilera compromete peligrosamente a los hombres públicos de la década 50 al 60, el mismo fervor por los railes marca con fuego a los "estadistas" de la década 60 al 70.

2° Mr. E. G. Squier gestionaba a nombre de una compañía privada que soñaba con el negocio de construir un ferrocarril que saliera de Puerto Cortés y terminara en el Golfo de Fonseca, con fines favorables al capital norteamericano y los transportes navieros de Nueva York a San Francisco de California; pero el sestor Squier tropezó con el desinterés de los negociantes neoyorkinos, más inclinados a la construcción de un ferrocarril por Panamá. Por eso pasó su gestión a Londres donde el Ministro Claredon le arrebató la iniciativa, y así empezó el proyecto ferrocarrilero inglés que más tarde comprometería a los Gobiernos de Guardiola y de Medina.

3° José Francisco Barrundia, partidario de los Estados Unidos sin reservas, fue a Washington a reforzar como diplomático el proyecto ferrocarrilero en que se interesaban el Gobierno de Cabañas y Mr. Squier. El primer párrafo del discurso de Barrundia, que reproduce Hernández de León, dice eso expresamente y carece de otra intención. Y el segundo párrafo, leído honradamente, invoca la amistad y la fraternidad internacional de Honduras y los Estados Unidos, republicanos ambos países, para mantener la libertad y la independencia de uno y otro.

4° Acéptese que la prensa norteamericana tergiversara maliciosamente los conceptos del discurso del Ministro Barrundia y en esa tergiversación se basara Federico Hernández de León para hacer el "refrito" periodístico que insertó en su "Libro de las Efemérides". Barrundia era hombre de principios; había luchado por la independencia de Centro América; en ocasiones había sido Presidente Federal; llegó a ser Consejero de la Confederación de Chinandega, que aunque bajo signo "americano" como decían entonces, buscaba la unidad de Centro América libre de la influencia inglesa, y a segunda liberación tendría que ser tarea posterior.

Un ciudadano como Barrundia andaba en "su cuento", y con esta convicción podía abrazarse hasta con el diablo, con tal de echar a los británicos del suelo centroamericano. Para arrojar a los colonialistas españoles de América, muchos patriotas americanos no sintieron asco de pedirle asistencia a la Gran Bretaña, y con pocos caudillos de la República siguieron esa asistencia para conquistar el Poder o retenerlo. Rafael Carrera fue uno de los últimos.

5º El Presidente de los Estados Unidos Franklin Pierce comprendió bien el discurso del Ministro Plenipotenciario de Honduras, José Francisco Barrundia, y no pasó a más que cumpliera el deseo de los periodistas norteamericanos, PARA QUE TODAS LAS ACUSACIONES DE FERRARI BUSTILLO CONTRA EL GOBIERNO DE CABAÑAS QUEDARAN EN PENSAMIENTOS SUBJETIVOS, SIN LLEGAR A NINGUNA OBJETIVIDAD PRACTICA.

6º Don Fernando Ferrari Bustillo, solicitó al Departamento de Estado de Washington copia del discurso de don José Francisco Barrundia, pronunciado el 12 de junio de 1854 para publicarlo. Desde la fecha de sus Pasajes extractados al día de hoy han pasado diez meses y ya debe haberlo recibido. Lo excitamos para que publique sin pérdida de tiempo el discurso Ministro Barrundia.

—XI—

EL LIBERAL CABAÑAS RESULTA INCOMPATIBLE CON EL ESCLAVISTA WALKER

Don Fernando Ferrari Bustillo traduce y copia párrafos de la obra "Guerra en Nicaragua" de William Walker publicada en Nueva York en 1860, cuyos párrafos dice:

"El general Cabañas era el más viejo y el más respetado entre los liberales de Centro América. Había sido el fiel compañero de Morazán en sus esfuerzos por conservar la Federación y, aunque siempre desafortunado como soldado, nadie dudaba de su valentía y de su devoción a los principios que profesaba.

(Notable reconocimiento de Walker: nota nuestra).

La ayuda que presté a Castellón fue, indudablemente la causa de haber conquistado el poder en Honduras (es falsa esta afirmación por lo visto con anterioridad: n.n.) y Walker fue fácilmente persuadido, tan pronto se supo del retiro de Cabañas a El Salvador, a que llegara a Granada y que invitara al ex-Presidente a visitar la capital de Nicaragua. (Walker, pues, invitó a Cabañas: n.n.).

"Cabañas llegó a León a fines de noviembre y cuando se supo

que se dirigía a Granada, se le ordenó al Coronel Hornsby que pasara a Granada y condujera al ex-Presidente a la capital. El 3 de diciembre fue recibido por Walker con todas las manifestaciones de respeto y agasajado como invitado del Estado. Se le puso a sus órdenes una Guardia de Honor y se le colmó de todas las atenciones dignas de un hombre caído.

"Pero el hondureño deseaba ayuda para reconquistar el poder en su país y solicitó un cuerpo de americanos para regresar a la Capital de donde había sido expulsado. Jerez sugirió que la solicitud de Cabañas fuera concedida e invocó los servicios prominentes que el ex-Presidente le había prestado a Castellón y al Ejército Democrático (liberal en Nicaragua: n.n.). Rivas, sin embargo, no estaba dispuesto a escuchar los pensamientos de Cabañas. El vio con claridad que si se le daba ayuda al General Presidente en exilio y una fuerza americana entraba en Honduras, esto daría la señal para que se hiciera una Coalición de los otros Estados contra Nicaragua.

"Walker apreciaba los planes de Cabañas con los mismos ojos de Rivas. Era fácil apercibir que tarde, o temprano, se iniciaría una lucha entre la política Americana que sustentaba el Gabinete nicaragüense y los otros vecinos que lo rodeaban.

(Dominados por la política británica debió haber agregado: n.n.).

Sin embargo, era conveniente obligar a los enemigos dé los Americanos que dieran el primer golpe. El haber enviado tropas a Honduras aun con la intención de restablecer a Cabañas en el poder habría sido un pretexto para declarar que los Americanos eran agresivos por naturaleza. Fue necesario que los Americanos esperaran que su enemigo se moviera. Habría sido inconveniente apresurar la lucha tratando de restaurar a un hombre en el poder a pesar de sus merecimientos.

"Jerez admitió lo razonable del punto de vista de Rivas, pero aun así, insistió prestar la ayuda que buscaba Cabañas. El ex-Presidente era un hombre de estrecha mentalidad; de fuertes prejuicios y amargas aversiones. Y parecía tener su corazón dirigido a regresar a Honduras antes del 31 de enero.

"La mera obstinación con que él pedía que se le restaurara antes de la expiración de su período, era una prueba de la tendencia de su mente a desplazarse sobre puntos sin importancia.

(Fijarse bien que Walker quiere englobar a Cabañas en su política, y Cabañas quiere envolver a Walker en la suya: n. n.).

Incapacitado para proyectar su mirada sobre los problemas de Centro América con tendencias generalizadas, revelaba ser, más que un federalista morazánico (desdichada cita de Walker: n.n.), un burócrata hondureño. Siendo que sus opiniones habían sido contrastadas con el tiempo, éstas se habían endurecido y, con las percepciones de su edad, había desarrollado cierta obstinación y odio hacia todo lo nuevo.

"Sin comprender el movimiento Americano (de los Estados del Sur: n.n.), estaba listo a considerarlo como un mal a menos que se convirtiera en instrumento para lanzar de Honduras a Guardiola y a López. La reputación de Cabañas, no obstante, sumada a sus largos servicios al Partido Liberal mas el trato recibido por los Demócratas nicaragüenses en Honduras pesaban en la mente de Jerez. El Ministro de Relaciones (Jerez), fue prontamente inducido por sentimientos generosos y no era difícil conducirlo sobre un curso falso al través de sus emociones. Su cabeza, cual lo decía uno de sus amigos, estaba repleta de las leyendas que Plutarco había amasado en torno de sus héroes griegos y romanos, y siempre pasaba imaginándose que, alguien, estaba confabulándose contra la república y que era su misión salvar al Estado. (Estas simplezas de Jerez, denunciadas por el mismo Walker, hicieron que lo llamaran a él y su falange para salvar el Estado en peligro de caer en manos de los legitimistas o sea los conservadores nicaragüenses: n.n.).

"Después de una estadía de veinte días en Granada, el ex-Presidente hondureño se marchó hacia León acompañado del Ministro Jerez. Esperaría en León, manifestó, la decisión definitiva del Gobierno en relación a sus solicitudes. Cuando Jerez regresó, el pensamiento de Rivas estaba concretado a oponerse a las propuestas de Cabañas y entonces Jerez renunció el Ministerio".

Aquí terminan la traducción y los párrafos de la "guerra en Nicaragua" de William Walker, que da a conocer don Fernando Ferrari Bustillo. NO ES ALARMANTE EL CASO, POR SER OTRA ACUSACION DE PENSAMIENTOS SUBJETIVOS QUE NO LLEGARON A NINGUNA OBJETIVIDAD PRACTICA.

El general Cabañas se trasladó de León a San Salvador, donde publicó un Manifiesto en que condenó la República esclavista de William Walker en Nicaragua, con proyecto de extenderla, de ser le posible, a los demás países de Centro América. Se basó la condena en las pláticas reservadas que tuvo Cabañas con Walker, de donde resultó el desacuerdo de ambos por ser Cabañas amigo de los Estados Unidos (del Norte) que pensaban en empresas ferrocarrileras, y no de la Confederación del Sur que planeaba la institución de la esclavitud en México y Centro América.

Las expresiones peyorativas de Walker contra Cabañas en su libro "Guerra en Nicaragua" en vez de deslucirlo le dan prestigio. Cabañas fue llamado a Nicaragua. Conversó con Walker. No se entendieron. Y regresó a San Salvador sin ningún compromiso.

—XII—

EL PROCESO DE TRUJILLO. CONFESION DE WALKER. LA "ESTRELLA ROJA". LA ESCLAVITUD

Los historiadores extranjeros consideraban perdido el Proceso de William Walker y sus lugartenientes en Trujillo, publicando el hecho en sus libros, y quizás daban gracias al cielo porque así se perdían las pruebas irrefutables de la responsabilidad criminal de los Estados esclavistas que componían la Conderación del Sur, antes de la Guerra Civil de los Estados Unidos (1861-1865). El proceso de Walker y sus acompañantes fue traído de Trujillo por el doctor Antonio R. Vallejo; ha sido guardado en el Archivo Nacional de Honduras en Tegucigalpa, y últimamente, la dirección del Archivo ha repartido copias fotostáticas entre algunos conciudadanos. Este valioso documento debe tenerlo en su biblioteca particular don Fernando Ferrari Bustillo, y es una lástima que no lo haya mencionado en su acusación contra el general Cabañas. Seguramente no lo hizo por constituir prueba de descargo del acusado.

El expediente se compone de cincuenta hojas útiles. Levantó el sumario don Norberto Martínez, jefe de la plaza de Trujillo, y actúo como escribano don José María Sevilla. Declararon en su condición de reos Willian Walker, Antonio Francisco Rudler, J. S. West, y John V. Hooff; y declararon como testigos don Eduardo Prudot, cónsul de los Estados Unidos, y don Guillermo Melhado, cónsul de la Gran

Bretaña. Concluido el sumario fue remitido, juntamente con los reos Walker y Rudler, al general Mariano Álvarez, Comandante departamental, quien asistido del escribano Francisco Cruz, y oído el Fiscal Licenciado Francisco Baraona, Walker fue condenado a ser pasado por las armas en el cementerio del puerto, y Rudler a sufrir cuatro años de presidio en la capital de la República.

A Walker se le acusó por haber atacado la plaza de Trujillo a las cuatro y media de la mañana del día 6 de agosto de 1860, acompañado de noventa forajidos, matando a dos individuos e hiriendo a cuatro de la guarnición, haberse apoderado de los productos de la aduana y de los elementos de guerra de la fortaleza y de haber enarbolado la bandera de Honduras para cometer robos y desórdenes. Llamado a declaración indagatoria el 6 de septiembre y seguidos los trámites de ley, fue fusilado el 12 del mismo mes.

Interesan las declaraciones políticas de los reos:

Walker: "Atacó la plaza de Trujillo para pasar a la República de Nicaragua a gozar de ciertos privilegios e intereses que tiene allá. Tomó la plaza de Trujillo en represalia de haber sido atacado él por fuerzas de esta República que comandaba el general Florencio Xatruch en aquel país. Y para poder recibir aquí los demás refuerzos con que completaría su expedición a Nicaragua".

"Lo auxilian varias personas de los Estados Unidos que corresponden a un partido político incoado en los Estados del Sur, que lleva el nombre "DERECHOS DE LOS ESTADOS DEL SUR", y que a él pertenecen cientos de miles de personas".

"El partido tiene el fin que dicta la Constitución de la Gran Logia llamada RED STAR (Estrella Roja), que dejó entre sus papeles a la salida de Trujillo".

Antes de seguir, tratemos de entender el pensamiento secreto de Walker en su viaje a Centro América, dando cuenta de un documento tan importante como "La Constitución y leyes orgánicas de la Gran Logia Suprema de la Liga de la Estrella Roja de los Estados Unidos", y que acompaña el Proceso de William Walker, como anexo. Dice textualmente:

"PREÁMBULO"

"Para defender los Estados de la Unión donde existe la esclavitud contra las varias formas de hostilidad con que se les ataca;

"Para conservar, perpetuar y extender la institución de la esclavitud de los negros como la base del sistema social e industrial más sólido, durable y benéfico que existe en el mundo;

"Para organizar la opinión en favor de aquella institución y para dar eficacia a esta opinión como potencia moral y política, y si se requiere también como potencia física.

"Finalmente, para proveer de todos los elementos de fuerza a una causa justa y mantener el derecho contra todas las eventualidades posibles como la mejor prueba que pueden dar los hombres de que son dignos de disfrutar de sus beneficios;

"Los amigos del Sur y de sus instituciones se han organizado en una liga y han adoptado la siguiente Constitución de la Gran Logia Suprema de la "Liga de la Estrella Roja de los Estados Unidos".

El artículo primero trata de la sede de la primera sección en Nueva Orleans y de las siguientes en los demás Estados sureños. El segundo, de la organización interna de las Logias, desde la suprema hasta las últimas. El tercero, del Consejo de sus facultades. El cuarto, de la función de nuevas Logias. El quinto, de la contribución de las Logias principales y secundarias de los Estados. El sexto, del funcionamiento de las Logias. El séptimo, del manejo de las tesorerías. El octavo, de la actividad de las secretarías.

Pero sumamente interesante es el artículo noveno, que vamos a trasladar: "Ninguna persona será admitida como miembro de la Liga sino es ciudadano de una República Americana, mayor de veintiún años, creyente en el derecho divino y político de tener esclavos, y deseosos de prestar su influencia para perpetuar la institución de la esclavitud de los negros en los Estados y Territorios donde ahora existe, y llevarla a otros países donde el clima y terreno indiquen la utilidad que de ella puede sacarse.

"Todo individuo que quiera ser miembro de la Liga deberá ser recomendado a lo menos por un miembro que goce de buen concepto.

"Las solicitudes para admisión en la Liga serán recibidas y resueltas en la misma noche, y el candidato será admitido inmediatamente. Todas las elecciones de miembros se harán por balota y tres bolas negras bastarán para rechazar el candidato.

"El impuesto de iniciación y el del primer trimestre deberán acompañar cada solicitud".

Le hacemos estas preguntas a don Fernando Ferrari Bustillo: ¿Díganos, poniéndose la mano en la conciencia, cómo iba a coincidir el general Trinidad Cabañas por muy "estrecho de mentalidad" que fuera, con William Walker, en las reuniones reservadas de Granada, en esta barbaridad. ¿Acaso Centro América tuvo origen distinto al de la lucha de la libertad contra la esclavitud? ¿No ve aquí que William Walker era un asqueroso esclavista de la Confederación del Sur en viajes de expansión a Centro América?

Pues bien : lo que acarreaba Walker en el fondo de su alma como un secreto que no confiaba a nadie, excepto a aquellos que deseaba iniciar en la "Liga de la Estrella Roja", era "llevar a otros países donde el clima y el terreno lo indicaran" la afrentosa esclavitud. Y Cabañas no era apropiado para ser miembro de la "Estrella Roja" ni Honduras era clima y terreno propicio para la institución esclavista de la que había salido en 1821.

HUDLER. Acompañó a Walker para tomar y colonizar con emigrantes la Isla de Roatán. Qué el plan principal del general Walker era derribar al Presidente Guardiola y sustituirlo con Cabañas, procurando así leyes más liberales para el pueblo, pero que el declarante no hacía parte en este plan, pues su objeto era establecerse en Roatán para poner una agencia de comercio de frutas.

WEST. Dijo que se alistó para una expedición a Nicaragua de donde se creía Walker ser Presidente. "Que esperaban refuerzos de los Estados Unidos, pero que ahora no cree probable que vengan POR LA INTERVENCIÓN QUE HAN TOMADO EN ESTAS AGUAS LAS AUTORIDADES DE BELICE".

HOOFF. Dijo "que nunca supo los planes de Walker aquí porque siempre era reservado para con sus oficiales, al extremo que para venir aquí nunca les dijo nada: que sin embargo, pensaría tal vez Walker internarse en esta República para pasar a Nicaragua. Que de los EE. UU. aguardaban auxilio de hombres, armas y pertrechos en la goleta americana Taylor que fue la que los trajo aquí. Que atacaron esta plaza sin esperar los refuerzos, por orden del mismo Walker, quien les manifestó a última hora que el Comandante del vapor Icarus le había hecho una intimación de desocupar la plaza".

El cónsul norteamericano Prudot, dijo: "Que alguno de la tropa (de Walker) LE ARRANCÓ AL QUE HABLA LA BANDERA DE LOS ESTADOS UNIDOS QUE FLAMEABA EN EL ASTA DEL CONSULADO QUE ES A SU CARGO".

Y describe el ataque de la plaza y los demás hechos del 6 de agosto.

El cónsul inglés Melhado, se concreta en su declaración a describir el asalto de Walker a la plaza de Trujillo con sus consecuencias.

Hasta aquí lo extractado del proceso. El reo Ruder menciona de paso al general Cabañas para sustituir con leyes liberales al general Guardiola, falsedad calculada de Walker para ocultar sus designios ante sus oficiales, que no eran miembros de la "Liga de la Estrella Roja", porque Cabañas se interesó en volver a la Presidencia de Honduras, antes del 31 de enero de 1856, y la invasión a Trujillo la hacía Walker en agosto de 1860.

Por encima de lo dicho, conviene reparar en que a Walker "lo auxilian varias personas de los Estados Unidos que corresponden a un partido político de los Estados del Sur, que lleva el nombre de *Derechos de los Estados del Sur*, y que a él pertenecen cientos de miles de personas".

Así quedan establecidos los proyectos expansionistas de la Confederación del Sur sobre México y Centro América. El reo West "no cree probable que vengan los refuerzos esperados (para continuar la lucha) por la intervención que han tomado en estas aguas las autoridades de Belice".

Así queda en claro la intervención de la Gran Bretaña para impedir la misión esclavista de William Walker en territorios que consideraba suyos.

El reo Hooff agrega que "Walker les manifestó a última hora que el Comandante del vapor *Icarus* le había intimado a desocupar la plaza (de Trujillo)".

Ratificación de la presencia de la Gran Bretaña para impedir la empresa sureña de Walker.

El cónsul norteamericano, don Eduardo Prudot, declara que "un soldado de Walker le arrancó del asta la bandera de los Estados Unidos que flameaba en el consulado".

Prueba elocuente de la contradicción de los Estados esclavistas del Sur y los Estados industriales del Norte de los que era cónsul el señor Prudot.

En resumen: el general Cabañas en su periodo presidencial fue amigo de los Estados industriales del Norte, adonde mandó a don José Francisco Barrundia a tratar el asunto del ferrocarril.

Es una afirmación temeraria decir que buscaba relaciones con los agentes de los Estados esclavistas del Sur, como William Walker.

—XIII—

EL PRESIDENTE GUARDIOLA BAJO EL SIGNO DEL IMPERIO BRITANICO

En 1856, Centro América se había llenado de Gobiernos amigos de la Gran Bretaña. Rafael Carrera en Guatemala; Juan Rafael Mora en Costa Rica; Francisco Dueñas en El Salvador; Santos Guardiola en Honduras; Fruto Chamorro conducía la acción legitimista (conservadora) contra los demócratas (liberales) de Francisco, Castellón, apoyados por sureño William Walker.

Así, bajo influencia británica, pudo organizarse la coalición centroamericana para apoyar a los legitimistas de Nicaragua y vencer a William Walker en 1857. Alabada sea Centro América que pudo librarse de la agresión esclavista del aventurero de Nashville. Pero no cerremos los ojos para no ver la mano colonialista de la Gran Bretaña en aquellos hechos.

Los demócratas de Nicaragua se habían desacreditado. Y los liberales del resto de Centro América, llenos de vergüenza, se dedicaron a la vida privada. Entre tanto, los Estados Unidos hervían con la contradicción insalvable de los Estados esclavistas del Sur y los Estados industriales del Norte, que los llevarían a una inminente guerra civil, que atizaba la Gran Bretaña para debilitar al poderoso enemigo y reinar en América.

Don Pío Suárez en su pequeño "Bosquejo Histórico de Honduras", dice del general Santos Guardiola. Presidente electo. Terminó su período. (17 de febrero de 1856- 7 de febrero de 1860). Fue electo por el Congreso Nacional y como Vicepresidente don José María Lazo. Su administración fue una de las más liberales que se ha tenido en Honduras a pesar de pertenecer al Partido Conservador: otorgó libertad de prensa, de sufragio y de locomoción; respetó y garantizo la libertad individual y regularizó las relaciones entre la Iglesia y el Estado. Celebró en 1856 un tratado con Guatemala y El Salvador a fin de enviar apoyo a Nicaragua en la lucha contra el filibusterismo. Combatió a William Walker, derrotándolo en El Obrajuelo y regresó a Honduras una vez que aquel capituló en la fragata "Santa María", en San Juan del Sur. Consiguió mediante el Tratado Wyke-Cruz, que Inglaterra devolviera a Honduras las Islas de la Bahía y La Mosquitia, dejándoles a sus habitantes la libertad de culto. En su período volvió William Walker por Trujillo. Guardiola comisionó al general Mariano Álvarez para combatirlo. Perseguido, fue capturado en la desembocadura del Río Tinto, y, enjuiciado, se le pasó por las armas en Trujillo en 1860. El Vicario de Comayagua Miguel del Cid, enemistado con el general Guardiola, lo excomulgó, pero Pío IX levantó la excomunión y nombró como Obispo de Honduras a Fray Juan de Jesús Zepeda y Zepeda.

Nuevamente electo el 7 de febrero de 1860, lo acompañó don Victoriano Castellanos como Vicepresidente. Hubo amplia libertad electoral. El general Guardiola dio libertad de prensa y para defenderse de los cargos que le hacía la oposición, fundó él mismo el periódico que llamó "El Vigilante". El mayor de Plaza de Comayagua, Pablo Agurcia, en conspiración con otros lo asesinó el 11 de enero de 1862, siendo este el único magnicidio que se ha cometido en Honduras.

Es una preciosa síntesis para conocer con rapidez a nuestros grandes personales. Pero hablamos al principio de este estudio del meridiano de Londres que pasaba por las acciones del general Santos Guardiola. He aquí las referencias del señor J. M. Torres Caicedo, Encargado de Negocios de Venezuela en Francia, en su libro "Unión Latinoamericana", editado por la Casa Bouret en 1865.

Después de hablar de la violación del Tratado Clayton-Bulwer por parte de la Gran Bretaña con el acuerdo de convertir las Islas de la Bahía en Colonias de la Bahía, que en 1856 hicieron protestar a los Estados Unidos, estando a punto de haber guerra entre las partes del Tratado, y prometiendo la Gran Bretaña que se sometiese la cuestión al examen de una nación amiga, en aquella época de tan críticas circunstancias, el Gobierno de Honduras eligió para que lo representara cerca del gabinete de Saint-James, al inteligente señor don Víctor Herran. Este ministro tenía por misión celebrar un tratado entre Honduras y la Gran Bretaña, y arreglar el negocio de las islas.

El señor don Víctor Ferran se dirigió a Londres el 20 de julio de 1856; tuvo varias conferencias con Lord Clarendon, a la sazón Ministro de Relaciones Exteriores de la Gran Bretaña, y con gran pena vio que las dos partes interesadas, —Inglaterra y los Estados Unidos—, renunciasen a sus respectivas pretensiones. Al fin se celebró el tratado de 27 de abril de 1857, entre la Gran Bretaña y la República de Honduras, tratado que ponía término al conflicto entre ingleses y norteamericanos.

Para llegar a resolver la cuestión, salvando todas las susceptibilidades y dejando a cubierto los derechos de Honduras, necesario era hallar una combinación aceptable; y el señor Herran la presentó. Las bases de la Convención fueron éstas: SE CONSTRUIRÍA UN FERROCARRIL POR UNA COMPAÑÍA ANGLO-FRANCO-NORTEAMERICANA, AL TRAVÉS DEL TERRITORIO DE HONDURAS, CUYO PUNTO DE PARTIDA. SERÍA EL PUERTO CABALLOS, QUE SE HALLA SITUADO EN FRENTE DE LAS ISLAS DE LA BAHÍA, SOBRE EL ATLÁNTICO, Y EL GOLFO DE FONSECA, SOBRE EL PACÍFICO; SE DECLARARÍA TERRITORIO LIBRE EL DE LAS ISLAS, BAJO LA SOBERANÍA DE HONDURAS; A FIN DE ASEGURAR A LA REPÚBLICA LA PROTECCIÓN TÁCITA DE LA GRAN BRETAÑA, SIN VIOLAR LAS CLÁUSULAS DEL TRATADO CLAYTON-BULWER; SE ESTIPULÓ QUE HONDURAS NO PODRÍA EJERCER AMPLIAMENTE SU SOBERANÍA SOBRE EL TERRITORIO LIBRE DE DICHAS ISLAS, QUE LOS HABITANTES DE ELLAS NOMBRARÍAN

SUS PROPIAS AUTORIDADES QUE GOZARÍAN DE LA LIBERTAD DE COMERCIA Y DE CULTOS Y QUE EN FIN HONDURAS NO PODÍA CEDER A NINGUNA NACIÓN ESTAS ISLAS NI PARTE DE ELLAS.

El representante de Honduras creyó que por ese arreglo todas las partes contratantes hallaban sus respectivas ventajas: Inglaterra no se debía dar satisfacción a los norteamericanos, que pedían se devolviesen las islas a Honduras, sin condición alguna; los Estados Unidos lograban que Inglaterra abandonase la posesión de ese importante territorio; Honduras volvía entrar en posesión (aunque con derechos limitados) de esas islas, que había perdido hacía 21 años, y además obtenía que los ingleses abandonasen el territorio de los Mosquitos desde el punto denominado Gracias a Dios hasta cerca de Trujillo; se alcanzaba también el restablecimiento del *uti posidetis* de 1810, que garantizaba la independencia de Honduras por Inglaterra, Francia y Estados Unidos, Y SE RECONOCÍA POR ESTAS TRES NACIONES LA NEUTRALIDAD DE LA RUTA PROYECTADA (PARA TENDER EL FERROCARRIL INTEROCEÁNICO DE PUERTO CABALLOS AL GOLFO DE FONSECA).

En cuanto al tratado de comercio y navegación y el artículo adicional, fueron ratificados y canjeados en Londres el 22 de agosto de agosto de 1857. No sucedió así con la convención acerca de las islas pues el Gobierno de Honduras cambió de política.

Habiendo pasado doce años sin que la convención fuese ratificada ni rechazada, Inglaterra resolvió tomar su partido: de un lado encargó a su ministro en Guatemala para que obtuviera del Gobierno guatemalteco QUE CONFIRMASE LA POSESION INGLESA EN BELICE; LO QUE SE OBTUVO MEDIANTE CIERTAS VENTAJAS OFRECIDAS A LA REPÚBLICA; VENTAJAS QUE NO SE HAN OBTENIDO POR PARTE DE GUATEMALA.

De otro lado, el Gobierno inglés dio orden a su ministro en Guatemala para que se dirigiese a Comayagua, a fin de terminar con Honduras la eterna cuestión de las islas. Un tratado se llevó a cabo el 28 de noviembre de 1859, y fue pronto ratificado y canjeado: (Tratado Wyke-Cruz).

Entre las cláusulas de ese tratado figura la obligación contratada por Honduras de respetar la propiedad de cualquier inglés que residente en las islas alegue tener una porción de terrenos, sin exigirle título alguno; pudiendo esos propietarios sin título enajenar como a bien tengan, y a quien les dé la gana, esos territorios.

De ahí resulta que como los residentes en las islas desean vender y los norteamericanos comprar, los compradores serán los filibusteros, que pondrán el pie en un punto estratégico de la América Central para establecerse como colonos y propietarios y lanzarse un día sobre los Estados centroamericanos. De ahí resulta que Honduras, sin marina, sin recursos, no podrá impedir las expediciones a las islas, sobre las cuales ejerce una soberanía nominal, pues los habitantes, ingleses, casi todos, se resisten a ser gobernados por las autoridades nombradas por el Gobierno hondureño. Inglaterra no podrá, de acuerdo con los tratados concluidos con los Estados Unidos, proteger las islas.

Honduras quedará con el título de señora de las islas, cuando en realidad ve desconocida su autoridad y cuando cada día ve amenazada su independencia. Hasta hoy, tal vez por fortuna, Honduras no ha querido entrar en posesión de las islas; decimos por fortuna, porque si es de desearse que ella sea la poseedora y la soberana de ese importante territorio, es bajo condiciones más favorables. Pero Inglaterra tendrá al fin que llenar el tratado y entonces Honduras se encontrará faz a faz con la realidad: no ejercerá su alta jurisdicción sobre las islas, y verá que allí se darán cita todos los filibusteros.

Para conjurar ese mal que ha surgido de la falta de previsión —mal que se hace extensivo a los cinco Estados centroamericanos— No vemos sino un medio: EL DE LA PRONTA REALIZACIÓN DEL ALTO PENSAMIENTO, DE LA FECUNDA IDEA DE REUNIR ESAS CINCO NACIONES EN UN SOLO ESTADO FUERTE Y COMPACTO.

Inglaterra preocupada por otros acontecimientos como la guerra civil de Italia, la invasión de los franceses a México y la guerra de secesión de los Estados Unidos, no ratificó la convención de 1856 y así CAYO EN EL OLVIDO EL FERROCARRIL INTEROCEÁNICO DE HONDURAS QUE SERIA CONSTRUIDO EN LOS AÑOS

DEL GOBIERNO DE GUARDIOLA.

Trasladamos este capítulo de la obra del señor Torres Caicedo, diplomático de Venezuela en Francia, miembro de la Sociedad de Economía Política de París, miembro de la Sociedad de Literatos de Francia, editada por la Casa Bouret, en el año de 1865, a don Fernando Ferrari Bustillo, para que vea la comprobación del título de nuestro primer capítulo, "Cabañas y Guardiola en los meridianos de Washington y de Londres".

Es triste decirlo. Los acontecimientos serán más fuertes que nuestros grandes hombres. Los huracanes opuestos jugaban con ellos, como si fueran hojas secas. Y ellos carecían de la fuerza necesaria para resistir a los huracanes internacionales de dos potencias enormes.

Con estas noticias, sea celebrada la buena fe, la buena voluntad del general José Trinidad Cabañas el 8 de enero de 1971.

Y cuando haya algún motivo de mérito, sea festejada la buena voluntad, la buena fe del general José Santos Guardiola.

Son dolorosos estos recuerdos. Solo se salva aquel de quien dijo el gran poeta con inspiración estelar: Alta es la noche, y Morazán vigila.

PRUEBAS DE LA GRANDEZA DE CABAÑAS

—I—

INTRODUCCIÓN

Medio en serio, medio en broma, nos dijo un amigo aficionado a la historia, después de haber leído el ensayo "Antecedentes reveladores en el centenario de Cabañas".

Lo que más me gusta del estudio de ustedes son los meridianos. Honradamente, yo ignoraba que existían, y por esta ignorancia no le hallaba sentido a nuestra historia en la que solo veía un amontonamiento de combates, victorias, derrotas, generales de huida y sucediéndose en altos puestos los unos a los otros en película interminable...

¿Pero conocidos los meridianos...? —le preguntamos.

"¡Ah! Con los meridianos comprendo a Cabañas y a Guardiola; a don Chico Montes y a Victoriano Castellanos; al General José María Medina y a Juan López; a don Chico Cruz y al general Xatruch; a Céleo Arias y a Ponciano Leiva; a Marco Aurelio Soto y a Luis Boggáilia: Domingo Vásquez y a Policarpo Bonilla; a...".

¡Deténgase! —le atajamos con énfasis: los meridianos del Tratado Clayton Wulwer, del 19 de abril de 1850; los meridianos de Washington y de Londres que se ven en aquel Tratado, se volvieron un solo meridiano a partir del Tratado Hay-Pauncefote del 5 de febrero de 1900, y desde entonces solo pasa por la cabeza de nuestros personajes el meridiano de Washington, por haber desaparecido el meridiano de Londres.

"Ya entiendo —agregó nuestro amigo—. Entonces, ese meridiano estuvo en Terencio Sierra y Manuel Bonilla; Miguel R. Dávila y Francisco Bertrand; Alberto Membreño y Francisco Bográn; Rafael López Gutiérrez y Vicente Tosta, etcétera. Ah, ya comprendo a los personajes mencionados y a los que omito.

Fue una breve conversación sobre los meridianos de Washington y de Londres del Tratado Clayton-Bulwer, y del único meridiano de Washington desde la celebración del Tratado Hay-Pauncefote, que anuló el condominio de los Estados Unidos de la Gran Bretaña, dejando para lo sucesivo el dominio washingtoniano exclusivo, porque la Gran Bretaña fue arrojada de esta región.

Otro amigo nos habló de haber comprendido a medias los planes expansionistas de la Confederación del Sur en los territorios de México y Centro América; las miras esclavistas de la Logia de Nueva Orleans llamada

"Estrella Roja", y la relación de William Walker y sus filibusteros con el general Trinidad Cabañas y los liberales del Istmo, porque en concepto suyo faltaba una amplia información al respecto.

Sobre todo, dijo en el ensayo de ustedes faltan explicaciones sobre los caracteres específicos del expansionismo de los Estados del Norte y el de los Estados del Sur, siendo que el expansionismo de ambas zonas era uno, aunque con diferentes tácticas.

Efectivamente, en el estudio nuestro, solo se hace un planteamiento general de las ambiciones e intereses de los Estados Unidos, la Gran Bretaña y la Confederación del Sur. En el nuevo trabajo que presentamos hoy, hacemos varias ampliaciones con abundancia de documentos ya conocidos pero no suficientemente razonados, deseando dejar todo en claro hasta donde sea posible.

Además, podrán ver los lectores la aprobación que hizo el gobierno del General Guardiola de la contrata ferrocarrilera (antipatria, como la llama don Fernando Ferrari Bustillo) celebrada entre el gobierno del General Cabañas y Mr. E. G. Squier.

Podrán ver los lectores como las contratas de tierras (antipatrias, según Ferrari Bustillo) celebradas entre el Gobierno de Cabañas y Mr. Follin estaban perfectamente ajustadas a la Ley reglamentaria de Tierras del 23 de julio de 1836, Ley que acató el Gobierno del General Guardiola.

Podrán ver los lectores cómo el General Cabañas en el viaje que hizo a Granada, Nicaragua, pudo comprender las ideas esclavistas de William Walker y fue el primer clarín que denunció el peligro de filibusterismo ante los pueblos de Centro América.

Podrán ver los lectores cómo el General Guardiola intentó establecer relaciones amistosas con William Walker para garantizar la estabilidad de su gobierno.

En fin, en este trabajo adicional podrán ver los lectores cómo resplandece la figura valiente y honrada del General Cabañas en medio de aquel mar de conflictos provocados por los poderes internacionales que se disputaban el dominio de Centro América; unos con espíritu empresario, otros con impulsos esclavistas y otros con fines colonizantes.

No hay que negar la simpatía del General Cabañas por los Estados Unidos. Los pronombres de estas latitudes veían en los Estados Unidos la proyección libertadora de Jorge Washington. Y de buena fe buscaban la asistencia de ellos ante la amenaza esclavizadora de la Confederación del Sur y colonizadora de la Gran Bretaña.

Intencionalmente, en alguien tenían que apoyarse para no quedar solos, desde el punto de vista táctico.

Además, los Estados Unidos, que desarrollaban el capitalismo y lo exportaban en forma de empresas capitalistas, como decir compañías agrícolas y ganaderas y ferrocarriles, representaban en aquel tiempo un mal menor. Los Estados Unidos se hallaban en la etapa del capitalismo liberal.

La Confederación del Sur desarrollaba grandes plantaciones algodoneras con trabajo esclavo y esto quería extender a México, Centro América y las Islas del Caribe. El algodón producido en la forma señalada alimentaba las hilanderías de Mánchester.

La Gran Bretaña por su parte, necesitaba Belice y la Mosquitia por sus maderas preciosas extraídas con trabajo indígena y embarcadas a los famosos astilleros de la metrópoli. Los propios ingleses fomentaban con sus mercados la ganadería de la región de Olancho, sin comparación en Centro América, por la carne y los cueros pero más por las novilladas que convertían en valiosa fuerza de tracción en sus numerosos benques madereros.

La lucha libertadora de Centro América había alcanzado la separación de España y la extirpación de la esclavitud de los indígenas y los negros. Los centroamericanos progresista seguían luchando contra la amenazante dependencia inglesa y la servidumbre feudal. Los hombres más avanzados de Centro América aspiraban a cimentar en ésta una República libre, democrática, independiente y capitalista, cuya imagen veían en los Estados Unidos y después de las grandes batallas de 1776 a 1781 y contando con la ayuda de Francia lograron independizarse de Inglaterra.

Los hombres más avanzados de Centro América admiraban las leyes norteamericanos, la democracia norteamericana, la iniciativa empresaria norteamericana. Y casi todos ellos, por emulación querían hacer en su tierra, con espíritu y recursos propios lo que admiraban de aquel país, y no se daban punto de reposo en el empeño de imitarlo.

Después de siglos de sojuzgamiento y sufrimiento, los centroamericanos habían alcanzado la independencia que consta en el Acta de 15 de septiembre de 1821.

La aristocracia de México y Centro América quiso un régimen monárquico, y Agustín de Iturbide sugirió la unión de ambos países en oficio dirigido al Jefe Político de Guatemala el 1º de Octubre de 1821.

La anexión de Centro América se realizó por Acta levantada en Guatemala el 5 de enero de 1822.

Fue desconocido el Monarca Agustín I en el Acta de la ciudad de Veracruz del 15 de marzo de 1823.

Destruida la monarquía iturbideana, el Capitán General Vicente Filísola hizo la convocatoria para celebrar el Congreso (de que habla el Acta de Independencia de 15 de septiembre de 1821) el 29 de marzo de 1823.

Se reunió el Congreso (elegido con los procedimientos electorales de la Constitución de Cádiz de 1812) y dictó el Acta de Independencia absoluta de Centro América el 19 de julio de 1824.

La Asamblea Nacional Constituyente ratificó en Decreto especial el Acta de Independencia absoluta (del 1º de julio) el 19 de octubre de 1823. Se hizo esto porque el 19 de julio no habían llegado las representaciones de Honduras, Nicaragua y Costa Rica.

La misma Asamblea legisló el carácter de los extranjeros en Centro América el 25 de enero de 1824.

Decretó las calidades para ser ciudadano el 23 de abril de 1824. Decretó la abolición de la esclavitud y creó un fondo de indemnización a favor de los propietarios el 24 de abril de 1824.

Decretó la Constitución Política de la República de Centro América el 22 de noviembre de 1824.

Aprobó el Tratado de Confederación perpetua de Centro

América y Colombia (siguiendo las ideas americanistas de Valle y de Bolívar) el 15 de marzo de 1825.

Aprobó la Convención de paz, amistad, comercio y navegación celebrada en Washington entre don Antonio José Cañas, Ministro plenipotenciario de Centro América y Mr. Henry Clay, Jefe del Departamento de Estado de los Estados Unidos, de 5 de diciembre de 1825, el 3 de agosto de 1826.

Aprobó otras convenciones defensiva de la independencia y soberanía de los Estados de Centro América, México, Colombia y Perú en los meses de 1827.

Desgraciadamente, el nuevo Estado centroamericano empezó a mover la administración pública con préstamos ingleses de la Casa Barclay Hearig and Company, y eso permitió la intervención de Inglaterra en la vida interna de Centro América, que provocó la guerra civil de 1827-1829.

Inglaterra quería: 1) Un gobierno centroamericano totalmente dominado por Londres; 2) La zona canalera de Nicaragua; 3) Islas y territorios para establecer bases navales y militares; 4) dominios de los bosques de maderas preciosas en la Costa Atlántica; 5) monopolio del comercio centroamericano; y, 6) Exclusión de naciones competidoras en Centro América.

Tenía tanta importancia el Istmo para las potencias, que Napoleón llegó a decir que "los países más privilegiados de la tierra son Turquía y Centro América, siendo una lástima que estén poblados por turcos y centroamericanos".

En la guerra civil de 1827-1829 apareció Francisco Morazán en escena, quien sostuvo la República Federal hasta 1839. De vuelta del Perú con ánimo de arrojar a los ingleses del territorio y reconstruir la Federación, fue fusilado en San José de Costa Rica el 15 de septiembre de 1842.

En la nueva fase, Inglaterra había fragmentado la Federación y sin ninguna resistencia unida completaba su programa de dominación política y económica en Centro América.

Pero los intereses de los Estados Unidos cimentados conforme el Convenio Cañas-Clay del 5 de diciembre de 1825 habían progresado tanto que llenaban de recelos a Inglaterra y trataba de excluirlos de cualquier manera.

Pensaba Inglaterra que los tratados de la República Federal, ya muerta, no obligaban a los cinco Estados independientes.

El Gobierno de Washington no hizo caso a las objeciones inglesas y siguió manteniendo a sus cónsules y vicecónsules en los puertos y lugares de sus negocios.

A lo dicho agréguese que al final de la década 40, con gran irreverencia de Inglaterra el Gobierno nicaragüense celebró una contrata canalera con una compañía norteamericana representada por Mr. David L. White.

Acto seguido se hizo presente en la ciudad de León, de la misma Nicaragua, Mr. E. G. Squier, como Ministro Plenipotenciario de los Estados Unidos, quien iba a desempeñar un papel sumamente peligroso para la soberbia de Mr. Frederick Chatfield, representante inglés en Centro América.

Así las cosas, eran presidentes de la zona de Squier, Norberto Ramírez en Nicaragua, Juan Lindo en Honduras, y Doroteo Vasconcelos en El Salvador. Y en la zona de Chatfield, Rafael Carrera en Guatemala y Juan Rafael Mora en Costa Rica.

Fue tal la tensión política en Centro América al situarse frente a frente los diplomáticos de las dos potencias citadas, que no quedó más remedio para evitar conflictos de grandes dimensiones, que celebrar en Washington el famoso Tratado Clayton-Bulwer del 19 de abril de 1850.

Nuestro análisis se concreta a las intervenciones de la década 50, que mataron la posibilidad de reconstruir la República Federal de Centro América conforme a los principios de 1824; consolidó la separación de los Estados centroamericanos al gusto de Inglaterra; y creó la pugna feroz de los Estados Unidos y la Gran Bretaña, con repercusiones muy serias en los gobiernos dominados por una u otra potencia a lo largo de la segunda mitad del siglo XIX, hasta la celebración del Tratado Hay-Pauncefote de 5 de febrero de 1900.

Le dedicamos especial atención al incidente introducido por el "Capitán de ladrones" como le llamaba el General Cabañas a William Walker, para que se vea la acción conjunta de los centroamericanos-federalistas y separatistas y la cooperación de los Estados Unidos y la Gran Bretaña, cada quien en interés propio, contra el filibusterismo lanzado por la Confederación del Sur sobre

Centro América, y en cuya acción desempeñó un papel de primer orden el General Trinidad Cabañas.

—II—

EL GOBIERNO DE GUARDIOLA PRORROGA LA CONTRATA FERROCARRILERA

Conforme sentencia arbitral dictada el 23 de agosto de 1859 por representantes del Gobierno de Honduras y de la Compañía inglesa a la cual habían pasado los derechos de la Contrata-Squier, el término para el cumplimiento de ésta fue prorrogado.

En vista de esa sentencia que aseguraba para Inglaterra la construcción del ferrocarril interoceánico de Honduras, el Sr. Don Carlos Lennox-Wyke, Enviado Extraordinario y Ministro Plenipotenciario del Gobierno de S. M. B., cerca del de Honduras llegó a este país en los días de noviembre de 1859, y el 24 del mismo mes y año se acordaron las medidas preliminares para celebrar el tratado por el cual Inglaterra reconocería como de Honduras las Islas de la Bahía y las tierras que comprendía el Protectorado Británico en la parte del territorio mosco. El señor Francisco Cruz, Jefe Político del departamento de Comayagua, fue nombrado en la misma fecha comisionado especial del Gobierno de Honduras para tratar con Lennox-Wyke.

Después del intercambio de pareceres entre Lennox-Wyke y Cruz, sobre el objetivo de sus misiones, el día 29 de noviembre del mismo año (3 meses después de firmada la sentencia arbitral), se firmó el tratado definitivo por el cual Inglaterra hacia el traspaso a Honduras de las tierras referidas.

En el artículo 1º de ese Contrato definitivo, y en el párrafo primero, se dice lo siguiente: "Tomando en consideración la posición peculiar geográfica de Honduras, y en orden a asegurar la neutralidad de sus Islas adyacentes con referencia a algún Ferrocarril u otra línea de comunicación que pueda construirse a través del territorio de Honduras en la tierra firme, Su Majestad Británica conviene en reconocer las Islas de la Bahía y situadas en la Bahía de Honduras, como una parte de la República de Honduras".

Y en el párrafo tercero del mismo artículo, se agrega; "La República de Honduras se compromete a no ceder dichas Islas, o cualquiera de ellas, o ninguna parte de dicha soberanía a ninguna Nación o Estado cualquiera".

La sentencia arbitral de 23 de agosto de 1859 y los párrafos copiados del tratado Lennox Wyke-Cruz, prueban el cambio político de Inglaterra en relación con el apoderamiento de la riqueza de Honduras. Este cambio se lo marcaba su creciente desarrollo industrial, y a su vez le permitía dejar la vieja política colonialista de posesión de territorios y se orientaba a la inversión de capitales en el exterior.

Si Cabañas cometió errores en su deseo y buena fe de hacer progresar el país por la vía de las inversiones extranjeras (criterio suyo y de otros hondureños honestos de esa época), Guardiola a su vez los cometió por haber prorrogado la contrata Squier y por lo que dice el texto del Art. primero del Tratado Lennox-Cruz. Y si en los tiempos de Guardiola ya se consideraba lesivo a los interés de Honduras una contrata como la contrata Squier, la responsabilidad histórica es mayor para quien tuvo la oportunidad de que tal hecho no se consumara.

A continuación véase la sentencia arbitral de 23 de agosto de 1859:

Sentencia en un arbitraje sobre prórroga de la contrata de 1853 del ferrocarril de Honduras.

El Tribunal del Arbitramiento por el Contrato del FerroCarril interoceánico de Honduras.

Comayagua, Agosto 20 de 1859.

Gaceta Oficial de Honduras, Tomo 3° Número 38, Comayagua 30 de 1859.

Vistos los documentos presentados por el representante de la Compañía Don G. Holland, y atendido a que las crisis financieras, tanto de los Estados Unidos como de Europa, en los años de 1814 y 1857, presentaron una completa estagnación de toda clase de empresas, así como del comercio en general.

Atendido a que la guerra que estalló entre las Potencias Occidentales y la Rusia desde 1854 a 1856, causó una paralización no menos grandes en todos los negocios y abatió el espíritu de empresa.

Atendido a que por esta causa la Compañía del Ferrocarril de Honduras no tuvo tiempo para presentar al público la empresa perdiendo así seis años inútilmente.

Atendido, en fin, a que la guerra actual de Italia, no puede calcularse el tiempo de su duración, pero que es muy probable que no sea menos de dos años, en cuyo caso la prórroga solicitada, es de todo punto justa; por tanto y en uso de sus facultades.

DECLARA

El tiempo para la construcción cumplida del ferrocarril interoceánico concedido a la Compañía por el Art. segundo Sección primera del contrato, se prorroga por siete años más, que deberán contarse desde el 29 de abril del año de 1826 hasta el 28 del mismo mes de 1869, y manda se haga saber esta resolución, al Supremo Gobierno del Estado por medio de copias competentemente autorizadas, y al Representante de la Compañía, para que surta sus efectos le gales.

Mariano Aguiluz, Joaquín Velásquez, nombrados por Supremo Gobierno. Eduard Thomas Kirhnatrick, José María Fiallos, nombrados por la Compañía; C. Chávez, nombrado por los que preceden.

Es conforme; Ministerio de Relaciones, Comayagua, 23 de agosto de 1859.

Alvarado

—III—

LAS "CONCESIONES FOLLIN" VISTAS SEGUN LA LEY REGLAMENTARIA DE TIERRAS DE 23 DE JULIO DE 1836, QUE NO DEROGO GUARDIOLA

Es frecuente en un análisis de los acontecimientos históricos, que el historiador tergiverso o interprete los documentos referente a ellos, en una forma distinta de su real contenido. Esto ocurre en el historiador que no toma los hechos que analiza en su conjunto, y por el contrario los aprovecha en forma parcial para el fin que solamente a él le interesa.

Lo anterior es lo que sucede en el trabajo de Ferrari Bustillo, que dejando a un lado el procedimiento de conjunto para el análisis histórico, pretende glorificar la figura de Guardiola contraponiendo a Cabañas como un desleal a su patria.

En realidad, los ataques de Ferrari Bustillo contra Cabañas no se ajustan a la verdad. Los documentos en que se consignan las posibles ventas de tierras al señor Follin, no se refieren a disminución alguna del territorio nacional para que otro Estado ejerza en la parte disminuida, su soberanía.

Las leyes que regían en tiempos de Cabañas, como las actuales, estaban inspiradas en la teoría económica de la libre empresa y de la libre contratación, y en virtud de éstas el Estado hondureño podía vender las tierras de su propiedad a compañías y a particulares, fueran éstos o aquéllas de nacionalidad hondureña o extranjera.

Las tierras que la Compañía de Tierras de Honduras, representada por el señor Follin, solicitaba que le vendieran, y que el señor Ferrari Bustillo denomina "Segunda Concesión Anti-Patria", eran las que el Estado consideraba como de su propiedad en las Islas de la Bahía y las del territorio del Protectorado Inglés. Este protectorado fue reconocido por Francisco Ferrera, actitud esta aplaudida por los autonomistas y separatistas, y siempre condenada y repudiada por los federalistas.

Los primeros trámites de la probable venta de esas tierras a la Compañía de Tierras de Honduras, consistían en una aprobación de la propuesta del Señor Follin, que debería tenerse "COMO UNA INICIATIVA", la que a su vez debería ser aprobada por el Cuerpo Legislativo y señalar éste la extensión de las tierras que comprendería el Contrato. De ser aprobada por el Cuerpo Legislativo la iniciativa, los trámites siguientes tenían que ajustarse a la ley del 23 de julio de 1836. Todo esto de ninguna manera puede considerarse como un contrato de compraventa, mucho menos como una concesión como lo llama Ferrari Bustillo.

En las primeras diligencias a que dio lugar la propuesta Follin, se hizo la siguiente salvedad: las cuales (las tierras que solicitaba Follin comprar) tendrá la propia Cía., como parte del Estado, bajo su soberanía y sujetas como sus habitantes a las leves respectivas en todo respecto. Como se ve, no se estaba enajenando la soberanía, porque la soberanía es un atributo inalienable del Estado, y en uso del mismo el Estado puede en cualquier tiempo recuperar aquellos medios de producción que estén en propiedad de particulares o de Compañías para ponerlos al servicio de todo el pueblo. También se decía en el documento iniciativa de compra, que las tierras ocupadas por los nacionales quedaban exceptuadas del futuro contrato, y que si en algún tiempo el Estado necesitaba para varios fines parte de las tierras aludidas, la Compañía quedaba obligada a vendérselas por el precio de compra. Hay que indicar, además, que la Compañía una vez que obtuviera las tierras mencionadas, quedaría constituida por acciones. De estas acciones la mitad correspondería al Estado hondureño, y en tal virtud continuaría siendo el dueño absoluta de la mitad de las tierras objeto del contrato, y participaría por consiguiente como accionista, en las utilidades que rindieran las operaciones de la Compañía.

En cuanto a las tierras nacionales de la Isla del Tigre, se procedió de buena fe y de acuerdo con la Ley de tierras de 23 de julio de 1836. Esta ley estuvo en vigencia en el Gobierno de Guardiola, pues fue derogada hasta el año de 1888. Si esta ley era mala en tiempos de Guardiola, éste tuvo la oportunidad de emitir otra mejor.

En la primera resolución del Ejecutivo para el traspaso de las tierras de la Isla del Tigre se dice: "que el Estado no enajena ni puede enajenar derecho de soberanía y dominio que tiene sobre la expresada Isla; que todas las personas que la habitan deben quedar por el mismo hecho sujetas a las leyes del Estado, y que cualquiera que sea el comprador (se dice cualquier comprador porque la venta estaba sujeta al mejor postor) no podrá vender el todo o parte de las tierras a ningún Gobierno, pues si así lo hiciera deberá considerarse nulo y de ningún valor el Contrato".

Lo transcrito prueba el concepto que Cabañas y sus compañeros de gobierno tenían sobre la soberanía del Estado. Sabían que ésta no se enajena, y por ello hacían la debida aclaración para que no quedará la menor duda en relación con hechos futuros respecto a las tierras que el señor Follin había solicitado comprar, o quien o quienes mejoraran la propuesta del mismo.

En las diligencias para traspasar las tierras a que nos hemos venido refiriendo, y que el señor Ferrari Bustillo llama "Segunda y Tercera Concesión Anti-Patria" no se practicaron todos los trámites administrativos para llegar al pago de las mismas y extender el correspondiente expediente de propiedad. Hemos buscado detenidamente los respectivos expedientes en el Archivo Nacional, y no nos ha sido posible encontrarlos, por lo que resulta que no se llegó a las medidas que la ley del 23 de julio de 1836 disponía se hicieran para que la venta de tierras fuera efectiva.

En cuanto a las tierras de las Islas de la Bahía y las que comprendía el Protectorado Inglés, la medida era impracticable, pues Inglaterra estaba en posesión de ellas. Y si la medida no podía practicarse el contrato no podía celebrarse.

Tampoco hemos encontrado herederos del señor Follin o traspasos a personas o compañías que se relacionen con esas tierras, y asimismo no existen en los lugares comprendidos por éllas, propietario o propietarios que posean en la actualidad, en una sola unidad, la extensión de tierras que se mencionaban en las "Concesiones-Follín".

Agregamos en relación con la Isla del Tigre, que Amapala obtuvo sus ejidos hasta el año de 1918, de donde se infiere que si Cabañas hubiera vendido las tierras nacionales de la citada Isla, el Estado no habría podido dar ejidos al municipio de Amapala.

—IV—

CONOZCASE LA LEY REGLAMENTARIA DE TIERRAS DEL 23 DE JULIO DE 1836, VIGENTE HASTA 1888.

El Jefe Supremo en quien reside el P.E. del Estado de Honduras. Por cuanto: la Asamblea O. del mismo ha decretado y el Consejo sancionado lo que sigue.

La Asamblea Ordinaria del Estado de Honduras; atenta a los defectos que se han notado en la ley de 15 de junio del año anterior al ponerla en ejecución, los cuales no pudieron advertirse cuando se decretó: en justa consideración a la necesidad que hay de arreglar el ramo de tierras; por los perjuicios que tanto la agricultura (patrimonio del Estado) como el Erario público reciben del desarreglo en que actualmente se haya constituida, así mismo en el deber de proveer a una y otra necesidad; ha tenido a bien decretar y

DECRETA

Art. 1º -Las tierras nombradas antes realengas, corresponden al Estado, y se venderán por Caballerías previos los trámites que para su enajenación determine esta ley.

Art. 2º Una Caballería de tierra consiste en un paralelogramo de 22 cuerdas, y treinta y seis y media varas de largo, y la mitad de ancho, según lo acostumbrado, entendiéndose que cada cuerda debe tener cincuenta varas castellanas de extensión.

Art. 3º Las personas o sociedades que pretendan adquirir propiedad en algún terreno de los pertenecientes al Estado, lo denunciarán a la Intendencia del departamento respectivo, quien, averiguando no ser de ajena propiedad lo mandará medir a un inteligente en agrimensura, si por sí mismo el Intendente no puede verificarlo, prefiriendo en todo caso a los que tengan título de agrimensores.

Art. 4º Practicada la medida y formando el plano que demuestre el número de Caballerías que contiene, se mandarán fijar carteles en la cabecera del departamento y en el pueblo a cuyo territorio pertenezca el sitio medido. Se darán nueve pregones en nueve días consecutivos: tres en el pueblo más inmediato al terreno y los restantes en el lugar del remate; y señalándose para este el día que parezca conveniente para que ocurran los interesados, se verificará en el mejor postor, prefiriendo por el tanto al denunciante.

Art. 5º En este estado se pasará el expediente a la Intendencia general: quien lo hará examinar por un inteligente para que, haciendo las veces del fisco informe, y pida lo conveniente siendo preferibles para este encargo los agrimensores titulados.

Art. 6º Si del informe y petición del fiscal resultase estar todo bien practicado sin nulidades o defectos sustanciales ya sea en la medida, o en los demás trámites, conformado que sea el Intendente general con el parecer fiscal, volverá los autos a la Intendencia departamental para que realice el cobro del valor de las tierras; se forme cargo de él en la separación correspondiente de su libro; y haciéndolo así constar a continuación del expediente por medio de la certificación de la partida, lo pondrá en manos del interesado para que ocurra con él al Gobierno Supremo a obtener el Título que debe librarse sin más costo que el del papel, que será el del sello tercero, mandando se le ponga en posesión por la Intendencia departamental.

Art. 7º Esta deberá serlo sin necesidad de dirigirse al terreno, ni de practicar otro trámite que el de poner una razón de quedar en posesión del interesado firmándola con testigos.

Art. 8º Como el mandar hacer los enteros en las Intendencias departamentales, es con el fin de no gravar a los interesados, la Intendencia general, siempre que estos no se perjudiquen podrá mandar ingresar en Tesorería el valor de los terrenos.

Art. 9º Si del informe del fiscal resultase estar viciada la medida o las diligencias del expediente de una manera notable, y la Intendencia general de conformarse con él, mandará rectificar lo viciado a costa del que haya cometido la falta.

Art. 10º No podrá venderse ninguna Caballería de tierra por menos de diez pesos: esta será la base para los valuos, que deben practicarse, después de evacuada la medida, y antes de los pregones, por peritos imparciales nombrados por la Intendencia subiendo el precio con proporción a la calidad del terreno, y demás circunstancias que pueda concurrir a variar su estimación. También deberá extender su informe sobre la calidad del terreno el que lo haya medido, para mejor esclarecer su legítimo precio.

Art. 11º Todos los costos de medidas, y demás diligencias en los expedientes de tierras, serán sufragados por las partes a cuya solicitud se practiquen, a quienes le serán repuestos por los que habrán pujas si fuesen rematadas a estos.

Art. 12º Las diligencias practicadas por el Jefe Departamental y por el Intendente General serán gratis, a no ser que el primero haga las medidas, en cuyo caso devengará las dietas que ocupe en este trabajo.

Art. 13º Los agrimensores encargados de medir tierras manifestarán su comisión al Juez del lugar a que pertenece el sitio que se va a medir; para obtener su allanamiento, que no podrá negarlo por ningún pretexto, el cual deberá hacerse constar a continuación; pero el referido agrimensor podrá sin intervención de Juez juramentar sus testigos y tiradores de cuerda, y y ejercer sus funciones hasta haber evacuado su comisión.

Art. 14° Se garantiza y protege la propiedad de los poseedores de tierra cualquiera que sea el tiempo de su posesión, con tal de que sea de buena fe, y con justo y legitimo título, extendiéndose por lo último a falta de título, un medio legal de probar el derecho que los asiste.

Art. 15° A los pueblos del Estado que denunciaren tierras baldías para sus ejidos, se les dará gratis dos leguas.

Art. 16° En la práctica de las medidas de ejidos se procurará dejar al pueblo en el centro; a no ser que por estar enajenados los sitios que debieran abrazar la mensura haya necesidad de dejar el pueblo a un extremo, o fuera de esta; pero en tal caso deberá hacerse que el terreno que se haya de adjudicar ser el más inmediato para facilitar los usos comunes.

Art. 17° Los derechos devengados en la práctica de las medidas se sujetarán al arancel general dado el año de 1779 por la audiencia de Guatemala mientras la Asamblea emite el que en lo sucesivo deba regir:

Art. 18° Si algún propietario de tierras a quien se hubiese perdido el título quisiese remedir su sitio, podrá verificarlo por los linderos antiguos justificados, y si en la medida por esta o por otra causa hubiese algún exceso, no se le exigirá por él nueva composición con la hacienda pública.

Art. 19° El gobierno hará establecer una clase de agrimensura tan luego como sea fácil conseguir un maestro en esta facultad; y a los que sean examinados aprobados en ella, les hará librar el despacho de agrimensor.

Art. 20° El labrador centroamericano que haya cultivado, y cultivare algún terreno de los llamados fieros, o montaña, que no correspondan a propiedades de particulares, o de comunidades, hace suyo dicho terreno; pero el que no tuviere este derecho y tuviese alguna finca, es preferible en la compra, al denunciante en la parte del terreno que necesite.

Art. 21° Entre tanto, para facilitar la venta de tierras, se hará imprimir y circular, a continuación de este decreto, la instrucción para medirlas, que se agrega.

Art. 22º Queda en consecuencia derogada la ley de 15 de junio del año pasado, y todas las demás disposiciones que se opongan a la presente ley.

Pase al Consejo Representativo. Dado en Comayagua a 23 de julio de 1836. Francisco Márquez, D. P. Blas Cano, D. S.

Mariano Castejón, D. S.

Sala del Consejo Representativo. Comayagua, agosto 24 de 1836. Pase al Jefe Supremo del Estado.

Francisco Ferrera
Presidente

Encarnación Maradiaga
Secretario

Por tanto: EJECUTESE. Lo tendrá entendido el Jefe de sección encargado del Ministerio y dispondrá lo necesario a su cumplimiento.

Dado en Comayagua a 27 de agosto de 1836.

Joaquín Rivera

Al ciudadano,

José Antonio Castañón

Guía de Agrimensores o sea Recopilación de Leyes Agrarias

Por ANTONIO R. VALLEJO, AÑO DE 1911, PAGINA NUMERO 161

CONÓZCASE EL CONVENIO DEL GOBIERNO DE FERRERA CON THOMAS LOWRY, GENERAL OF THE MOSQUITO NATION, DEL IG DE DICIEMBRE DE 1843.

"El Supremo Gobierno del Estado de Honduras, invitado por el General Lowry Robinson, residente en esta capital, con el expreso fin de celebrar un convenio de amistad, alianza y mutua protección, entre el Estado de Honduras y los pueblos que han reconocido, como sucesor del último Rey Mosquito al mismo General Thomas Lowry Robinson; teniendo el Supremo Gobierno del Estado por ingenuas las protestas presentadas por el referido General Lowry a nombre de su hermano el General Meztizo, cuyo principal objeto es sincerar la conducta hostil que repetidas ocasiones han observado los Mosquitos contra los centroamericanos por sugestiones extrañas; y cediendo a los generosos sentimientos que inspira en el corazón del hombre civilizado una franca y espontánea satisfacción de los agravios pasados atribuyendo su origen, no a una antipatía de corazón, sino a las perversas fascinaciones de un enemigo común. Queriendo además el supremo Gobierno de Honduras dar por su parte a las tribus Mosquitas y a sus caudillos, las pruebas más ostensibles, de que el Estado no tiene ni ha tenido jamás la más pequeña aversión contra los mencionados Mosquitos, y que al contrario ha abrigado en todos los tiempos los más vivos deseos de comunicarlos y protegerlos como verdaderos amigos y hermanos; y deseando el supremo Gobierno procurar y promover por cuantos medios estén a su alcance, la felicidad y prosperidad de los Mosquitos; después de haber consultado con el consejo de ministros, ha convenido con el general Thomas Lowry Robinson, en fijar como base de la amistad y alianza entre aquel y este; los artículos siguientes:

Art. 1° Todos los habitantes de las costas de Honduras, que están bajo el Gobierno del general Thomas Lowry Robinson conocidos con el nombre Mosquitos, traficarán libremente en el territorio de Honduras, gozando de los mismos derechos que las leyes conceden a los ciudadanos del Estado para la seguridad de sus personas y propiedades, y sometiéndose a las mismas penas y autoridades en caso de infracción.

Art. 2º Recíprocamente gozarán del mismo derecho de traficar, navegar y pescar libremente, bajo la protección de las autoridades del territorio Mosquito, todos los habitantes del Estado de Honduras.

Art. 3º Cuando son autoridades las que transitan en una u otra jurisdicción, serán además respetadas, y se les harán los honores que corresponden a su dignidad, conforme a lo dispuesto por las leyes.

Art. 4º Para mantener las relaciones por medio de comunicaciones oficiales, se establecerán correos mensuales que dejarán y tomarán la correspondencia en la estafeta de Juticalpa, ó en la del puerto de Trujillo.

Art. 5º Los Mosquitos podrán introducir libremente a Honduras, toda clase de frutos naturales é industriales, ya sea por el río o ríos, ya por los caminos de Hierra para cambiarlos por otros o venderlos a los centroamericanos.

Art. 6º El General Lowry y todas las demás autoridades subalternas a él de la costa de Mosquitos, no permitirán que se introduzcan por ninguna vía ni pretexto, efectos extranjeros de ninguna clase en los pueblos del Estado.

Art. 7º Mas si sucediese, ya por haber burlado la vigilancia de aquellas autoridades, o ya por quererle dar demasiada extensión a este convenio, que algunos mosquitos u hondureños introdujesen efectos extranjeros, unos y otros serán juzgados y castigados con arreglo a las leyes vigentes perdiendo además los efectos, a favor del Gobierno en cuya jurisdicción hayan sido aprehendidos.

Art. 8º En caso de habilitar el río Tinto o el Guayape, o ambos, para el comercio de efectos extranjeros, podrá el Gobierno de Honduras poner en el lugar que le convenga cerca de la boca de dichos ríos, colonias de hondureños, Belgas, Franceses, u otros, con el objeto de poner aduanas para exigir los derechos de importación y hacer fortificaciones para asegurar e impedir los ataques extranjeros, y el contrabando, sin cuyo requisito podrían seguirse perjuicios al Estado.

Art. 9º Sin hacer variaciones en el Gobierno del país, los Mosquitos deben prestar al Estado de Honduras todos los auxilios que exija la utilidad del mismo Estado.

Art. 10º El gobierno de Honduras autorizado por el General Lowry, podrá contratar con los Belgas u otras naciones, colonias, cuyas ventajas partirán entre los hondureños y mosquitos, esto es entre sus respectivos Gobiernos si se plantasen en el territorio de estos.

Art. 11° El Gobierno de Honduras se encargará de colocar en casa de algunos artesanos, los niños que el General Lowry Robinson, tenga a bien mandar para que aprendan algunas artes mecánicas.

Art. 12° Este Gobierno de acuerdo con el General Lowry, irá procurando los medios que juzgue más oportunos para introducir y difundir la civilización entre los Mosquitos, siendo únicamente deber del Gobierno de Honduras proponerlos, aprobarlos o facilitarlos, y del General Lowry el de ponerlos en práctica y ensayarlos.

Art. 13° Como el principal objeto del General Thomas Lowry Robinson, ha sido venir a ponerse bajo la protección del mismo Gobierno del Estado de Honduras, esté en uso de sus facultades, y en obsequio de la futura felicidad de los Mosquitos, lo toma bajo su protección; así como a las tribus que gobierna.

Art. 14° El cumplimiento de los precedentes artículos será exacto por parte del Gobierno y del General Lowry; sin perjuicio de adicionarlos posteriormente según lo exijan las circunstancias; y de unánime consentimiento.

Art. 15° El presente convenio será pasado a la Cámara Legislativa para su ratificación.

Firmado por duplicado en la ciudad de Comayagua en la casa del Gobierno, a los 14 días del mes de diciembre del año del Señor de mil ochocientos cuarenta y tres.

Francisco Ferrera

Thomas Lowry
General of the Mosquito Nation

Coronado Chávez
Ministro de Relaciones

(Tomado del Libro "Reseña Histórica de Centro América", por Lorenzo Montúfar. Tomo Cuarto).

EL PRESIDENTE FRANKLIN PIERCE, DE LOS ESTADOS UNIDOS, CONDENA EL FILIBUSTERISMO QUE OPERA EN NICARAGUA, EL 8 DE DICIEMBRE DE 1855

La empresa de Walker no era simpática en Europa.

La combatía también en los Estados Unidos todo el partido antiesclavista.

En las repúblicas hispanoamericanas se vio como una intentona contra la independencia.

Todos estos antecedentes reunidos hicieron que en muchas naciones se mirara con profundo disgusto el reconocimiento que el Ministro americano Wheeler hizo en Granada del Gobierno del señor Patricio Rivas.

El cuerpo diplomático extranjero residente en Washington se conmovió.

Los Ministros de Inglaterra, España y Francia hicieron manifestaciones al Presidente de los Estados Unidos.

Irisarri, Ministro de Guatemala; Molina, Encargado de Negocios de Costa Rica, y Marcoleta, español carlista, representante en Washington del Gobierno nicaragüense caído, contribuyeron a sostener la excitación por medio de extensas notas que se publicaron impresas.

Visto todo esto, el Presidente de los Estados Unidos desaprobó la conducta de su Ministro en Granada y tuvo a bien condenar la empresa de Walker por medio de la proclama siguiente.

"Por cuanto he recibido informes de que algunas personas, ciudadanos de los Estados Unidos y otras residentes en ellos, se están preparando dentro de esta jurisdicción para enganchar, entrar ellos mismos, alquilar o persuadir a otros para efectuar expediciones al Estado de Nicaragua.

"Por tanto: yo, Franklin Pierce, Presidente de los Estados Unidos, prohíbo a todas las personas que se unan a cualquiera empresa de tal naturaleza por ser esto contrario a sus deberes como buenos ciudadanos, contrario a las leyes de su país y amenazante para la paz de los Estados Unidos.

"Amonesto a todas las personas que salgan de los Estados Unidos, solos o en compañías numerosas, organizadas o sin organizar con tales objetos, que por la presente cesarán de tener derecho a la protección de este Gobierno.

"Exhorto a todos los buenos ciudadanos a desacreditar e impedir tales empresas vergonzosas y criminales, encargando a todos los oficiales civiles y militares que tengan el poder legal, el ejercerlo con el objeto de mantener la autoridad y dar todo vigor a las leyes de los Estados Unidos.

"Dada en la ciudad de Washington, a los ocho días del mes de diciembre de 1855 y ochenta de la independencia de los Estados Unidos".

(f) Franklin Pierce

El señor J.H. Wheeler, Ministro de los Estados Unidos, ante el Gobierno legítimo de Nicaragua, una vez caído éste, tuvo a bien reconocer el Gobierno del señor Patricio Rivas, dominado por William Walker en Granada.

El señor Patricio Rivas, bajo sugerencia de Walker, nombró a Parker H. French, Ministro Plenipotenciario del Gobierno de Granada en Washington.

Presente este diplomático en los Estados Unidos, Mr. William L. Marcy, Secretario de Estado en el Gobierno de Pierce, rechazó con indignación la solicitud de Frénch.

Resultado en Nicaragua fue que Walker ordenó a Patricio Rivas que rompiera relaciones con Mr. Wheeler.

Otro aspecto pone todavía más en claro la tremenda oposición de los Estados Unidos y los Estados esclavistas del Sur.

Grandes periódicos, como el Tribune de New York, El Journal of Comercio, El Dayle Times, condenaban insistentemente la política de los Estados del Sur y el filibusterismo que se adueñaba de los intereses de los ciudadanos de los Estados Unidos en el Caribe y en Centro América.

Especialmente Walker había entrado en conflicto con el millonario Cornelius Vanderbilt, Presidente de la Compañía de Tránsito con sede en Nueva York.

Vanderbilt publicó en la prensa la siguiente declaración: "Los vapores de la línea de Nicaragua cesarán por ahora sus viajes, a consecuencia de la extraordinaria conducta del General Walker, y de haberse posesionado éste por la fuerza de la propiedad de los ciudadanos americanos".

"Creo que es un deber, tanto para con el público como para con el país, suspender los viajes de los vapores de dicha Compañía hasta que nuestro Gobierno haya tenido tiempo suficiente para tomar en consideración el ultraje cometido en la propiedad de sus ciudadanos".

"Mientras tanto, como no creo segura la propiedad ni los pasajeros que crucen el Istmo no debo inducirlos a emprender dicho viaje".

"C. Vanderbilt, Presidente de la Compañía de Tránsito. Marzo 17 de 1852".

(Versión del Doctor Lorenzo Montúfar, en el Séptimo Tomo de su "Reseña Histórica de Centro América").

—VII—

VIAJE DEL GENERAL CABAÑAS A NICARAGUA, SEGÚN EL DOCTOR LORENZO MONTÚFAR

En El Salvador un número considerable de personas importantes que ignoraban los propósitos absorbentes de Walker, simpatizaron con este jefe porque creían ver en él un sostenedor de la democracia de Centro América.

Por lo mismo, El Salvador se apresuró a reconocer la administración que creó el tratado del 23 de octubre.

Por este tiempo concluía su período presidencial el señor José María San Martin.

Dueñas deseaba la presidencia; pero San Martín se propuso que esta recayera en el señor Rafael Campos y logró su intento.

Campos es hombre honrado: no pertenece al partido liberal pero no oprime el pensamiento.

Los partidos salvadoreños de los demócratas de Nicaragua,

establecieron en el Salvador un periódico titulado "El Rol".

Era su primer redactor el Licenciado José María Zelaya, nicaragüense de origen y amigo íntimo de Jerez.

La creencia de que Walker era el sostenedor de la causa liberal de Centro América, dominó por algunos días a viejos liberales que se creían perdidos por la muerte de Morazán.

En ese concepto, un liberal que había sufrido por su partido desde que el señor Mariano Aycinena era jefe del Estado de Guatemala, Manuel Carrascosa, hizo una manifestación expresiva, felicitando a Walker por sus triunfos.

Esa felicitación la publicó con aplauso "El Rol" salvadoreño.

El General Trinidad Cabañas, amigo íntimo del General Morazán, liberal fiel y decidido sostenedor de la unidad de Centro América, había subragado a Lindo en la presidencia del Estado de Honduras.

Era imposible que Carrera, el enemigo más tenaz que tuvo Morazán y el separatista más decidido, viera con indiferencia a un poderoso adversario político en la silla del Poder Ejecutivo de Honduras.

No faltaron pretextos para la guerra. Cabañas fue vencido y arrojado del territorio de su patria.

Él se refugió en los minerales de Los Encuentros, que se hallan en el departamento de San Miguel.

Desde allí escribió a Walker y a Jerez que las libertades públicas de Centro América estaban a punto de perecer con el triunfo obtenido por el Gobierno de Guatemala,[1]

En el mismo sentido escribió a su amigo, hermano político y correligionario Gerardo Barrios.

Otras cartas en el mismo concepto envió al General Jerez.

En ellas le decía que solo en las fuerzas que se hallaban al servicio de la democracia podía encontrarse la salvación de Centro América.

En consecuencia pedía auxilio a Jerez para recuperar el poder que había perdido en Honduras.

---

[1] En el libro de William Walker titulado "Guerra en Nicaragua" se dice que Cabañas fue llamado por sus amigos los demócratas nicaragüenses. (Artículo tomado de "Reseña Histórica de Centro América" del doctor Lorenzo Montúfar).

Cabañas se dirigió a Nicaragua. Llegó a León hacia el fin de noviembre y en seguida se encaminó a Granada.

Dice Walker que cuando se supo que había salido para dicha ciudad, fue enviado el Coronel Hornsby hasta Managua para acompañar al ex-Presidente de Honduras a la capital de Nicaragua.

El 3 de diciembre fue recibido por Walker, según él mismo dice, con las demostraciones de mayor respeto.

Walker dice hablando de Cabañas: "El General Trinidad Cabañas era el más antiguo e influyente entre los liberales de Centro América. Había sido el fiel compañero de Morazán en sus esfuerzos para salvar la federación, y aunque generalmente desgraciado como soldado, nadie ponía en duda su valor, ni su ardor por los principios que profesaba. Los americanos que le conocían, le declaraban como el hombre más honrado de las cinco República, y su conducta hacia los demócratas de Nicaragua, ciertamente había sido la de un hombre que hace el sacrificio de sí mismo".

El General Cabañas se proponía que el Gobierno del señor Rivas le diera auxilios para volver a la presidencia de Honduras, de la cual había sido lanzado por las armas de Carrera, Presidente de Guatemala.

Cabañas se creía con un derecho perfecto a ese auxilio, porque había auxiliado a los demócratas de Nicaragua con toda clase de recursos y muy especialmente con una parte del ejército de su mando.

Este auxilio había servido de pretexto al Gobierno de Carrera para combatir a Cabañas, y por lo mismo el Presidente de Honduras que acababa de caer y se consideraba como autoridad legítima de su patria, por no haber expirado su período constitucional, creía tan justo como indispensable que en Nicaragua se le otorgara el auxilio que pedía.

Entre las intenciones de Walker y las de Cabañas había una vasta diferencia.

El Presidente de Honduras se proponía obtener una patria libre centroamericana, con todas las libertades públicas consignadas en la Constitución de 1824.

Walker la quería americanizar, no para que marchará por la senda trazada por el General Washington, sino para tender en la América Central el negro manto de la esclavitud.

Con tan diversas ideas no podía haber coincidencia de opiniones.

El jefe de la Falange no creyó entonces exhibir sus aspiraciones y sus propósitos y dio disculpas inadmisibles para sostener su negativa.

Dijo que auxiliar a Cabañas contra los que entonces mandaban en Honduras era dar lugar a que se creyera que abrigaba ideas conquistadoras.

En todo esto hay también verdades que no se ven con toda la claridad del sol y solo se divisan en la penumbra. (Las verdades de la Gran Logia de la "Estrella Roja" que Walker guardaba en su pecho, y que seguramente no conoció en su texto el doctor Montúfar: Nota nuestra).

Guardiola temía más a Cabañas que a Walker, y, como aspirante al poder de Honduras primero y después como presidente de aquella República, trató de evitar celos al hombre que el 3 de septiembre le hizo comprender en La Virgen su gran superioridad militar.

El señor Rivas, bajo la influencia de Walker, dio a Cabañas muchísimas disculpas; pero no se atrevió a presentarle una negativa rotunda.

Cabañas dijo que se retiraría a León, donde aguardaría la última resolución del Gobierno.

Dirigióse en efecto a esa ciudad acompañado por el General Jerez, Ministro de Relaciones Exteriores.

A la vuelta de Jerez a Granada, Rivas había determinado negar el auxilio que Cabañas pedía.

Entonces el General Jerez presentó su dimisión el 8 de enero de 1856, en los términos siguientes:

"Sin otro motivo para mi inconformidad con las resoluciones tomadas relativamente a los asuntos del Estado de Honduras, los cuales a mi entender afectan lo más vivo del honor y verdaderos intereses de Nicaragua, tengo el sentimiento de pediros mi separación del Ministerio de Relaciones Exteriores con que se sirvió distinguirme el Supremo Gobierno provisorio, estando como estoy en la convicción de que bajo tales circunstancias, soy la persona más impropia para desempeñarlo".

Al mismo tiempo renunció el Licenciado Selva del Ministerio de Guerra.

El General Cabañas regresó a El Salvador, donde se ocupó en

incitar al pueblo contra los americanos y en promover una guerra contra ellos. Publicó un manifiesto contra Walker y su Falange. (Opúsculo, decían entonces, titulado "Walker en Nicaragua": Nota nuestra).

En él se hace ver las verdaderas tendencias de los invasores de Nicaragua y llama a las armas a los salvadoreños y todos los que aspiraran a una patria libre en la América Central.

El manifiesto de Cabañas produjo un efecto extraordinario en todas partes donde fue leído.

"El Nicaragüense", periódico de Walker, pretendió desvirtuar tan importante documento, diciendo que su autor lo había dictado por la repulsa que sufrió en Nicaragua.

Es verdad: sin aquella repulsa, Cabañas no hubiera publicado ese documento histórico; pero la causa de él no fue precisamente la indignación que la negativa le produjo le produjo, sino las grandes verdades que ella le puso de manifiesto.

No solo esto dice "El Nicaragüense" sino que se propone denigrar infiriendo cuantas ofensas son imaginables a un soldado leal cuya única aspiración era la unidad y bienestar de Centro América.

El resultado de todo esto fue que los liberales olvidaron por algún tiempo las ofensas que del partido conservador habían sufrido, y que el General Cabañas en vez de pretender volver a Honduras se dedicara a combatir a Walker.

—VIII—

LAS PERSONALIDADES DE CABAÑAS Y DE GUARDIOLA, SEGUN EL HISTORIADOR JOSE DOLORES GAMEZ

LO QUE DICE JOSE DOLORES GAMEZ EN SU "HISTORIA DE NICARAGUA" SOBRE CABAÑAS.

El General Cabañas, debilitado por los auxilios que prestó a la revolución democrática, no pudo resistir la revolución de López y sucumbió en los campos de Masaguara el 6 de Octubre de 1855.

El primer paso de Jerez, así que creyó que la situación estaba en manos de los democráticos, fue invitar a Cabañas para que pasara a Nicaragua a recibir auxilios con que recuperar el poder perdido en Honduras.

Pendiente este compromiso, que era tan sagrado para el jefe democrático, éste consintió en todo cuanto Walker exigía, por tal de que cuando llegara Cabañas no tuviera pretexto alguno como negarle lo que le había prometido.

El 3 de diciembre de 1851 se presentó Cabañas en Granada y fue recibido con todos los honores de un antiguo Presidente; pero cuando Jerez quiso hacer efectivo su ofrecimiento, Walker se opuso aplazando el auxilio para más tarde.

Cabañas manifestó entonces, que en el inmediato mes de enero terminaba su período de Presidente en Honduras; que pasada esa fecha no tenía derecho para llevar la guerra, y que por lo mismo desistía de toda idea a este respecto.

"A esta altura, Cabañas ya se había dado cuenta de los propósitos de Walker y usó de pretexto para desistir de la ayuda que le ofreciera Jerez, la próxima terminación de su período presidencial para no traer la guerra a Honduras contra Guardiola, quien había ascendido a la Presidencia de la República por la influencia de Inglaterra a través de las armas de Carrera, peón éste de los ingleses para intervenir en la vida política, económica y social de Centro América". (Nota nuestra).

Jerez, bastante contrariado fue a encaminar a Cabañas hasta León. En esta ciudad hubo una reunión de los principales del partido democrático, y ella tomó la palabra el jefe hondureño para manifestar con la energía y franqueza que acostumbraba con sus amigos, QUE EN VEZ DE SALVAR A NICARAGUA DEL ATRASO POLITICO Y DE LA OPRESION, COMO TANTO LO HABIAN CACAREADO, NO HABIAN HECHO OTRA COSA QUE ENTREGARLA MISERABLEMENTE A UN CAPITAN DE LADRONES, QUE LA TRATABA COMO PAIS CONQUISTADO, Y QUE TAN LUEGO COMO SE SINTIERA FUERTE, TRATARIA TAMBIEN DE CONQUISTAR AL RESTO DE CENTRO AMERICA.

El jefe democrático (Jerez) era un verdadero patriota, tenía gran talento, mucha ilustración, un valor a toda prueba y una honradez tan exagerada, que con frecuencia lo hacía víctima del engaño de todo el mundo a quien juzgaba por sí mismo.

Desde su viaje a Europa como Secretario del Ministro Castellón, convencido del ridículo papel que hacían ante el mundo "las cinco soberanas miniaturas de Centro América", se convirtió en el más decidido partidario de la reconstitución nacional.

Más tarde tuvo amistad con Barrundia y por medio de éste con Cabañas, jefes ambos del partido nacionalista. Por este último, que fue "EL CAUDILLO MAS HONRADO DE SU TIEMPO", sintió Jerez entrañable cariño y veneración sin límite.

El carácter de Jerez no permitía términos medios en tratándose de llegar a una conclusión: "Ser o no ser" era el problema planteado, y para ser centroamericano creía lícito cualquier medio, ni más ni menos que Chamorro para lograr el sostenimiento del orden.

El candor y buena fe de aquel hombre, a quien la posteridad ha calificado de "alma de niño y corazón de león", fueron explotados hábilmente por el jefe filibustero, que le hablaba siempre en lenguaje en consonancia con sus ideas y le hacía hermosas promesas que se aplazaban por las circunstancias.

Pero cuando Cabañas "EL HOMBRE IDEAS", como le llamaba el mismo Jerez, le hizo ver el abismo en que había sumido a Nicaragua y las desgracias sin cuenta que sobrevendrían a Centro América, abrió los ojos y se propuso remediar el mal que había causado.

Jerez al regresar a Granada se separó del Ministerio. Otro tanto hizo Selva, su compañero de causa; y el Gobierno del señor Rivas quedó reducido a éste, al Ministro Ferrer, que era un abogado de provincia y a Walker, señor y jefe absoluto de Nicaragua.

Por renuncia de Jerez y Selva, Rivas nombró, en reposición de ambos, respectivamente, a los señores Doctor don Norberto Ramírez y Licenciado don Sebastián Salinas; pero no aceptaron. Nombró entonces al señor Licenciado don Francisco Baca, para el desempeño de ambas carteras, y también se excusó de servirlas. LOS AMIGOS DE JEREZ OBEDECIAN A UNA CONSIGNA, y el Presidente Rivas tuvo que resumir todas las carteras en Ferrer, que asumió el carácter de Ministro General.

"El desagrado de los democráticos no podía manifestarse más

claramente, y Walker que fue de los primeros en comprenderlo, procuró atraer a su lado al partido legitimista; pero éste que no olvidaba el sangriento patíbulo de Corral, rechazó los halagos y prefirió vivir en los bosques". (Páginas 528 a 530).

LO QUE DICE JOSÉ DOLORES GÁMEZ EN SU HISTORIA DE NICARAGUA, SOBRE GUARDIOLA

"El General Guardiola, el leal soldado de la causa legitimista, acababa de ser electo Presidente del Estado; y tanto Estrada como sus amigos, que habían trabajado mucho por su elección, estaban muy llenos de ilusiones, pensando que les proporcionaría toda clase de auxilios.

Guardiola, ciertamente, recibía a sus antiguos amigos con cara muy placentera, y es posible que hasta les ofreciera alguna limosna, pensado en hacerles mucho favor; pero su actitud no fue la misma, cuando los legitimistas le reclamaron auxilio, de conformidad con el tratado de 1851.

LA NEUTRALIDAD, LA MALA SITUACIÓN DEL PAÍS Y OTROS PRETEXTOS SEMEJANTES, sirvieron de excusa para NEGARSE EN ABSOLUTO A TODA INTERVENCIÓN EN NICARAGUA.

No era ya Guardiola el proscrito que imploraba auxilios en Granada contra Cabañas. Si en aquel tiempo pudo ofrecer a los legitimistas su vida y fortuna, hoy creía concederles mucho con recibir sus visitas.

Lo que acontecía al ex-Presidente Estrada y a sus infortunados amigos, es la historia de siempre. La humanidad por lo general piensa, siente y quiere de muy distinta manera, según la posición que ocupa.

Para que no quedara duda de su actitud, GUARDIOLA PROHIBIÓ A SUS SUBORDINADOS QUE ESCRIBIESEN CONTRA LOS FILIBUSTEROS, ALEGANDO QUE NO DEBÍAN ENTROMETERSE EN LA POLÍTICA INTERIOR DE LOS PAÍSES VECINOS; y poco después acreditó una Legación ante el Gobierno del señor Rivas. La Legación se regresó de Chinandega por temor del cólera; pero al verificarlo se dirigió oficialmente a

Walker, PROTESTÁNDO LE QUE EL GOBIERNO DE HONDURAS NO SE MEZCLARÍA NUNCA EN LOS ASUNTOS DE NICARAGUA.

En enero de 1856 se inauguró en El Salvador la Administración Presidencial del señor don Rafael Campo.

El nuevo Presidente salvadoreño mostraba simpatías por los legitimistas; pero teniendo en contra un gran partido de oposición, acaudillado por Gerardo Barrios Cabañas, que eran amigos y aliados de los democráticos, el señor Campo habría guardado una actitud pasiva, SI CABAÑAS A SU REGRESO DE NICARAGUA NO HUBIERA LLEGADO LEVANTANDO EL SENTIMIENTO PÚBLICO CONTRA WALKER Y LOS FILIBUSTEROS Y ANUNCIANDO EL PELIGRO QUE AMENAZABA A TODO CENTRO AMÉRICA.

El Presidente Campo, que no necesitaba de estímulo, fundándose en la inquietud general que había en todo El Salvador por la presencia de los americanos en Nicaragua, envió a Granada un porta-pliegos, a pedir al Gobierno del señor Rivas explicaciones sobre el aumento siempre creciente de la fuerza americana.

Walker y los filibusteros se mofaron del uniforme y modales del comisionado; para más impresionarlo, se dispuso una solemne revista de la fuerza de la plaza.

En ese día (8 de marzo) había llegado también a Granada don Domingo Goicuria con un auxilio de doscientos cincuenta hombres, cuyo transporte fue de cuenta de la nueva Compañía de Tránsito.

Las fuerzas americanas en ese tiempo, según confesión de Walker, pasaban de dos mil doscientos hombres que a cien pesos mensuales, hacían un total de dos millones seiscientos cuarenta mil pesos anuales.

El Gobierno de Guatemala continuaba en inteligencia con Estrada. Según comunicaciones que se publicaron en esos días, el Ministro Aycinena había desaprobado muchas veces la terquedad de sus amigos legitimistas y también se había cansado en vano de predicarles tolerancia.

Sin embargo, ante la presencia de los filibusteros, los hombres de Guatemala, alentaban nuevamente al ex-Presidente legitimista y lo excitaban a constituir su Gobierno, aun cuando fuera en un pueblo de Honduras, para reconocerlo y auxiliarlo.

DESGRACIADAMENTE ESTRADA NI PODIA REGRESAR A NICARAGUA NI GUARDIOLA LE PERMITIA QUE COMPROMETIERA LA NEUTRALIDAD HONDUREÑA". (Páginas 533 a 535).

—IX—

DISCURSO DEL GENERAL CABAÑAS CONDENANDO EL FILIBUSTERISMO

PAZ Y UNIÓN
(Editorial de la Gaceta Oficial de Honduras de 1858).

La paz o se refiere al individuo o a la sociedad. En el individuo, es una virtud que pone en el ánimo la tranquilidad y sosiego, opuestos a la turbación y las pasiones. Es en fin, aquella firme y dulce situación moral, que proporciona a las criaturas humanas, la capacidad de ser felices, apartándolas de los hechos, de los deseos y de los pensamientos, que pueden servir de pábulo al error. Pero como esta paz cede a la jurisdicción del moralista o del teólogo, incúmbenos, como periodistas, hablar solamente de la paz social, o más bien dicho, de la pública tranquilidad de los Estados.

Basta pensar en que la paz es un estado opuesto al de la guerra, para apreciar las inmensas ventajas de la misma paz.

Sin ella no hay seguridad ni orden, las pasiones ocupan el lugar de la ley, la sangre corre a torrentes, la propiedad no existe:

todo trabajo útil se suspende, necesidades de todo género se desarrollan, los templos se cierran, la moral pierde su energía; y al fin, si la guerra se prolonga, la Nación se aniquila o sucumbe.

Por eso los forjadores de revoluciones y conquistas, hanse visto en todos tiempos condenados por la historia.

Por eso las leyes de casi todas las naciones, condenan a los trastornadores públicos con el último suplicio; porque a la verdad, ningún motivo individual, ninguna mira política justifica jamás, en la consideración del hombre de buenas ideas, al que toma armas para emprender agresiones injustas o para derrocar el gobierno de su país.

Los antiguos mismos, en tiempos muy remotos, conocían muy bien la importancia de la paz.

Adorábanla como divinidad alegórica, suponiéndola hija de Júpiter y de Temis. Vespasiano la edificó en un templo, en donde los sabios se reunían para depositar en él sus obras, ejemplo digno de imitarse entre nosotros, para que los votos de nuestros sabios escritores fuesen siempre en favor de la paz.

Pero como aunque el Gobierno de un país, mantenga a sus súbditos en paz, y desee conservar ésta con las otras naciones no depende de la voluntad de aquel, que se le conceda el uso de tan sagrado derecho, se hace sentir siempre imperiosamente, la necesidad de otro vínculo como es el de la buena inteligencia diplomática entre naciones del todo extrañas, y la unión nacional de aquellas que el destino ha colocado sobre un mismo suelo, con unas mismas necesidades e intereses, como sucede a las diversas secciones de la América Central.

En ellas solo la unión puede asegurar la paz nacional, pues como el peligro de agresiones exteriores es común, no siendo simultáneos la defensa interior y los trabajos de la política exterior, por esforzados y extraordinarios que fuesen los sacrificios de cada Gobierno en particular, de uno en uno irían sucumbiendo, y la Nación a poco caería al golpe de un afortunado aventurero.

La paz, pues de la América Central, será a no dudarlo, una consecuencia de la unión de sus secciones; y si se quiere, también, un precedente de ésta.

DISCURSO DEL PRESIDENTE DE LA ASAMBLEA GENERAL DON TRINIDAD CABAÑAS EN LA CLAUSURA DE LAS SESIONES EXTRAORDINARIAS DEL CUERPO LEGISLATIVO DEL PRIMERO DE MAYO DE 1858.

Señor Presidente de la República:

Apenas entendieron los Representantes del Pueblo Salvadoreño, que cuestiones de mucha trascendencia habían impulsado al Supremo Gobierno a convocarlos para que se reuniesen extraordinariamente; todos, animados por el más puro patriotismo dejaron sus hogares ansiosos de cooperar en cuanto les fuera dable a allanar las dificultades, que diferidas, hubieran tal vez, trastornado la tranquilidad pública, y a conjurar peligros que, si llegaba la época de su realización, podrían ser irremediables.

Hoy se retiran los Representantes llevando la satisfacción de creer que han cortado de raíz el mal que iba a conmover a todas las clases de la sociedad. En la historia de nuestros errores y de nuestros desaciertos, jamás se había presentado el espectáculo de dos Supremos Tribunales en competencia, disputándose la autoridad, y paralizando por esto de hecho, la administración de justicia: espectáculo misérrimo originado de una interpretación arbitraria de la ley hecha por aquellos mismos que por su elevada posición, debían servir de ejemplo y ser modelo de sumisión y sabiduría. Queda este triste episodio fenecido.

La insolente audacia de los filibusteros de los Estados Unidos, amenaza a otras Repúblicas Hispano Americanas, al paso que prepara para el próximo Junio dos expediciones contra Centro América combinadas y basadas en la debilidad resultante de nuestra desunión y fraccionamiento en menguadas nacionalidades.

Para lo primero, las Cámaras dejan ya bastante autorizado al Gobierno para que de acuerdo con las demás Secciones de Centro América, concurran a la defensa de cualquiera de las Repúblicas del Sur que sea agredida por los vándalos.

Respecto a lo segundo, no tan solo se han ensanchado las facultades concedidas al Gobierno para el caso de una invasión pirática, sino que se le autoriza para que desde luego haga uso de ellas, a fin de que pueda preparar todos los elementos de defensa que juzgue necesarios a efectos de salvar nuestra independencia y libertad.

Pero lo que más satisface a los Representantes, es haber correspondido al clamor público, que de un extremo a otro de Centro América, pide unión nacional. Esta necesidad imperiosa, solo podía ser retardada por los que mandan en nuestras débiles secciones; más esta vez, por una dicha, los mismos supremos mandatarios son los primeros que dan pasos para satisfacer la opinión general. Esta feliz disposición, y la convicción que tiene el pueblo salvadoreño de que su actual Presidente, si tiene ambición, no es la del mando, sino la muy noble de hacer el bien del país, y de hacerlo de un modo durable, ha impelido a la Representación Nacional a investirlo de la facultad más alta para promover y llevar a efecto, la ansiadísima unión Centroamericana.

Señor Presidente:

En vuestras manos queda la suerte futura del Salvador y hasta cierto punto de la América Central. ¡Que la Divina Providencia os ilumine, pues, para que todos vuestros pasos en esa nueva senda que vais a recorrer, lleven el sello del tino y del acierto; y que vuestro nombre y el de los Jefes de las otras secciones se hagan, merecedores de ocupar una página en la historia, como bienhechores del género humano!

HE DICHO.

CONTESTACIÓN DEL PRESIDENTE DE LA REPÚBLICA DEL SALVADOR D. MIGUEL SANTIN.

Señor Presidente de la Asamblea General.

Las graves dificultades en que se encontraba el Gobierno con la probabilidad de una nueva expedición filibustera sobre Nicaragua y el Perú, y las que había acarreado en el interior el cisma judicial, con gravísimo daño de los intereses públicos, y con todos los síntomas de un trastorno, fueron las causas de la convocatoria extraordinaria de la augusta Representación Nacional.

Estos asuntos vitales, solo podían ser tratados por el Cuerpo Legislativo, tanto por que son de su resorte y atribuciones, como porque me juzgué insuficiente para darles una solución perfecta y en consonancia con el interés general.

En efecto, sometidos a su deliberación, me congratulo al observar la sabiduría y patriotismo con que los ha resuelto el Soberano.

El Gobierno queda ampliamente facultado para cooperar a la defensa de cualquier país Hispano-Americano que sea atacado por el filibusterismo. Se le ha dado una autorización omnímoda para acordar y establecer con los demás de Centro América, su Gobierno provisorio, invistiéndolo de todo el poder que es necesario para defender la integridad del territorio y la independencia de las Secciones hermanas; entendiéndose la facultad para tratar con ellas de organizar un Gobierno común que las represente y haga la felicidad de todas.

Si por un lado esta confianza me llena de satisfacción, por otro me aflige, pues no desconozco la gravedad de estos negocios y mi insuficiencia. Empero, este mismo conocimiento que tengo de mi persona, y desnudo de toda vanidad y presunción, me harán ocurrir a las luces de todos los Centroamericanos, llamándolos en mi auxilio, y lo haré confiado en que sobre el punto de nacionalidad, los intereses son comunes y se confundan y amalgamen.

Por grande que parezca el peligro de las agresiones filibusteras, yo confío en el triunfo de nuestra causa, porque el patriotismo renace y se fortifica en los grandes conflictos.

Por lo que respecta al cisma judicial, la Legislatura ha hecho lo que le pareció más análogo al bien general juzgando y deponiendo de sus destinos a los Magistrados que lo establecieron, como una consecuencia necesaria de la desobediencia a la orden legislativa del 6 de febrero de este año.

He sentido vivamente que hubiese llegado hasta esta extremidad aquel desagradable asunto; pero por otra parte, todo sacrificio es pequeño frente a frente de los intereses generales, y en materia de bien público y de orden, no debe superar otra consideración.

¡Señor Presidente de la Asamblea General! Yo felicito a este augusto Cuerpo, por el acierto que ha tenido en las resoluciones de los negocios que sometió a su conocimiento el Ejecutivo.

¡Señores Senadores y Representantes!

Yo os doy las gracias por toda la confianza que os he merecido, y por la prontitud con que ocurristeis al llamamiento que os hizo el Gobierno.

Vuestro patriotismo se ha marcado perfectamente por el empeño que habéis manifestado en favor de la República, haciendo marchar la Administración por el camino de la regularidad.

Yo me despido cordialmente de vosotros, quedándome la esperanza de ocurrir siempre a vuestro apoyo. Os vais a confundir entre vuestros compatriotas llevando la satisfacción de haber acertado en los legislativos, y a mí me cabe el consuelo de que no abandonaréis al Estado y su Gobierno.

HE DICHO.

Gaceta Oficial de Honduras, Tomo 3, Número 13 Año de 1858.

—X—

DECRETO QUE CONDENA EL FILIBUSTERISMO Y QUE FIRMA EL GENERAL CABAÑAS COMO PRESIDENTE DEL CONGRESO DE EL SALVADOR

El Presidente del Estado del Salvador. Por cuanto: la Asamblea General ha decretado lo que sigue:
La Cámara de Senadores del Estado del Salvador.

CONSIDERANDO

1° Que los filibusteros preparan dos expediciones una en la Movila y la otra en California sobre Centro América, las cuales amenazan de una manera positiva su independencia y nacionalidad.

2° Que la propensión esclavista del filibustero es la ocupación del país, hacerse dueño de las propiedades de los centroamericanos, profanar los templos y la religión; y satisfacer por todos los medios de la rapacidad y la fuerza su extremada codicia e inmoralidad, sometiendo por último, a los hijos del país, a la condición de abyectos y miserables esclavos.

3° Que los proyectos ambiciosos, audaces e injustos del vandalismo se prometen buen éxito fundándose en la debilidad de Centro América, con motivo de hallarse dividida en cinco secciones independientes y sin vínculo firme y eficaz de unión entre ellas.

4° Que esa misma división no permite que la defensa y resistencia contra los invasores sea pronta, enérgica fuerte y combinada, por la falta de centro de unidad, resultando de esto que se presentan al enemigo muchas ventajas ensanchando así su insolencia, lo cual retarda el éxito de la campaña con graves sacrificios de hombres y dinero, exponiéndonos al riesgo inminente de perder la independencia, siendo presas de la horda de filibusteros sin religión y sin ley.

5º Que una harto dolorosa y prolongada experiencia nos está demostrando, de muchas maneras y con la mayor evidencia que la división en cinco secciones, sobre excitar la ambición y codicia extranjeras, y sujetarnos al escarnio y humillaciones, nos conduce cada día a peor condición, porque agotándose la riqueza pública, fomentándose la inmoralidad y el espíritu de localismo, promoviéndose la discordia, las facciones interiores y guerras fratricidas, se impide el progreso de la agricultura, la industria y el comercio.

6º Que los Estados de Centro América no se hallan en capacidad de sostener gobiernos independientes que figuren entre las naciones sino es en un rango muy inferior por carecer de todos los elementos necesarios para representar entre los soberanos.

7º Que la América Central unida cuenta una población numerosa, rentas abundantes, un territorio extenso y feraz y que brinda grandes ventajas para el progreso general, y que con tan importantes elementos, regido por un solo Gobierno será una Nación fuerte, considerada, respetada, y digna de contarse en el número de las naciones cultas.

8º Que la América Central bajo un solo Gobierno, escarmentará y castigará los filibusteros que invadan su territorio, mediante a que posee suficientes elementos para ello, así como para conservar su independencia y nacionalidad.

9º Que establecido el Gobierno unitario en la América Central serán más extensas, firmes y consideradas sus relaciones con las potencias extranjeras, por restablecerse de esta manera la confianza y el crédito.

10º Que la opinión pública se ha pronunciado abierta y unánime en favor del establecimiento de un gobierno nacional, como la única medida capaz de salvar nuestra independencia y nacionalidad amenazadas gravemente por la rapacidad filibustera, y de poner fin a las desgracias que ha sufrido la Nación.

11. Y que el Presidente de Nicaragua animado de tan eminente pensamiento se ha dirigido a los Presidentes de las secciones que

componen la América Central, excitándolos a reunirse en un punto dado de la República para tratar acerca de este particular, ha tenido a bien decretar y…

DECRETA UNÁNIMEMENTE:

Art. único. —Se autoriza extraordinaria y omnímodamente al Supremo Poder Ejecutivo para que celebrando los convenios conducente con los Gobiernos de Guatemala, Honduras, Nicaragua y Costa Rica, procure y concurra a organizar y establecer dentro del menor termino y de común acuerdo con ellos, un Gobierno nacional que rija a todo Centro América; invistiéndolo con facultades amplísimas para salvarla de las invasiones filibusteras que la amenazan y de cualquier otra; y para que después de cesar el peligro, promueva sin demora la organización del Gobierno Nacional de un modo firme, definitivo y permanente como fuere más conveniente y adaptable a las Repúblicas Centroamericanas.

Dado en el Salón de sesiones de la Cámara de Senadores en Cojutepeque, a 30 de Abril de 1858.

Pase a la Cámara de Diputados.

José María Silva, Senador Presidente.

Manuel Rafael Reyes, Senador Secretario.
Mariano Payes, Senador Secretario.
Cámara de Diputados: Cojutepeque,

Abril 30 de 1858. Al Poder Ejecutivo.

Trinidad Cabañas, Diputado Presidente. Miguel Saizar, Diputado Secretario. José María Videz, Diputado Secretario.

Casa de Gobierno: Cojutepeque, Mayo 1° de 1858.
Por tanto ejecútese.

Miguel Santin

Por impedimento del Sr. Ministro de Gobernación,
el Jefe de Sección.

Manuel Urungaray

Gaceta Oficial de Honduras. Tomo 3, Número 15, Año de 1858.

—XI—

EL COMANDANTE SALMON CAPTURA A WILLIAM WALKER Y LO ENTREGA AL GENERAL ÁLVAREZ PARA QUE SEA JUZGADO

Mientras tanto, Walker, permanecía en Trujillo fortificando la población y preparándola para resistir a las fuerzas hondureñas que marchaban bajo las órdenes del Comandante de Yoro, General Mariano Álvarez.

Pero tenía un enemigo irresistible para él, ante el cual todos sus atrincheramientos eran inútiles: la Inglaterra.

El 27 de setiembre el Superintendente de Belize se dirigió a Roatán, llevando tropas y algunos cañones para reforzar la guarnición de la Isla.

El buque de guerra de S. M. B. "Icarus" llegó el 20 de agosto a Trujillo.

Allí un comerciante español llamado Melado informó al Capitán de ese buque, Nowell Salmon, que las rentas del puerto estaban hipotecadas al gobierno británico por el gobierno de Honduras.

Este solo anuncio fue bastante para que el Capitán del buque de guerra se considerara con pleno derecho para hostilizar a Walker.

Inmediatamente Salmon se dirigió al jefe de los invasores y le manifestó: que las rentas de aquella aduana estaban hipotecadas a la Inglaterra: que de la misma aduana habían desaparecido $ 2.025 en dinero y 1.390 en papel, pertenecientes al Gobierno Inglés: que los comerciantes de Belize sufrían considerablemente en sus intereses por la cesación del tráfico, y finalmente que la presencia de él (Walker) en las costas había estorbado la devolución de las Islas a Honduras y que por todo esto había resuelto restablecer en Trujillo las autoridades legítimas.

Mr. Salmon agregó: que garantizaría a Walker y su gente si inmediatamente deponían las armas y se embarcaban, pudiendo llevar los oficiales sus espadas: que las armas y municiones de guerra debían quedar decomisadas en favor del gobierno de Honduras, como una seguridad contra nuevos ataques, y debía restituirse el dinero, papel moneda y documentos oficiales que faltaban.

A esto Walker que ignoraba la existencia de la hipoteca: que no sabía ni había oído decir nada sobre el dinero y papel que se decía faltaban en la aduana: que no consideraba deshonroso deponer las armas ante un oficial de la corona británica.

Concluye pidiendo se le diga en que buque y a costa de quién debería hacerse el reembarque.

El inflexible Salmon replicó que reiteraba su demanda y que pedía se le dijera cuándo estarían hechos todos los arreglos, en el concepto de que no podía ignorarse el resultado de la negativa.

En la bahía existían dos goletas que habían conducido la gente de Walker y que estaban detenidas de orden de Salmon.

En la noche del 21 de agosto los capitanes de esas goletas se dirigieron a bordo del Icarus y manifestaron al Comandante Salmon que Walker les había propuesto que los sacase hasta Roatán; y que en caso de no haber un buque disponible en aquella Isla lo condujesen hasta Nueva Orleans.

Una persona que se dice bien informada ha escrito un relato de todo esto, el cual se halla en el número 33 de la Gaceta de Guatemala, correspondiente al 30 de septiembre de 1860.

Dice que el Comandante se felicitó de que Walker se fuera por bien y sin que hubiera necesidad de perjudicar a la población; pero que en la mañana siguiente, no observando movimiento alguno en el fuerte, mandó un oficial con el fin de que averiguara lo que pasaba, y que fue informado que Walker se había marchado por tierra entre 10 y 12 de la noche.

El Comandante Salmon, mandó avisar a un señor Martínez, Comandante de Trujillo, que la población estaba libre de invasores y que podía ocuparla nuevamente.

Martínez la ocupó y envalentonado con la presencia de Salmon y conociendo sus propósitos, mandó una partida de tropa a perseguir a los invasores.

En Trujillo bajo la protección de la Bandera Británica, quedaron un cirujano, un asistente de hospital, tres heridos y dos enfermos.

Quedaron también allí todos los pertrechos de guerra, rifles sobrantes y víveres.

Aquellos infelices no sabían con certeza cuáles eran las intenciones de Walker; pero de todo lo que se dijo se pudo colejir que marchaba por tierra hasta León y que la gente que llevaba ascendía a 84 hombres.

Allí se encontraron algunos papeles y entre ellos las cartas ya mencionadas sobre la expedición.

Salmon ofreció que el Icarus permanecería en la Bahía de Trujillo hasta que se supiera el paradero de Walker.

La tropa que Martínez mandó en persecución de los invasores alcanzó a éstos en el río Aguán.

Allí hubo un fuerte encuentro que obligó a las fuerzas hondureñas regresar a Trujillo.

Una y otra parte sufrieron bajas, habiendo perdido Walker a un compañero que siempre se distinguió por su notable energía y extraordinario valor, el Coronel Henry.

Álvarez por fin llegó al frente de sus fuerzas a Trujillo.

Allí concertó con Salmon un plan que dio por resultado la captura de Walker y de sus compañeros de armas. El jefe hondureño dirigió al Ministro de la Guerra de su país, parte circunstanciado en que explica todo lo ocurrido.

Dice así:
"Trujillo, septiembre 6 de 1850. Señor Ministro de la Guerra del Supremo Gobierno de la República. Mando político y militar del Departamento de Yoro.

Como dije a U. S. en mi anterior, el 31 del mes próximo pasado me embarqué en la goleta nacional "Correo de Trujillo" con la fuerza necesaria en persecución de Walker, que con los suyos había abandonado esta plaza, tomando la dirección de Río Tinto; pero como antes de verificarlo tuve una entrevista con el señor Comandante del vapor de guerra Inglés "Icarus", el cual me ofreció sus servicios y cooperación en cuanto le fuese permitido para la captura o exterminio de los filibusteros, nos convenimos que en la barra del expresado Río Tinto nos reuniríamos para combinar la operación que demandase la situación de los piratas.

En efecto, así se verificó todo y el 3 del corriente pude arribar al punto convenido, en donde anclado me esperaba el vapor, y allí mismo fui informado por el señor Comandante, que por reconocimiento que había practicado, los filibusteros no estaban lejos del lugar en que hablábamos; que esto unido a las circunstancias de localidad, hacían difícil el desembarco de fuerzas y que en vista de todo y para alejar inconvenientes y obtener el resultado que me proponía era de opinión que él y yo saltásemos a tierra al mando de la tropa que pudiese sacarse del buque, pues abrigaba la esperanza de que los aventureros se rendirían, con lo cual se evitaría un derramamiento de sangre que pudiendo, era bueno evitarlo, y entonces él pondría a mi disposición con todos los elementos de guerra que se les encontrasen, a Walker y A. T. Rudler su segundo, como cabecillas, sin condición alguna; y a los oficiales y soldados con la que se les deje ir libremente a su país, bajo juramento de que jamás volverán a hacer ni levantar armas contra ninguno de los Estados de Centro América, y esto por considerarlos seducidos y engañados; pero que si no se rendían les haría presente que iban a ser fuertemente atacados por la tropa y artillería que llevábamos. Sin vacilar acepté la proposición del señor Comandante del "Icarus" sin modificación; porque comprendí que a tanta generosidad, a tanto oficio amistoso, no era político ni conveniente pretender que las cosas fuesen de distinta manera y exigir más y marcharnos al punto en que estaban los filibusteros, que sin un tiro de una ni de otra parte se rindieron, entregando las armas y municiones. En seguida, y por no tener capacidad la goleta en que navegaban, los prisioneros y elementos de guerra fueron trasladados al "Icarus", ofreciéndome el señor Comandante poner todo en esta plaza a mi disposición, como lo verificó el día de ayer y lo demuestra el documento que original a U. S.

"Por no demorar la llegada de esta noticia U. S., no acompaño el conocimiento individual de las personas y elementos de guerra, pero lo haré oportunamente.

Sírvase dar cuenta con todo lo expuesto a S. M. señor General

Presidente, y admitir las consideraciones con que tengo el honor de ser su atento servidor. M. Álvarez".

Walker que se había rendido a un oficial de la marina Británica creyendo que se le salvaría la vida, hizo una protesta a bordo del Icarus, contra el pensamiento de ser entregado por los ingleses a las autoridades hondureñas.

El inflexible Comandante Salmon no atendió la protesta y verificó la entrega.

Los hondureños que, como hemos visto en la nota del General Mariano Álvarez, no se apartaban, de las indicaciones del Comandante del Icarus, condenaron a muerte a Walker y Rudler, pero la intención era que solo muriera el primer caudillo, y no dieron muerte a Rudler.

El día 11 de setiembre a las 7 de la noche, se hizo saber a William Walker que estaba condenado a muerte.

Él preguntó con serenidad a qué hora se haría la ejecución, y si tendría tiempo de escribir.

Las horas eran muy limitadas. Al día siguiente a las 8 de la mañana se le condujo al patíbulo.

Oyó algunos salmos que recitaba un sacerdote, marchó con firmeza, se colocó en el lugar del suplicio y recibió la muerte con extraordinaria impavidez.

La muerte de Walker produjo una gran sensación en los Estados Unidos.

Sus partidarios pronunciaron discursos y llenaron las columnas de muchos periódicos para increpar al Capitán Salmon y a todos los que habían contribuido al desaparecimiento de aquel caudillo cuya muerte deploraban.

Henningsen, el jefe distinguido de Walker, durante el último período de su carrera en Nicaragua, publicó en el "Day Book", diario vespertino de Nueva York, una carta relativa a la última expedición y a la conducta del Capitán Salmon.

Ella termina con estas palabras: "Muy lejos de creer que el espíritu emprendedor que animó a William Walker ha quedado sepultado en su tumba, puedo predecir con toda seguridad, que de cada gota de su sangres saldrá otro ardiente cabecilla.

Desde el momento en que se tuvo noticia de la muerte de

Walker, debida a la intervención inglesa, me he visto inundado de comunicaciones de hombres activos, impacientes y deseosos de volar a la escena de la tragedia, como también de personas que se limitan a sostenernos con sus recursos.

Contestaré a unos y otros diciéndoles que esperen y que cuando llegue el día no faltará quien dirija su causa".

Un extraordinario acontecimiento impidió la llegada de ese día: la separación de la Carolina del Sur verificada el 20 de diciembre de 1860, ejemplo que fue seguido por todos los Estados del Sur, los cuales formaron

Montgomery una Confederación Independiente.

Una lucha gigantesca se abrió para restablecer la Unión.

Lincoln, Presidente de los Estados Unidos, abolió la esclavitud con aplauso universal, y después de la gran victoria de Meade en Gettysburg obtenida el 3 de julio de 1863, y de las campañas decisivas de 1864 y 1865 pudo decir: "La libertad se ha salvado, y la justicia triunfa por la UNION".

Reseña Histórica de Centro América. Por Lorenzo Montúfar. Tomo Séptimo, página 1028, año de 1887.

—XII—

COMPROBACION DE LOS MERIDIANOS DE WASHINGTON Y DE LONDRES Y EL GENERAL CABAÑAS

"El 27 de agosto de 1849 celebró el Gobierno nicaragüense el primer contrato de canalización de su territorio, con una Compañía Americana representada por Mr. David L. White. Este contrato despertó interés por nuestra ruta en los Estados Unidos, y contribuyó mucho a la celebración del tratado Clayton-Bulwer, que nos libró del Gobierno Inglés.

"Mientras la sangre se derramaba con tanta prodigalidad en el suelo de Rivas, se verificaba en León un suceso de mucha trascendencia para nosotros, la llegada del primer Ministro Plenipotenciario de los Estados Unidos. Mr. George L. Squier (este era su nombre). Fue recibido oficialmente, con muestras especiales de estimación, el 9 de julio de 1849. Su discurso de presentación fue largo y muy expresivo.

"El Gobierno Americano noticioso de la conducta que con nosotros observaba el de Inglaterra, venía generosamente en nuestro auxilio. Era Presidente de la Unión Americana, Mr. Jaime R. Polk, elevado por los votos del partido democrático en 1845, y considerado como uno de los sostenedores más enérgicos de la doctrina de Monroe.

"La Asamblea Legislativa del Estado se reunió en Managua el 19 de setiembre, bajo la Presidencia del Senador don Toribio Terán. Después de algunas leyes sobre régimen interior, expidió un decreto fecha 6 de octubre, en el que solemnemente declara que se adhiere al principio de exclusión absoluta de intervenciones extranjeras en los negocios domésticos e internacionales de los Estados Republicanos de América: que la extensión y propagación de instituciones monárquicas por medio de conquista, colonización o soberanía de tribus errantes en el Continente Americano, es contraria a los intereses de América y amenazante a su paz e independencia: que toda concesión voluntaria, absoluta o condicional de cualquier parte de la antigua Confederación de Centro América, con el objeto de colonizarla, o la ocupación de algún poder monárquico o de algún soberano supuesto bajo la protección de dicho poder, será considerado por la República de Nicaragua, no tan solamente hostil a sus intereses, sino también amenazante a la paz e independencia de los Estados centroamericanos; y que excitaba a los altos poderes de los mismos Estados para que secundaran la declaración de Nicaragua.

"La Legación norteamericana, que fue inspiradora de aquel pensamiento, contestó aplaudiendo y aseguró terminantemente, que su Gobierno concurriría gustoso al sostenimiento de esos principios, que eran los mismos proclamados en distintas ocasiones por los Estados Unidos.

"La Secretaria de Relaciones de Guatemala, respondió con mucha frialdad, que estando ausente de la Capital el Gobernante del Estado tomaba nota de aquella declaración para darle cuenta de ella cuando regresara.

"Las de Honduras y El Salvador (Lindo en Honduras y Vasconcelos en El Salvador) acogieron con entusiasmo la declaratoria y anunciaron que la someterían a sus respectivas Legislaturas, para que la secundaran.

"La de Costa Rica contestó, que daría cuenta al Congreso para que éste resolviera lo conveniente.

El 3 y el 30 de octubre, Nicaragua protestó al Cónsul Inglés en términos muy enérgicos por la ocupación violenta que fuerzas militares de la Gran Bretaña habían hecho del puerto de Amapala; manifestando que marcharía en perfecto acuerdo con las potencias amigas, que, sostuvieran la independencia americana en general y la de Centro América en particular.

"Antes de estos acontecimientos en el mes de mayo, se había dirigido el Ministro de Relaciones de Nicaragua al jefe Inglés de San Juan del Norte, protestándole por haber expulsado sin motivo alguno de aquel puerto a don Cleto Mayorga, ciudadano nicaragüense, encargado de recibir y remitir la correspondencia oficial. Lord Palmerston a quien consultó el jefe Inglés, contestó que el Gobierno de Su Majestad Británica no podía hacer nada que diera lugar a dudas de que Grey-Town, que era el nombre con que designaban a San Juan del Norte, pertenecía exclusivamente al Reino mosquito.

"El 25 de octubre de 1849, Mr. Squier, que era el aliado y el Consejero del Gobierno de Nicaragua, dirigió una comunicación oficial al Gobierno de Costa Rica, que aparecía como aliado del Cónsul Inglés y como el eterno soñador del protectorado británico, manifestándole de una manera categórica, que América estaba comprometida por los principios de su revolución y por pactos solemnes a no admitir la intervención, ni menos el protectorado de las monarquías del Viejo Mundo, y que con sorpresa sabía que el Presidente de Costa Rica meditaba no solo poner su país bajo la protección de un poder monárquico extranjero, sino también reconocer las pretensiones al territorio centroamericano, del supuesto jefe de una tribu de salvajes.

"Pocos días antes se había ratificado por la Legislatura del Estado el Contrato del canal interoceánico, celebrado con la Compañía Americana, y un tratado de alianza, amistad, comercio, navegación y protección con los Estados Unidos.

"El 9 de octubre del propio año el Gobierno de Honduras expidió un decreto, cediendo por diez y ocho meses al de los Estados Unidos la Isla del Tigre o Amapala, y facultándolo para tomar posesión inmediatamente, con objeto de que pudiera garantizar la canalización del Istmo de Nicaragua, que un poder extraño podría dificultar desde el mismo punto. El Gobierno americano no aceptó esta cesión.

"El 16 del mismo mes, tropas inglesas desembarcadas del buque de guerra Gorgon se apoderaron de hecho de la Isla del Tigre y después de bajar la bandera hondureña y elevar solemnemente la de Inglaterra, se retiraron, dejando encargadas interinamente del Gobierno local a las antiguas autoridades hondureñas, hasta tanto que S. M. la Reina diera sus órdenes posteriores.

"El día 20 de octubre volvieron los ingleses a efectuar otro desembarque en la Isla del Tigre, despojaron de sus armas a la guarnición de nativos y la reemplazaron con ochenta y tantos soldados ingleses; pero seis días después el Capitán del Gorgon reunió a las antiguas autoridades hondureñas, les manifestó que no había sido aprobada la conducta del Cónsul, en lo relativo a la toma de la Isla y les devolvió ésta, alejándose en seguida. La prensa oficial de Londres, reprobó más tarde el aturdimiento y avance de Mr. Chatfield.

"El 5 de noviembre, los Estados de Nicaragua, Honduras y El Salvador que, molestados por Inglaterra, comprendieron a costa de tanta amargura el ridículo papel que sus microscópicas nacionalidades hacían en el mundo, acordaron en León celebrar un nuevo pacto de confederación en los tres Estados, que debería ser arreglado por medio de una Dieta en Chinandega.

"El Cónsul Inglés, que mantenía en riguroso bloqueo el Estado de El Salvador, al tener noticias de los actos de Mr. Squier en Nicaragua, abandonó momentáneamente el centro de sus operaciones y se trasladó a Costa Rica, con cuyo Gobierno celebró un tratado de amistad, comercio y navegación.

En seguida dirigió una comunicación al Gobierno de Nicaragua, con fecha 1º de diciembre, haciéndole saber aquel suceso y notificándole que las relaciones entre las partes contratantes quedaban de tal manera establecidas, que no permitiría Inglaterra, que por parte de Nicaragua, fuesen disputados los límites territoriales que entonces tenía Costa Rica.

"Al imponerse de aquella comunicación, Mr. Squier dirigió otra al

Gobierno costarricense, notificándole a su vez, que Nicaragua acabada de firmar un contrato de canal con una Compañía que se encontraba bajo la protección del Gobierno de los Estados Unidos, el que no reconocería ni permitiría pretensión alguna por parte de Costa Rica a cualquier porción del territorio nicaragüense comprendido en ese Contrato y que los Estados Unidos no consentirían jamás en las cuestiones y arreglos entre Costa Rica y Nicaragua intervención extranjera de ninguna clase.

A las tres y media de la tarde del 2 de enero de 1850 fue asaltado el cuartel de León a los gritos de: "¡Muera el Gobierno!".

"Se armó una lucha con la guarnición que resistía y por fin fueron repelidos los asaltantes con algunas pérdidas.

"En El Salvador se atribuyó aquel acontecimiento a una maquinación del Gobierno de Guatemala para impedir la confederación, y el Director Vasconcelos ofreció a Nicaragua una fuerza del departamento de San Miguel.

"En el mismo año, veinticinco americanos incendiaron la Corte del Rey de los mosquitos que salió huyendo. El objeto fue molestar a Inglaterra y tomar represalias del robo que los moscos hicieron en el bergantín americano Drapper, que naufragó en aquellas costas.

"El 11 de marzo de 1850 llegaron a Panamá los siete primeros vapores con que la Compañía de Tránsito por Nicaragua principiaba a recorrer periódicamente las costas del Pacífico.

"Mientras tanto, Inglaterra y los Estados Unidos, queriéndose tomar Nicaragua la primera, y sosteniendo la integridad del territorio americano la otra, se colocaron en una situación tan difícil que parecía inminente una declaratoria de guerra entre ambas naciones.

"Las mismas declaraciones que Mr. Squier hacía en Nicaragua al Cónsul inglés por orden de Mr. Clayton, Secretario de Estado, repetía en la Corte de Londres Mr. Davis, Secretario de la Legación americana.

"Desde el mes de junio anterior Mr. Clayton declaró oficialmente el pensamiento de unirse a la política proclamada en 1823 por el Presidente Monroe en su mensaje al Congreso.

"Nosotros —decía aquel ilustre Gobernante—, debemos a la verdad, y a las relaciones amigables que existen entre los Estados Unidos y sus aliadas poderosas, declarar, que veremos como peligrosas para nuestra paz y seguridad toda tentativa, por su parte, de extender su sistema sobre alguna porción de este Hemisferio. No hemos intervenido, ni intervendremos en los negocios de las colonias o dependencias actuales de las europeas; más tocante o los gobiernos que se han declarado y mantenido independientes, y que nosotros hemos reconocido como tales, no podremos ver, en toda intervención destinada a oprimirlos o a influir de una manera cualquiera en su destino, otra cosa que una manifestación de disposiciones poco amigables para los Estados Unidos".

"Lord Palmerston, canciller inglés, declaraba también oficialmente: "Que el Gobierno de Su Majestad Británica consideraba al Rey de mosquitos con derecho a la parte de la costa que se extiende desde el cabo de Honduras hasta la boca más al Sur del río San Juan, y que el Gobierno de Su Majestad no vería con indiferencia cualquier atentado que se hiciese para usurpar los derechos o territorios del Rey de mosquitos, que estaba bajo la protección de la Corona británica""

"El Times de Londres, fecha 13 de octubre de 1849, trató extensamente la cuestión suscitada y entre otras cosas decía: "Puede considerarse fácilmente la importancia que ambas partes dan a esta cuestión si se toma en cuenta que este protectorado ha dejado de ser una función abstracta u honoraria. El río de San Juan es la boca de la más practicable comunicación acuática al través del istmo, y de la posesión de aquel puerto, depende el señorío de aquel pasaje.

Los nicaragüenses, por tanto, han llevado al mejor mercado los reclamos que ellos no pueden defender, haciendo una concesión del pasaje a los ciudadanos de los Estados Unidos, y obteniendo si es posible, el consentimiento y garantía del Gobierno americano. Para defender sus pretendidos derechos al territorio de mosquitos esperan evidentemente, a nombre del Gabinete de Washington, lo que Lord Palmerston ha rehusado perentoriamente a los Ministros de Nicaragua. Es cosa clara, sin embargo, que las fuertes medidas y lenguaje determinado del Gobierno británico, no admiten calificaciones.

Y ESTAMOS TAN OBLIGADOS A DEFENDER A BLUEFIELDS Y A SAN JUAN, COMO A CUALQUIERA OTRA PARTE DEL IMPERIO BRITÁNICO".

"EL COURRIER DES ESTAS UNIS del mismo año decía, entre

otras cosas: "Con dificultad Inglaterra podrá volver atrás, después de un lenguaje como el que ha tenido con Nicaragua porque sería hacer creer, que ella sólo es fuerte e imperiosa con los débiles. Por otra parte, los Estados Unidos no tienen por costumbre abandonar una cuestión, cuando su interés y su honor se encuentran a la vez comprometidos. Ahora bien el uno y el otro se verían en lo sucesivo tan íntimamente ligados a la causa de Nicaragua, cuanto que una convención oficial, firmada por Mr. Squier, ha acabado de dar un carácter nacional al contrato de canalización y de asimilar al ciudadano con el Gobierno. En esta situación no es permitido ya dudar, que se aproxima la hora en que las ramas de la raza anglosajona van a encontrarse al frente en el continente americano".

"La situación, como se ve, no podía ser más crítica. Ambas potencias creían empeñada su honra y no cabía retroceder una línea de terreno en que se habían colocado. Sin embargo, el 19 de abril 1850, se resolvió pacíficamente la dificultad, por medio del famoso tratado, que se celebró en aquel día en el Capitolio de Washington, entre Mr. John M. Clayton, Secretario de Relaciones Exteriores del Gobierno americano, y Mr. Heury Lintton Bulwer, Ministro Plenipotenciario de Su Majestad Británica".

Tomado de la Historia de Nicaragua por José Dolores Gámez. Páginas 456, 460, 461, 462, 463, 464, 465, 466 y 467.

Concluyamos: Vista la abundante documentación presentada; vistos los meridianos de Washington y de Londres marcando la exacta posición histórica de los movimientos políticos y de los personajes más altos de Centro América sólo faltan unas palabras relacionadas con el varón singular que ha motivado este alegato.

La América Central federada fue menos compleja que la América Central disgregada. Morazán sólo tuvo que visualizar y luchar contra la Gran Bretaña. El sucesor civil y militar del héroe, menos grande pero no inferior en virtud, Cabañas, tuvo que interpretar nuevas situaciones y actuar en medio de ellas, siempre guiade por la estrella polar de la unión de Centro América.

Fue Cabañas, ya lo dijimos, adicto a los Estados Unidos que pasaban por la etapa del capital industrial entonces, tan diferente del capital monopolista de hoy, pero sin renunciar a los principios básicos de la Constitución Federal de 1824.

Fue Cabañas el primero en alzar la voz ante los pueblos centroamericanos para denunciar a los filibusteros esclavistas que arrojaba la Confederación del Sur sobre Centro América.

Y fue Cabañas el dirigente insigne que jamás transigió con la Gran Bretaña que le quería dar a Centro América el destino de una colonia de África.

Después de leída la documentación presentada, que digan los ciudadanos si el general Cabañas es digno de las coronas y los himnos que la gratitud y el entusiasmo le ofrecen en el centenario de su muerte.

Dirán que sí.

Lo más hermoso en los honores extraordinarios tributados a un santo laico de la patria, es recordar que aun los enemigos y adversarios del general Trinidad Cabañas se vieron obligados a reconocer sus virtudes y sus méritos.

Los propios filibusteros de William Walker que lo conocieron de cerca lo calificaron como "el hombre más honrado de las cinco repúblicas"; y oportunamente, José Trinidad Reyes, el sacerdote de las pastorelas, opuesto a la causa de la Federación y a la gloria de los héroes federalistas, ante las evidencias no pudo menos que cantar sonoramente que Cabañas, "laurel de vencedor lleva aun vencido".

ESTUDIO BIOGRÁFICO DEL GENERAL CABAÑAS

Por José Reina Valenzuela

CAPÍTULO I: LAS FAMILIAS

Los primeros años del Siglo XIX trascurrían en la Villa de San Miguel de Tegucigalpa y Heredia sin cambios notables en su fisonomía como pueblo y como entidad social. La estructura física de la Villa dejaba ver sus calles, hoy angostas, sin el clásico empedrado colonial, porque esa distinción correspondía sólo a las colindantes con la Plaza, en donde la Parroquia lucía sus espléndidas torres, su gradería y una hermosa verja de hierro para proteger el atrio.

La Plaza estaba rodeada de hermosos edificios: del lado Norte, podía contemplarse la residencia del rico propietario Don Antonio Tranquilino de la Rosa y de Don Pociano Planas; por el Sur, se levantaba la mansión de la familia Urmeneta y calle de por medio el edificio de Los Portales que había pertenecido tiempo atrás a la Cofradía del Señor de la Fe, vendido a la Municipalidad por el Cura Garmendia, y a continuación el Cabildo o Ayuntamiento en donde el Señor Alcalde ostentaba airoso la vara de su dignidad.

Más hacia el Sur siguiendo la Calle que conducía al barranco del río grande, la Plaza de La Merced, que desde mediados del Siglo XVIII estaba ya formada. Se rodeaba de hermosos edificios entre ellos la casa de Don Juan Judas Salavarría (hoy Palacio Legislativo), la de los Galindo hacia el Oeste, y al frente, el templo y el Convento de La Merced, magnífico escenario para las festividades de la Natividad de la Virgen María el 8 de septiembre de cada año. Volviendo a la Plaza principal y tomando rumbo al Oriente, casi rematando la calle, estaba el templo de San Francisco y su Convento frente a la plazoleta en cuyo centro había una pequeña fuente pública a la cual concurrían los vecinos para abastecerse del agua necesaria. Hacia el Norte había una hermosa construcción de adobe y tejas con balcones enrejados y arcos de piedra tallada, que pertenecía a los Cabañas.

Los servicios públicos se reducían a muy poco: el interés mayor de las autoridades era mantener el orden, velar por la integridad de las buenas costumbres y por el respeto a la propiedad y seguridad de las personas. El abastecimiento de agua se hacía por las "Fuentes Públicas" que la Municipalidad mantenía, en buen servicio, sin olvidar las cristalinas aguas del Rio Grande cuyas pedregosas riberas servían como lavandero público. No había alumbrado general; las casas del centro pertenecientes a gente rica permanecían con sus faroles encendidos en las primeras horas de la noche. Algunas eran artísticas linternas que llevaban dentro de un marco de hierro y cristal, una lánguida vela, por lo que, quien deseaba por algún motivo poderoso salir a la calle, tenía que llevar su lámpara y hacerse acompañar de algún hijo de casa o de un sirviente.

La "ronda" era con el Sereno, el único grupo de trasnochadores que se encontraba con frecuencia transitando por las obscuras callejuelas de la Villa. Los habitantes eran gentes de trabajo, mineros, comerciantes y hacendados que solían permanecer lo más del tiempo en sus heredades y como los medios de comunicación eran rudimentarios y deficientes el acontecer político y el evolucionismo ideológico llegaban tardíamente a sus oídos por lo que, al principiar el siglo, para aquellas buenas personas las influencias de las doctrinas revolucionarias que cruzaban el Atlántico y que las autoridades coloniales llamaban "prédicas nocivas" no parecían interesarles, como no aparentaron interesarles tampoco los acontecimientos que habían sacudido al pueblo norteamericano a mediados de 1776, y hasta quizá poco se habían dado cuenta de los sucesos que culminaron con el derrumbe de la dinastía española que sucumbió al empuje de Napoleón y que fué reemplazada por la que aspiraba a crear José Bonaparte proclamado Rey de España.

Aunque para 1800 la explotación minera había declinado bastante, todavía aquella labor mantenía a Tegucigalpa como un pueblo floreciente y con prestigio como mercado de interés para las transacciones más importantes. Su plaza principal ofrecía un sugestivo espectáculo en que participaban achines cuyas tiendas improvisadas con cajones y manteados tenía vistosidad que dan los listones y pañuelos de seda de colores, los abalorios zoguillas de pedrería y los finos encajes traídos de España.

Al lado de las achinerías estaban las vendedoras de especias olorosas y diversos condimentos, de panes y colaciones deliciosas, y un poco más allá, en aquel laberinto de tendidos y casetas de rústica estructura, el carnicero de señalada clientela hacía gala de lo bueno de su mercancía y la exactitud de su balanza.

Por ahí también estaban los que ofrecían cebados cerdos, gallinas, patos y chompipes y en vecindad con ellos, las hacendosas cocineras que en grandes cacharros de barro cocido de Ojojona movían y daban gusto a sabrosos manjares que ya esperaban ansiosos los jornaleros y arrieros que llegaban para matar el hambre. En la plaza también se concertaban las ventas de las partidas de ganado que se criaba en las haciendas y que no podían llevarse allí por razones obvias; se negociaban, además, los cereales al por mayor, el dulce de "rapadura2 y otros comestibles, y se compraba la pólvora y los adornos para las funciones patronales de los pueblos comarcanos.

De esta suerte aunque había también algunos acreditados y surtidos establecimientos comerciales, la nota de alegría era aquella plaza en la que obligadamente se daban cita la doméstica que buscaba a buen precio los manjares para la mesa del acomodado patrón y el ama de la casa humilde, que no rehuían el comentario, el chisme y el "dicen que"; el aguatero, el buhonero, el habilidoso curandero que ofrecía las hierbas milagrosas y hasta el adivinador y saurín buscador de aventuras y vendedor de talismanes y polvos maravillosos.

Y cuando los tendidos se levantaban y la noche comenzaba a extender su manto sobre las cumbres de los cercanos picachos al paso que el horizonte desaparecía el rojo crepuscular de los celajes, la pequeña Villa era invadida paulatinamente por esa quietud y silencio que fueron clásicos en todos los pueblos americanos de la época. La plaza quedaba desierta.

En la Provincia de Honduras la organización político-social seguía también sin alteraciones después de la Real Cédula que había creado las Intendencias en 1778 por la cual fue suprimida por un período que duró veinticinco años la Alcaldía Mayor de Tegucigalpa, cuyo territorio entró a formar parte de la Gobernación de Comayagua. Para algunos historiadores y escritores la supresión de la alcaldía Mayor fué una medida funesta, pero no explican con razones valederas el porqué, lo cual hace suponer que no consideraron las que España, constantemente amenazada y provocada por la piratería inglesa, tuvo en cuenta para resolver la nueva organización de sus dominios americanos y sólo atendieron a un timbre de localismo interesado.

En lo social se iba al ritmo de todas las posesiones coloniales. Desde los últimos años del Siglo XVIII se había formado el Padrón de la Feligresía de la Parroquia del Señor San Miguel Arcángel que se descompuso así:

Españoles: 837
Mulatos: 3,986
Indios de Comayagua: 1,374
Indios de Tegucigalpa: 202
Esclavos: 165

Entre los españoles había apellidos notables que pertenecían a los vecinos principales, tanto por sus posibilidades económicas, como por ser de la élite "de primera distinción", tales eran los Cervellón de Santa Cruz, Zelaya, Lardizábal, Midence, Rivera, Cabañas, de la Rosa, Oxmenete, Morazán, Castejón, Romero, Lozano y Belasco, San Martin, Galindo, Artica, Bonilla Borjas, Jiménez, Gonzáles Agüero, Urmeneta, Cárcamo, Irías, Maradiaga, Padilla, Márquez, y otros que ya para los principios del Siglo XIX, formaban familias numerosas propietarias de hatos importantes, comerciantes o mineros.

Es sabido que las Gobernaciones, Contadurías y Alcaldías correspondían a los peninsulares y si no los había, se les hacía llegar de la Madre Patria, lo cual les daba ese talante de gentes superiores ante los criollos que sentían cierta incomodidad, y aunque éstos no anduvieran con el árbol genealógico a cuestas para probar su linaje, sí hacían ostentación de que lo importante para obtener las pocas distinciones y prebendas que de tarde en tarde se les otorgaba, era el respaldo del rendimiento de los "ingenios" o beneficios mineros, la cantidad de plata que se hacía quintar y otros provechos que dejaban la ganadería, los trabajos del añil y de la grana respaldo que los peninsulares recién llegados no tenían.

No había pues, ni en Tegucigalpa ni en Comayagua gentes de pergaminos, marqueses o condes de rancio abolengo como algunos majaderos propalan por ahí, pues el único de que se tiene noticia que anduvo por estos lares es el Barón de Riperda, Gobernador de la Provincia que no dejó descendencia ni duró mucho en su cargo. El linaje era de "las familias" y estas las formaban aquellos que se decían descendientes de los más antiguos troncos hispanos y los altos funcionarios de la Corona que dieron en llamar se "la aristocracia", nombrecito que se aplicaron porque fuera de ellos no recaían ni nombramientos ni privilegios ni distinciones aunque todas fueran en puestos segundones. Todos se ufanaban en proclamar que eran legítimos nietos o tataranietos de los conquistadores y de los primeros colonizadores, lo cual, según afirmaban, les daba derecho reconocido por la Corona para reclamar aquellos magros y esporádicos provechos, ya que una vez el Rey había ordenado "que los hijos de los naturales de la península sean ocupados y premiados donde nos sirvieron sus antepasados".

En la realidad y desde hacía tiempo estos descendientes eran los "Criollos" a quienes en aquella organización político-social se otorgaba cierta categoría dentro del rigor de las costumbres que reservaban como se ha dicho, para los peninsulares lo mejor aunque éstos fuesen de los últimos que iban llegando a estas latitudes como probadores de fortuna o como empleados del Rey.

Sin embargo desde mediados del Siglo XVIII, los Criollos y los Castellanos llegaron a formar en toda América "una verdadera categoría social" que tenía como blasón su "limpieza de sangre" calificada por implacables tribunales, el título de "familia de primera distinción" que solían darles las autoridades, aún cuando unos y otros se encontrasen en planos desiguales al momento en que la Corona tenía que repartir beneficios y mercedes, y aunque supiesen que por las venas de sus ancestros no había corrido sangre azul, porque generalmente el peninsular que llegaba por acá era por lo común un empresario en quiebra, un propietario venido a menos o un militar arruinado que buscaba en América el remedio para su infortunio.

Desde luego, quienes venían de la península eran también gentes honradas en su mayoría, laboriosos y emprendedores que pronto se incorporaban a las actividades propias del trabajo. Para el criollo la situación era diferente: había nacido aquí, había heredado o laboraba en las propiedades de sus padres, trabajando en las minas, cultivando los campos y procurando la prosperidad de su ganadería, lo cual le daba el derecho de sentirse dueño y Señor, amo de lo que era suyo así como de disfrutar de la distinción de ir a la escuela y de ocupar el puesto de "Señorito" en el enjambre social. En esta escala social, después del Criollo estaba el Mestizo que representaba la realidad de la raza nueva, pero que no gozaba de una aureola de casta porque todavía allá por 1800, sólo se aplicaba a ciertos oficios como el de músico, sastre, zapatero, cohetero ó albañil, pues no tenía cartel para aspirar a otras posiciones. Aquí cabe decir con orgullo que nuestros mejores artesanos fueron mestizos, que inspirados músicos y compositores como los Ugarte, los Campos y Zelaya, fueron mestizos y que muy pocos de los peninsulares supieron descollar como abanderados del progreso en las primeras décadas del Siglo XIX, Más abajo del mestizo estaba el indio que siendo el descendiente de los verdaderos dueños de la tierra, no tenía más que su pobreza, la obligación de trabajar en la labranzas y servir a sus patrones, el deber de agotarse en los trabajos más rudos y la estoica resignación de ser espectador en espera de una gloria prometida en el más allá.

Pero aún era más triste y miserable la condición del esclavo, ya fuera indio o negro de los que se habían importado del África. Estos eron destinados a trabajar pasando a ser mozos "de casa" de "las familias". En este ambiente se movía aquella sociedad esquiva y llena de prejuicios y cuya formación comenzaba a temprana edad en el propio hogar, se pulía en la escuela y se hacía gala de ella durante el trato social. Pero aún con los defectos que en este aspecto tenían aquellas gentes, se cuidaban mucho de proceder con honradez, desde el más pobre hasta el más distinguido señor, de llevar una vida austera, de respeto a las costumbres y las tradiciones, aunque desde luego, descuidara otras urgencias. A "las familias" pertenecían Don José María Cabañas y Doña Juana María Fiallos.

CAPÍTULO II: LOS CABAÑAS

El apellido Cabañas se encuentra en los documentos de nuestra historia en personas de distinta categoría social. Gentes de primera distinción, militares, mineros y comerciantes; mestizos con oficio de sastrería y aún esclavos de "las familias" ostentaron este apelativo que hizo ilustre el Gran Soldado, que luchó siempre por el ideal de la nacionalidad Centroamericana.

Hubo en casa de Don Mariano José Urmeneta un Juan José Cabañas, esclavo casado con Rita Viera, libre, con quien procreó a Guadalupe y Teodoro Viera, libres; y hubo también un Paulino y un José Enrique Cabañas, ambos sastres, cuyos hijos crecieron libres y pudieron gozar de la igualdad que les ofreció y garantizó la Constitución del Estado.

Teodoro Cabañas originario de San Jorge, para principios de 1800 era Militar retirado a quien se daba una pensión por haber prestado importantes servicios en el Batallón de Olancho, y quien en 1808, reclamaba de los Oficiales Reales de la Caja de Comayagua que se le cancelaran los tres meses que le estaban debiendo pues era el único dinero con que contaba para vivir pobremente en Juticalpa.

En cambio, Don Vicente y Don Manuel Francisco Cabañas y Rivera, figuraban en la Nómina o lista de los "vecinos distinguidos" del Real de Minas de San Miguel Tegucigalpa, levantada el 18 de agosto de 1762 por los Capitanes Don Vicente de Toledo y Vivero y Don Joseph de Celaya, en cumplimiento de órdenes del Superior Gobierno de este Reyno. En ella se dice que ambos "gozan del fuero de descendientes de los más antiguos pobladores y conquistadores", pero se anota que ellos, como Don Lucas Romero y Celaya, Don José Antonio Lozano y Belasco, y Don José Miguel y Don Antonio Midence, "todos son de cortas facultades", o sea que no eran ricos o capitalistas.

Mas, viéndolo de otro modo yo no pretendo ni deseo hacer la genealogía de Trinidad Cabañas; no soy genealogista. Creo y espero que ese trabajo lo escriba un erudito en la materia como el Lic. Juan B. Valladares R., a quien se deben ya importantes investigaciones publicadas en nuestros periódicos y Revistas. Así que diré que los padres del ilustre defensor de la Nacionalidad Centroamericana fueron Don José María Cabañas y Doña Juana María Fiallos, ambos criollos de la primera distinción, es decir de "las familias".

Don José María Cabañas que provenía de troncos peninsulares de antigua residencia no alcanzó el grado de Bachiller tan apreciado como apetecido, pues en la Villa de San Miguel no había colegio y los afanes del trabajo tampoco le permitieron ir a Comayagua para terminar los estudios en el Tridentino, pues aunque era de la "aristocracia" o un "niño bien" como solía calificarse a las personas de su clase, "era de cortas facultades", y sin embargo de su incompleta instrucción de corte dogmático como la que se daba bajo el alero bondadoso de las parroquias o de los claustros conventuales, Don José María era un intachable caballero, hombre amanerado, responsable y respetuoso de sí mismo, o sea lo que hoy llamamos un hombre educado o un hombre culto.

Don José María Cabañas como todos los varones de su tiempo y de su clase, era así: hombre limpio, cumplido y laborioso; observó la tradición de respeto recíproco en el seno de una sociedad esquiva que imponía censuras a quienes quebrantaban los principios que la sus tentaban y se tornaba, implacable para fustigar las más leves faltas contra la moral. Doña Juana María Fiallos había nacido y crecido dentro de la tradición de "las familias"; su apellido venía envuelto en el abolengo de los viejos pobladores; era también una criolla educada con el clásico rigor de aquella época en que se recibían más enseñanzas que en el hogar en la escuela, comúnmente atendida por una maestra empírica, alma caritativa que si bien imponía castigos y repartía coscorrones y palmetazos, también era llena de ternura y abundante en otras virtudes femeninas.

De aquellas escuelitas tan modestas en nada parecidas a las que describen eminentes historiadores americanos, salieron las grandes mujeres hondureñas que han proyectados ejemplo a través de las centurias, porque estas nuestras mujeres siguen siendo recatadas, fieles como esposas; abnegadas como madres y ejemplares en el heroísmo.

Cuando unieron sus destinos, Don José María y Doña Juana formaron uno de tantos hogares ejemplares, porque no podían traicionar la tradición, no podían quebrantar las reglas ni romper los moldes sociales en que habían sido criados, y así ambos supieron a su tiempo trasmitir a sus hijos el caudal de las buenas costumbres y las rígidas exigencias a que debían ajustarse los caballeros y las niñas de la época.

El 9 de junio de 1805 nació en Tegucigalpa Trinidad Cabañas, que con sus hermanos Urbano y Gregorio llenó de gozo aquel hogar por mil títulos digno de la felicidad.

Fe de Bautismo de José Trinidad Cabañas: El Infrascrito, Secretario Municipal de esta ciudad, certifica que al folio 98 del Libro del Registro Eclesiástico de Bautismos que la Iglesia Parroquial de esta ciudad llevó en los años de 1802 a 1808, se encuentra la partida que dice: Al Margen: "José Trinidad Francisco. Español. En la Iglesia Parroquial del S. San Miguel de Tegucigalpa, a nueve de Junio de ochocientos cinco. El Reverendo Padre Comendador con Licencia mía bautizó solemnemente a un niño que nació hoy mismo, a quien puso por nombre José Trinidad Francisco, Hijo legítimo de Don José María Cabañas y Doña Juana María Fiallos, y fue su madrina Doña Juana Rivera, quien advirtió su obligación y firmé Juan Francisco Márquez". Es conforme. Tegucigalpa: 25 de mayo de 1905. S. Padilla Miralda. Srio. Hay sello que dice: Secretaría Municipal. Tegucigalpa, Honduras, C.A. Tomado de la página 436, de la Revista del Archivo y de la Biblioteca Nacional. Tomo I. Tip. Nacional. Tegucigalpa, 1905.

Aunque sus padres pertenecían a "las familias", parece que no abundaban los caudales en sus viejos cofres y que Don José María se dedicaba en un principio al comercio, actividad lucrativa entonces como ahora, porque no se sabe que tuviera propiedades que explotar ni otro patrimonio de los que entonces eran usuales. Pero no importa que Trinidad Cabañas haya nacido en la estrechez de una choza campesina, en el hogar sencillo de relativas comodidades o en una alcoba señorial rodeado de numerosa servidumbre entre el lujo de los rasos y las sedas importadas de España.

Su cuna se hizo ilustre por lo que él fue como hombre; por lo que él hizo perdurable como soldado, porque el destello luminoso que cruzó el cielo de la patria centroamericana, guiado por la punta de su espada, es cada vez más espléndido con visos de hacerse perdurable. Su cuna ciertamente recibió la caricia de los aires que venían del otro lado del Atlántico impregna dos de promesas y esperanzas que a su tiempo serían el escudo de un valeroso soldado y la divisa de un ideal que Cabañas llevó en el corazón hasta el último instante de su vida.

El gran soldado nació cuando las señales del tiempo anunciaban la aurora de la Independencia. Siendo muy niño aún, sus padres se trasladaron a Comayagua donde tomaron casa para arraigarse de tal manera, que Don Céleo Arias creyó que Trinidad Cabañas había nacido en la antigua capital. Algunos biógrafos del ilustre compañero de Morazán dicen que Don José María se trasladó con su familia a Comayagua en 1812. En verdad poco se sabría de las actividades de este señor a no ser que él mismo nos relata algunos pasajes de su vida y de su trabajo, pues no sólo era Administrador de los bienes de Don José María Zelaya, sino de las Haciendas de Río Hondo y de San Paulino en su calidad de Albacea de la Testamentaria de Don Juan Bautista Rivera, vecino de Tegucigalpa, cuyas haciendas estaban en el Valle de Comayagua, tal lo que nos dice en una declaración hecha ante el Real Consulado de Comercio de la Metrópoli guatemalense manifestando ser vecino de la ciudad de Comayagua.

En el expediente, de unas 20 páginas, consta que desde 1809 se dedicaba a la compra-venta de ganado mayor tanto en la Provincia de San Miguel y San Salvador como en la Capital del Reino, de cuyo negocio obtenía buenos provechos monetarios así como buenas relaciones sociales con gente de su clase dedicada al mismo giro. La ruta seguida de ordinario era la de Goascorán y Pasaquina, San Miguel, San Salvador, Santa Ana y Guatemala, pues a lo largo de ella, iba dejando el ganado conforme las contratas correspondientes.

Pero no todo es color de rosa en la batalla de la vida; suele ocurrir que al hombre más honrado y cabal se le atraviese el Duende en el camino y saltan inesperadamente las dificultades, las contrariedades y las amarguras. Y esto le sucedió a Don José María Cabañas en Guatemala el año de 1811. En febrero de 1810, Don José María había llevado una partida de novillos a Guatemala, acompañado de Don Calixto Lozano, hacendado tegucigalpense que en años anteriores habla alcanzado éxito en este comercio. El 19 de este mes, Don Calixto Lozano solicitó a Don Antonio Asturias un préstamo de mil pesos. Asturias cedió pero a condición de que Cabañas firmara también el documento que autorizó el notario Manuel Juan Zelaya. Cabañas firmó, ya que tanto él como Lozano tenían negocios con Asturias, quien dió los mil pesos y se guardó el documento.

Lozano, sin saberse el motivo, no cumplió su compromiso, y cuando Cabañas volvió a Guatemala en 1811, Don Antonio Asturias interpuso ante el Real Consulado de Comercio, con fecha 22 de enero, una demanda contra Don José María, vecino de Comayagua, por un mil pesos "que dí en préstamo al susodicho Cabañas y a Don Calixto

Lozano, sin premio, el 19 de febrero de 1810, según escritura autorizada por el Notario Manuel Juan Zelaya ya que se obligan cada uno por el todo y los dos en mancomún et imolidum a devolver la expresada cantidad que han recibido en plata efectiva puesta en esta capital en diciembre del dicho año y cuyo pago no se realizó, por lo cual pido que a Cabañas se le compela executivamente al pago de aquella cantidad, que al efecto se manden retener seis cientos pesos que el exponente tiene en su poder de la pertenencia del deudor y le entregó Doña María Josefa Arzú, poniéndose en depósito, haciendo presente que el único interés que tuvo para haber dado los un mil pesos fué el de haberle dado Lozano una mula en cambió de un caballo".

Citado Cabañas al estrado, "contestó diciendo, que aunque en la escritura se exprese que Lozano y Cabañas recibieron los un mil pesos no sucedió así; sino que el que los pidió y a quien efectivamente se le dieron fué a Lozano y para que así fuese le regaló éste una mula de silla de color de doscientos cincuenta a trescientos pesos a Don Antonio Asturias, que este procedimiento con lo demás que por separado hará manifiesto al tribunal patentizará de un modo indudable la debilidad del citado instrumento contra el que habla y lo justo de la composición que le ha propuesto al demandante. En cuyo estado y aunque por los señores se les propusieron a las partes los medios de ordenanza no aceptaron ninguno, antes si pidieron que se les oiga por escrito y firmaron. Doy fe—Antonio Asturias. José María Cabañas. José María Estrada".

Así comenzó un largo juicio que concluyó con un arreglo amistoso entre las partes el 23 de Mayo de 1811. Lo interesante, para este estudio son las declaraciones de Don José María Cabañas hechas al Consulado de Comercio, porque ellas revelan buena parte de los trabajos a que se dedicaba el padre de Trinidad Cabañas. Del expediente, tomo las siguientes, evacuadas el 11 de febrero de 1811.[2]

"Yncontinenti haviendo sido conducido a esta Casa consular Dn. José María Cabañas a quien doy fe conozco, y presentándose en el Tribunal fue juramentado en forma por lo qe ofreció decir verdad en

---

[2] Se respeta el estilo original de la época. Ejemplo: deviendo en lugar de debiendo; qe en lugar de que; traxeron por trajeron; aunge por aunque; etcétera. Nota del editor.

lo qe, se le preguntare; en cuya virtud absolvió las siguientes posiciones. A la primera pregunta dijo: Qe. vino a cumplir los contratos de ganados qe, dejó pendientes el año pasado. A la segunda dixo: qe, sacó de la Provincia de Comayagua mil cincuenta novillos de los quales sacó dos cientos de la Hacienda del Río Hondo qe. tiene en su cargo: setenta y nueve de la de Sn. Paulino qe, también es a su cargo: quatro cientos qe. compró de Gregorio Canelas vecino de Olancho, ciento y setenta y cinco qe. igualmte, compró a Dn. Juan Antonio Inestrosa de Tegucigalpa: y ciento y cincuenta qe. le traxeron de Sulaco para completar una contrata de la viuda de Dn. Juan Félix Albares. Que los doscientos setenta y nueve primeros qe. corresponden a la Testamentaria de Dn. Juan Bautista Ribera de qe. es Albacea el declarante, se los ha cargado a seis pesos; que los quatro cientos los compró a Canelas a seis pesos tres res a plata; los ciento sesenta y cinco a Ynestrosa a plata y a seis pesos tres res. Qe. del valor de la testamentaria de Rivera se halla deviendo alguna cantidad de pesos qe, no puede individualisar de pronto: de los de Canelas mil trecientos y ms, ps y de la partida de Ynestrosa deve quatro cientos ochenta y ocho ps.

A la tercera dijo: qe del numa. de dhos. Ganados entregó a Dn. Miguel Asturias en la Hazda. del Soyate por obligación qe tenía con Da. María Josefa Arzú dos cientos novillos contratados a ocho pesos: a Dn. José Náxera en la Hazda. del Sitio por Dn. Juan Nepomuceno Asturias doscientos cincuenta novillos a ocho pesos de quien ya tenía recibido el dino en el año anterior y aun le ha quedado deviendo el declarante doscientos y cincuenta ps. Qe a Dn. José Antonio Zelaya y por él a Dn. Miguel Asturias en el Soyate entregó doscientos 17 treinta y un novillos a cuenta de seis cientos, qe, se obligó a traerle en el año anterior a razón de ocho y medio ps. y a cuenta de estos tenía recividos dos mil quinientos ps. Qe. también entregó sesenta novillos a Dn. Juaquín Batres en la Hacienda de San Diego al precio de ocho y medio ps. de cuyo importe desde el año pasado tenía recividos el declarante quatrocientos ochenta y un ps. y el resto de veinte y nueve los recivió aquí el tpo. de la entrega de los novi Ilos. Que las quales partidas y el número de Reses muertas, huidas, y resacas que vendió en el camino y le produjeron como mil pesos, compone el total de Cabezas qe. sacó de su Prova. Que del dinero de las resacas pagó a los mozos del arreo y le están deviendo como trescientos ps en el camino, a saver Dn. José Ma, Gallardo de Sta. Ana ciento treinta y cinco ps. un Balladares del Río frío cien ps. y Dn. José Elías Ballejo de Sn. Miguel ciento treinta y seis ps. A la quarta dijo: qe, no ha trahido nada de lo qe se le pregunta; pues aunge. por encargo de Dn. Miguel Bustamante condujo con sigo dos onzas de oro fueron con destino de qe, le mandase hacer una cadena la qual se ha hecho.

A la quinta dijo: qe, en esta ocasión no ha comprado cosa alguna de las qe. se le preguntan, y solo si una yegua qe., se sacó en una rifa y le importó como ciento sesenta ps. la qual vendió en cien ps. a Dn. José Antonio Zelaya pa. tener qe. gastar en esta Capital. Y que ha declarado es la verdad por su juramento en qe., se ratificó. En cuyo estado añadió qe también tuvo por objeto para venir a esta Capital el hacer una negociación de Novillos con Dn. Antonio Asturias vajo la responsavilidad de su principal Dn. José María Zelaya como consta de su carta qe. en el acto presentó; y firmó con los señores de qe, doy fe. Payés—Aycinena Urruela—José María Cabañas—José María Estrada".

La carta a que se refiere en su declaración Don José María, dice a la letra: "Sr. Dn. José Ma. Cabañas—San Migl. Dbre, 14 de 810. Amigo entendiendo de la propoción del Sr. Dn. Anto. Asturias que hace a Ud. enpunto anegociación de Novillos. puede Ud. hacer condho. Sr. la qe. quiera y conbenga en utilidad de vtro, negocio, quedando yo arresponder p. la cantidad de ps. qe. aUd. diere, por si falleciese atretanto, mas sinó meparece no tendrá embarazo en cumplir lo qe, afresca enpunto ala negociación dha. Mealegro no tenga Ud. novedad y qe. mande asuatto, q. B.S.M. José Ma. Zelaya".

(Legajo citado. Al 15—2545—Archivo General de Centro América—Guatemala—fotocopia, archivo del autor).

¡Con qué sacrificios se ganaba unos cuantos pesos Don José María Cabañas! No importaba la fatigosa y larga caminata, los contratiempos del arreo del ganado ni la negociación al crédito. Esto era usual entre aquella gente honrada que tenía como timbre de orgullo la limpieza de las manos con que manejaba los intereses ajenos. Que diéramos hoy si encontramos unos cuantos comerciantes honestos y unos cien funcionarios públicos que no aceptan la infamante "mordida", el deshonroso "trinquete" o la "movida asquerosa" que cubre de cieno la herencia de los hijos y llenan de vergüenza a las familias de generación en generación.

Don José María Cabañas no dejó para sus hijos esa herencia: dejó para ellos el tesoro de su pundonor; la riqueza inextinguible de un nombre limpio del que pudieran sentirse orgullosos, como correspondía al prestigio de un miembro de "las familias": grandes dentro de sus limitaciones económicas; altivas dentro de su modestia y generosamente nobles con sus semejantes. Estos fueron los principios fundamentales que Don José María Cabañas y Doña Juana María Fiallos aplicaron para educar a sus hijos, y los que el Gran soldado de la nacionalidad centroamericana llevó como escudo y levantó como estandarte en todos los instantes de su vida.

Jamás Trinidad Cabañas echó en olvido aquella herencia ni apartó de su mente los consejos y el ejemplo paternales: los tuvo presentes como soldado en el fragor de las batallas, como general victorioso a la hora de los laureles y las adulaciones, y en los instantes trágicos de la derrota. Esa lealtad hacia los principios morales que le inculcaron sus padres le llevó a serlo con el ideal de Morazán, le impulsó a luchar por la restauración de la patria grande llevando sus legiones a cualquiera de las parcelas que una vez la integraron, porque Cabañas, como justo heredero de Morazán, sólo consideró una Patria: Centro América.

CAPÍTULO III: CABAÑAS ESTUDIANTE

A Trinidad Cabañas le tocó nacer cuando ya la aurora de la Independencia se dibuja con tenues pinceladas en el horizonte de América; cuando el "criollo" había adquirido la conciencia, no del papel que iba a desempeñar en un futuro cercano, pero sí de su posición desventajosa frente al europeo peninsular no obstante ser hijo suyo, pero nacido en América, lo que había creado una especie de recelo, de rivalidad y quizá hasta de resentimiento entre aquellos factores sociales más determinantes durante los años de tutelaje hispano.

Le tocó nacer a Cabañas en los días en que la juventud criolla sentía ansias incontenibles de instruirse de aprender y prepararse para algo que todavía en 1805 en la Provincia de Honduras no se sospechaba ni siquiera en sus rasgos más simples que permitiera adivinar los grandes acontecimientos del futuro. El deseo de instrucción del criollismo contrastaba visiblemente con el atraso de la enseñanza, cuyos métodos acusaban el estado más lamentable, esto era general para todas las colonias españolas a finales del Siglo XVIII y principios del XIX, según lo descrito por el Licenciado Miguel José Sanz así: "¿Cuál era el método que se seguía en esas escuelas y quiénes eran los maestros? Estas eran personas de la más baja esfera, de ninguna instrucción y que las más veces abrazaban esta profesión (la más importante de todas) para procurarse una subsistencia escasa". Quizá el Señor Sanz exagera un poco el panorama, porque al menos en Tegucigalpa y Comayagua, las Municipalidades procuraron mantener escuelas de primeras letras a cargo de personas de reconocida honorabilidad y buenas costumbres, aunque a decir verdad, eran empíricas, guiadas más por su deseo de servir a la sociedad que por su preparación didáctica

Sin embargo, en cuanto al método, el Señor Sanz estaba en lo justo ya que, los escolares adquirían una formación de señoritos más que una enseñanza de primeras letras, porque esto era lo que "las familias" deseaban. Sobre el particular, el Señor Sanz expresa: "No bien adquiere el niño una vislumbre de razón, cuando se le pone en la escuela, y allí aprende a leer en libros de consejos mal forjados, de milagros espantosos o de una devoción sin principios, reducida a ciertas prácticas exteriores propias sólo para formar hombres falsos o hipócritas... Bajo la forma de preceptos se le inculcan máximas de orgullo y vanidad que más tarde le inclinan a abusar de las prerrogativas del nacimiento o de la fortuna cuyo objeto y fin ignora.

Pocos niños había que no crecieron imbuidos en la necia persuasión de ser más nobles que los otros y que no estén infatuados con la idea de tener un abuelo alférez, un tío alcalde, un hermano fraile o por pariente a un clérigo. ¿Y que oyen en el hogar paterno para corregir esta perversa educación? Que Pedro no era de la sangre azul como Antonio, el cual con razón podía blasonar de ser muy noble y emparentado y jactarse de ser caballero: que la familia de Juan tenía tal o cual mancha y cuando la familia de Francisco entronco, por medio de un casamiento desigual, con la de Diego, aquesta se vio de luto. Puerilidades y miserias éstas que entorpecen el alma, influyen poderosamente en las costumbres, dividen las familias, hacen difíciles sus alianzas, mantienen entre ellas la desconfianza y rompen los lazos de la caridad. que es a un tiempo el motivo, la ocasión y el fundamento de la sociedad... Aunque no con la exageración apuntada, puede decirse que en esta clase de escuela aprendió las letras Trinidad Cabañas: una escuela pobre, llena de prejuicios tantas que en pleno Siglo XX existen y funcionan en Honduras; escuelas dirigidas por las prime y muy parecida a unas maestros oportunistas en escuelas públicas y privadas cuyas prédicas desvían los sentimientos de respeto y solidaridad hondureñista que debe ser la meta de la escuela nacional. Es de notar que aunque Trinidad Cabañas se educó en este tipo de escuelas, sus enseñanzas sectarias no llegaron a grabarse ni en su mente ni en su corazón, porque el ejemplo hogareño de austeridad y respeto, el consejo maternal y la severa vigilancia de un padre forjado en el trabajo rudo y constante, supieron apartarlo de aquellas fatuidades. El que sería Gran Soldado de la República, dió pruebas sobradas de su formación ciudadana en moldes diferentes, los moldes de un hogar tranquilo y fundamentalmente cristiano. Para él no hubo aquellas discriminaciones funestas. Para él sólo hubo una categoría de personas: las que se significaron por su honradez, por su entereza ciudadana, por su dimensión moral y por la sinceridad con que abrazaron las causas que defendieron durante su vida, aunque estas causas fuesen opuestas a sus convicciones, en lo que a partidos políticos se refiere.

En Honduras la tranquilidad colonial se interrumpió con visos claros de inconformidad y de protesta el 1° de enero de 1812 en la Villa de San Miguel de Tegucigalpa y Heredia, hecho que los historiadores de los movimientos de emancipación política centroamericana han disimulado o pretendido olvidar por no declarados pero presumibles motivos, disimulo y olvido al que insensiblemente hemos contribuido los hondureños, diseñando con tan tenues matices aquella actitud que tuvo los ribetes de una clarinada o de un aviso.

La familia Cabañas vivía ya en Comayagua, y Trinidad no alcanzaba los siete años de edad por lo que es de presumir que estos hechos no influyeron en su ánimo sino algunos años más tarde, cuando comprendió que lo ocurrido aquel 1° de enero fué el primer indicio de la lucha entre criollos, mestizos é indios y los privilegiados peninsulares. Desde finales de 1811 la sorda rivalidad comenzó a inquietar a las autoridades y a los prominentes caballeros que decidían sobre la vida de la población, y para prevenir a atajar sucesos desagradables los señores del Real de Minas resolvieron perpetuar en los cargos de las Alcaldías a los peninsulares Don Juan Judas Salavarría, José de la Serra y José Irribaren que se habían malquistado la voluntad popular por sus arbitrariedades é inconsecuencias y por otras actitudes censurables así como por el largo disfrute y monopolio de los puestos públicos, el acaparamiento del comercio, el ejercicio del préstamo usurario y otros esquilmos que solían hacer al vecindario validos de sus altas posiciones. El hecho de que se pretendía dejarlos para un nuevo período en el Ayuntamiento, provocó la ira popular haciéndose evidente el disgusto con el tumulto que se escenificó en aquella fecha memorable.

A temprana hora el 1° de enero de 1812 una multitud de hombres armados de palos y machetes se reunió en la plaza obstruyendo el paso hacia la puerta del Ayuntamiento con el inocultable propósito de impedir que los referidos Serra, Irribaren y Salavarría tomaran posesión de sus cargos. Los vecinos llevaron como cabecillas a los Regidores Don Joaquín Espinoza, Don José Manuel Márquez y Don Miguel Eusebio Bustamante, los tres criollos, muy queridos, a quienes habían sacado de sus casas para hacer ostensible su respaldo. Entrada la mañana, el tumulto fue creciendo con la llegada de los mestizos y los indios de las reducciones y aldeas cercanas, lo que mantuvo encerrados en sus casas a los presuntos alcaldes, mientras a viva voz, los amotinados repetían esta estrofa:

"Si quieren que no halla guerra
y todo sea alegría,
renuncie Salavarría
y su compañero Serra".

Como las cosas iban para largo y el Alcalde Mayor había pedido a la fuerza pública que impusiera el orden, con el objeto de evitar graves consecuencias, ofreció su mediación el Señor Cura Párroco Don Juan Francisco Márquez, quien después de larga plática hizo comprender a la autoridad que el pueblo estaba dispuesto a mantener su protesta, "que no admitía a los Alcaldes electos por el Ayuntamiento para el presente año, ni otros que fueran europeas", y que no se retirarían de la plaza hasta que fuesen satisfechos sus reclamos. La intervención del Padre Márquez dio como resultado un convenio por el que se depositaron las Varas de las alcaldías en manos de los Regidores Espinoza, Márquez y Bustamante, por mientras se avisaba a la autoridad máxima de Guatemala para que resolviera lo conveniente.

En Comayagua se supo la noticia al día siguiente. Alarmado el Gobernador por los informes que recibiera, alistó una columna de gendarmes bien armados, los cuales marcharían a restablecer el orden en Tegucigalpa, pero no hubo necesidad de movilizarla porque antes de ser despachada se supo que todo se había arreglado amistosamente. Pero en verdad, ¿a qué obedecía aquella obstinación popular? Debe creerse que no tenía su origen sólo en el despotismo de los postulados y electos para munícipes, si recordamos que desde las leyes de Carlos V que habían organizado el gobierno colonial, el régimen establecía tres autoridades: la de los Virreyes y Capitanes Generales; la de las Audiencias y la de las Municipalidades. Los primeros representaban la autoridad ejecutiva; las audiencias "eran una especie de senados con derechos y obligaciones de las más diversas y no siempre marcha ban de acuerdo con la autoridad ejecutiva", y las Municipalidades representaban los intereses del vecindario.

De esta suerte, las criollos no podían aspirar al nombramiento y desempeño de altos cargos como los de Gobernadores ú Oidores, y solo tenían acceso cuando mucho a un Consulado de Comercio, a puestos secundarios en la milicias y desde luego, en las Municipalidades. De manera que si al criollo se le negaban las altas dignidades de la Iglesia, de la Audiencia, de la Milicia y de las Gobernaciones, era muy lógico que defendiera con ardor la posición de las Alcaldías y que no toleraran que éstas fueran convertidas en "cuerpos privilegiados ya no de elección popular sino hecha ésta entre ellos mismos y recaída para las funciones de Alcalde y las demás de importancia entre los individuos de lo que, a fines del pasado y a principios del presente siglo, se llamaban entre nosotros "las familias".

Pero sigamos con Cabañas, que tenía pocos años aún cuando inició sus estudios en el Colegio Tridentino Comayagua. En sus aulas comenzó a escuchar los comentarios sobre sucesos que a él le parecieron al principio sin fundamento y que se encaminaban, según el decir a cambiar el sistema a darle vigencia a ciertos principios que en otras latitudes llevaban como estandarte las palabras de libertad, igualdad y fraternidad. Bien estaban las cátedras de Teología Moral, de Derecho Canónico y de la Física de Aristóteles, pero entre los libros de San Agustín, se pasaba algunos papeles descalificados porque trataban de aquellas tendencias novedosas.

Por ese tiempo llegó a la Capital de la Provincia Don Josef Gregorio Tinoco de Contreras Coronel de los Reales Ejércitos, Caballero de la Orden de San Hermenegildo y hombre de acerado carácter, quien asumió el Cargo de Gobernador y Teniente de Capitán General. En la calle, en el seno del hogar y en el Colegio ya se hablaba con bastante recato y no poco temor de las nuevas ideas; se comentaba la suerte de la Revolución de Hidalgo en México y de la lucha de Miranda y Bolívar en Caracas, y aunque las penas eran severas para quienes fueran sorprendidos divulgando esta clase de noticias, ellas habían traspasado el umbral los claustros del Tridentino y los papeles subversivos pasaban de mano en mano entre los jóvenes estudiantes que en su anhelo de ilustración, buscaban y obtenían novelas, folletos y proclamas de los pensadores y Jefes revolucionarios traídos de Belice o de Guatemala por los comerciantes y viajeros que, arriesgando el pellejo las obtenían clandestinamente.

Entre mayores eran las prohibiciones o más drásticos los castigos para quienes leyeran aquellos papeles díscolos y antimonárquicos, más insistían los jóvenes en obtenerlos y es que en aquellos escritos se encontraba el camino: de la opresión a la libertad, del silencio tremendo al ruido elocuente de las palabras, de la diferencia de clases a la igualdad de oportunidades, por el mérito de la capacidad y la inteligencia, de la explotación sin horizontes al respeto y dignidad del individuo, todo esto, todo y más aún, era lo que se había realizado allá lejos; por implantar esos principios y un régimen que los respetara y los pusiera en práctica se estaba derramando la sangre de los suramericanos, y como a la juventud le impresionaba entonces como ahora, el heroísmo y la lucha, los principios revolucionarios impresionaron tan profundamente a los jóvenes de aquellos días que, al momento de iniciarse la cruzada Morazanista, fueron contados los hijos de "las familias" que no abrazaran ardorosamente la causa que proclamaba y defendía el caudillo de la unidad nacional.

Cabañas fué sin duda uno de los jóvenes que pronto se alistó en las filas de la democracia republicana, y es de afirmar que fué tan serena la comprensión de sus lecturas de estudiante y tan hondas las raíces de aquellos principios en su corazón, que durante toda su vida los llevó como estandarte y como escudo, en sus victorias y en sus derrotas. Cabañas no era un joven prodigio, era un muchacho común y corriente que llevaba el anhelo de instruirse, de pulir su educación, pero sin afectaciones, porque su natural era sencillo, su temperamento sin ostentación, y en su corazón no anidaban las serpientes de la envidia, del odio y del egoísmo, porque cristiano era su hogar y dignos de todo respeto sus amorosos padres.

Sin embargo, "el contagio revolucionario de Norte América" quizá le hizo comprender la necesidad de romper aquel cerco secular en que se movía la sociedad de sus días de juventud, como buen criollo pudo seguir la carrera eclesiástica pues perteneciendo a la clase distinguida aunque no poderosa, tenía el campo abierto hacia la iglesia. Pero no quiso el manteo de seminarista y se conformó con ser un buen católico; pudo optar por la carrera de las armas y obtener un puesto en la milicias provinciales, pero tampoco se decidió por eso. Más bien parece que abandonó las aulas transitoriamente para ayudar a su padre en las múltiples tareas que le imponía su responsabilidad de administrador de bienes ajenos. Pero su destino ya estaba trazado; aquel joven Cabañas, sencillo, serio y responsable que leía buenos libros permitidos y "malos" libros prohibidos y desautorizados por la censura eclesiástica y civil", tendría muy pronto la oportunidad para manifestar su vocación, para ordenar sus ideas de Colegial y poner en firme su convicción republicana, que tendría que asociar íntimamente con su fé centroamericanista, que fue la bandera de su ideal y la meta de su constante batalla contra el separatismo reaccionario.

Cabañas no fue "activista" del movimiento independentista; es posible que simpatizara con la causa, pues ya para 1821 eran conocidos en Comayagua y Tegucigalpa los periódicos que Valle y Molina publicaban en Guatemala. Había cumplido los 16 años cuando el 28 de Septiembre de 1821, se recibieron sorpresivamente en Comayagua, "los pliegos" en que venía el Acta de Independencia proclamada en Guatemala el día 15 y la Proclama del Capitán General Don Gavino Gainza.

En Honduras se esperaban acontecimientos importantes, se sabía que Comitán y Tuxtla se habían adherido al Plan de Iguala; se sabía que en la Metrópoli guatemaltense se discutía con ardor sobre temas de emancipación, pero no se sabía que ya se había llegado al punto preciso, a la hora cero del régimen colonial, Lindo trabajaba en Comayagua y Herrera, Márquez y Vijil en Tegucigalpa por la causa independentista, y sus prédicas habían interesado a los jóvenes estudiantes; pero Lindo había sido hasta poco antes un realista ardoroso y esto no dejaba de causar cierta desconfianza en quienes deseando la emancipación de buena fe, no podían manifestarse abiertamente ya que las restricciones impuestas por Tinoco impedían toda clase de expresión popular.

Sin embargo, el Cabañas estudiante no pudo sustraerse a la influencia de aquel conjurito de inquietudes que desde entonces quedaron grabadas en su mente para fructificar a su tiempo, en actos generosos de patriotismo bien entendido.

CAPÍTULO IV: LA PATRIA NUEVA

La expresión de "Patria Nueva" presupone que había otra, y, efectivamente, España era la patria antes de 1821, era la patria de los peninsulares que vivían en América, fueran éstos descendientes de los soldados de la conquista ó nuevos colonos que buscaron en el seno de sus valles, en el risco de sus minas o en el apacible discurrir de sus ríos, la fuente de vida que ofrece al hombre el trabajo.

Para el criollo, Castilla fué una Madrasta descuidada que no supo qué hacer con él sino muy tarde; no fue cruel, pero se mostró indiferente a sus anhelos, a sus esperanzas, y al momento en que se agitaban las banderas de las nuevas ideas, no supo poner más altos sus viejos pendones ni renovar el trato para aquellos que eran hijos de sus hijos.

Para el mestizo, representante de la nueva raza en el que se conjugaba el valor y la audacia hispánica con toda su tradición secular, con el heroísmo, la sabiduría y la estoica espera del indio, fué algo así como una madrina que hace gala de su aristocracia y exhibe sus glorias con el bordado esplendoroso de las casacas de sus Virreyes y Gobernadores, indiferente también a las urgencias de su espíritu que no era ni criollo ni hispano ni autóctono.

Y para el indio, para el americano puro, jamás pudo lograr que las sabias leyes de los Reyes Católicos fuesen cabalmente cumplidas pues en cada personaje se seleccionaba para ejercer los altos poderes en nombre de la Corona, venía un Sátrapa, un avaro incorregible y un bilioso caballero capaz de llevarse en los pinchos de sus espuelas, el pellejo y lo más noble que hay en el hombre: su condición de ser humano.

Quizá por ello, la primera actitud de rebeldía que se produjo en Quito en 1809 hizo correr su voz por el espinazo de los Andes hasta llegar a la Nueva España donde las manos de un cura sublime hicieron tañer la campaña de Dolores llamando al pueblo para conquistar su libertad. Quizá también por ello aquel grito de Don Miguel Hidalgo pasó por sobre los Cuchumatanes y los picos de Celaque para encender la tea en las mentes del Padre Delgado, de los sediciosos de Granada, de los plebeyos y mineros de Tegucigalpa, y de los conjurados de Belén en la Metrópoli guatemalense.

Los movimientos en la Capitanía General de Guatemala no pasaron de ser pequeñas sacudidas incapaces para derribar el árbol secular del coloniaje, pero sí quebraron algunas ramas que, al caer tuvieron la virtud de señalar el sendero a los Próceres de 1821.

Valle con los Barrundia y los Molina iniciaron la tarea por la prensa cuyos ejemplares se regaron por el istmo y pasaron de mano en mano para ser leídos con ávida esperanza por las personas ilustradas que luego comentaban con el pueblo las prédicas de "El Amigo de la Patria" y "El Editor Constitucional" y aunque Valle abogaba por el sereno análisis de las cosas y aplicaba cálculos y números en sus escritos, y Molina propugnaba por acciones inmediatas y si fuera preciso violentas, ambos pedían el cambio y proclamaban la necesidad de realizarlo.

Al iniciarse el año 1821 ya no era posible contener los anhelos de libertad y de justicia que divulgaban los proceres, porque, si bien es cierto que el pueblo permanecía expectante y no era partícipe activo de aquella campaña verbal, sí entendían bien las nuevas ideas aunque no atinara a comprender cuáles podían ser los alcances que pudiera lograrse con su aplicación. Pero a la par de las prédicas hacían crecer el número de los adherentes, las autoridades aumentaban la vigilancia e imponían severas restricciones manteniendo en zozobra a los pueblos como para sembrar en ellos la indecisión, único medio de contener la avalancha que amenazaba la destrucción del régimen.

Penoso tuvo que ser el camino recorrido por los Centroamericanos para emanciparse de España y anular posteriormente la anexión a México. Penoso, no porque aquel anhelo de independencia fuera el resultado de una lucha cruenta como la que realizaron Hidalgo, Morelos, Bolívar y San Martín en el Norte y en el Sur del Continente, sino por la desarticulación de la empresa, por lo precario de las disponibilidades de los promotores y por el aislamiento de las provincias que formaban la Capitanía General de Guatemala, amén del gran obstáculo que ofrecían los arraigados intereses de algunos estratos sociales fuertemente vinculados con la corona española por el ejercicio del poder unos, y otros, por el disfrute de privilegios y prebendas que iban a perderse con la Independencia.

Reunida la Asamblea Nacional Constituyente el 24 de Junio de 1823, emitió el Decreto de Independencia absoluta el 1º de Julio siguiente y dedicó su atención primordialmente a la redacción de las "Bases Constitucionales", declarando que la Nación se llamara "Provincias Unidas de Centro América", que su forma de Gobierno será republicana representativa federal y su religión será la católica, quedando las antiguas provincias en calidad de Estados. Conforme a las Bases, deberían redactarse las Constituciones particulares de cada uno de ellos por el organismo legislativo correspondiente, así como la Constitución Federal que sería también un reflejo fiel en aquellos lineamientos de modo que las leyes fundamentales de la República fueran armónicas para garantizar los anhelos por que habían luchado los promotores del movimiento emancipador.

Decretada la Constitución Federal, quedó en ella el pensamiento, los anhelos y la visión de los Proceres; quedó en ella la esperanza de los hombres ilustres que formaron la Constituyente, cual era la de hacer de Centro América un pueblo feliz, con conjunto de ciudadanos con plenas seguridades para el desarrollo de la vida con garantía de la igualdad como base fundamental, de seguridad individual y patrimonial, de libertad y de justicia.

La igualdad colocaba al individuo ante la ley sin privilegios, sin la capacidad de las presiones por influencias, con el derecho al respeto que le daba su condición de ciudadano. Aquella igualdad tácita mente abolía la condición de esclavos, no permitía la escala de amos o de dueños y la de siervos humillados, otorgaba el derecho de expresarse, de opinar y de participar en los negocios públicos sin discriminaciones basadas en Jerarquías de origen o de credos o de razas y desde luego estaba íntima e indisolublemente vinculada con la libertad y con la justicia.

La Constitución Federal, decía Barrundia, "se dirige a asegurar la felicidad del pueblo, sosteniéndole en el mayor goce posible de sus facultades; declara la independencia nacional: determina con exactitud la división de los tres poderes; y afianza los derechos del hombre y del ciudadano, sobre los principios eternos de libertad, igualdad, seguridad y prosperidad ".

Aquella Ley Fundamental plasmaba el pensamiento de las mentalidades más vigorosas de Centro América, porque fue la obra de liberales y conservadores, fue el resultado del esfuerzo conjunto de los Proceres que al momento de crear una Nación, se olvidaron de las rencillas, de los resentimientos y de las diferencias de banderilla para legislar en bien de todos; fué el fruto del interés común, más poderoso y más noble que las personales ambiciones de los legisladores. Con sobrada razón, Montúfar y Coronado se expresó así: "Desde el Decreto del 1º de julio de 1823 se sentó la base de una forma de gobierno popular representativa: la igualdad legal, la división de poderes y la ilimitada libertad de imprenta; la tolerancia religiosa establecida para el culto privado fué obra de la Constitución; la esclavitud abolida, los esclavos manumitidos… todo fué obra de este primer ensayo que hicieron los centroamericanos en la difícil empresa de construir un pueblo y darle leyes".

Quizá aquellos legisladores se excedieron en el idealismo, por su fé en el porvenir, en su devoción patriótica y en la seguridad y generosa hermosura de los principios, no les fué dable meditar con profundidad en que, si bien se habían inspirado en los pensadores franceses, estaban trasplantando una legislación formulada para un pueblo de índole distinta al centroamericano, con otra educación, con otras costumbres y con otra tradición. Pero sea como fuere aquella ley fundamental era la de una nueva Nación, la de las Provincias Unidas del Centro de América y bajo su égida iba a caminar un conjunto de ciudadanos cuya unidad política de por si endeble se había roto para dividir la región en cinco pueblos que serían un caldero para cocinar intrigas y un escenario para aplaudir caudillos y encumbrar tiranos que no podían vivir unidos por sus particulares ambiciones, por sus tendencias de política sectaria, aunque los pueblos cansados del régimen autoritario de la colonia vivieran anhelosos de mantener la unidad establecida en las nuevas leyes.

Dionisio de Herrera, Jefe del Estado de Honduras que había luchado por la Patria Nueva, quiso formar buenos ciudadanos, y para lograrlo estableció las tertulias patrióticas durante las cuales se leían y comentaban la Constitución Federal y la del Estado, haciéndoles saber cuáles eran sus deberes y sus derechos para que cumplieran fielmente con los primeros y ejercitaran juiciosamente los segundos. Concurría a ellas la juventud capitalina, en la que figuraba Trinidad Cabañas, que a la sazón contaba con escasos veinte años de edad. Para un estudiante salido del Colegio Tridentino como era Cabañas, aprender la Constitución era importante, porque en ella se había plasmado el anhelo de los próceres, de aquellos hombres en quienes creía la juventud que tenía esperanzas de futuro y en cuyos oídos las palabras de libertad, derecho, igualdad y justicia tenían un timbre de agradable sonido no escuchado durante las complejas cátedras de teología cursadas en el viejo Colegio que aún se regía por las constituciones dictadas por el civilizador Obispo Fray Antonio López de Guadalupe a mediados del Siglo XVIII.

El concepto de derecho y el principio de igualdad como lo establecía la Constitución de la República y la Constitución del

Estado, que Herrera practicaba celosamente, penetraron en la conciencia del joven Cabañas tanto como el amor a la libertad y el respeto a la justicia, y así como estos principios inherentes al hombre, se adentró en su corazón el ideal unionista que habría de fortalecerse al lado de Francisco Morazán, y todas ellas que son virtudes ciudadanas, jamás estuvieron ausentes en el Cabañas Soldado, en el Cabañas gobernador ni en el Cabañas constreñido por las adversidades.

En los días de gloria, como en las horas de infortunio, siempre estuvieron presentes en Cabañas los mandatos constitucionales y quizá esta circunstancia no permitió que sus errores en política y sus fallas en la disciplina militar fueran aprovechados por sus enemigos para catalogarlo en el grupo de los ambiciosos o clasificarlo en la lista de los tiranos y de los defraudadores fiscales, porque sus yerros fueron quizá sin intensión una consecuencia de circunstancias adversas, más no el producto del cálculo y de la cábala politiquera...

Para vergüenza nuestra, sólo los líderes hondureños como el General Juan López, dócil instrumento de Carrera, tuvieron la imperdonable osadía de echar cieno sobre la figura prócer de Cabañas. Yo me explico esto, como una derivación lógica de la estatura moral de los denigradores, del desmedido deseo de gobernar, o de robar ó de valerse de una posición inmerecida para cobrar imaginarios ultrajes y vengar agravios que jamás fueron hechos. Ni el General Juan López ni el coro de plañideras al servicio de Carrera, pudieron llegar a la dimensión centroamericana de Cabañas y mucho menos a disfrutar del prestigio y del respeto de que gozaba aquel soldado entre los hombres de pensamiento de la Patria Grande y ante los árbitros que, como el General Rafael Carrera, amo y señor de los denigradores, dominaban hasta el intelecto de los ciudadanos.

CAPÍTULO V: CHOQUE DE IDEOLOGÍIAS, ELECCIÓN DE ARCE

Después de emitida la Constitución y las leyes fundamentales de la República, asomó la cabeza en la Asamblea Nacional Constituyente el terrible monstruo de las rivalidades y la ambición. Aquella comunión de ideales que dió como feliz resultado una carta magna de principios avanzados en que se plasmaron los pensamientos de los próceres y las esperanzas de las masas oprimidas, se partió en mil pedazos cuando los grandes intereses se creyeron amenazados por la novedad de la doctrina liberal expuesta y sostenida por Barrundia, por Molina y por otros diputados que forcejaban para aniquilar los viejos moldes. No obstante que al redactar y discutir la ley constitucional se habían enfrentado los federalistas con los partidarios del régimen unitario, se había llegado al fin, al propósito renovador, al código justo, aunque quizá no adecuado, que consignara las grandes conquistas de los ideólogos de la Francia revolucionaria, y de los austeros legisladores de Pensilvania.

Reaparecieron los "Cacos" y "los fiebres" de la preindependencia; las polémicas en alta voz llenaron el ámbito legislativo; los cargos é inculpaciones recíprocas se volvieron virulentos y el caos era un pronóstico seguro para el futuro inmediato. Sin embargo las tempestades pasaban, las violencias amainaban cuando algún asunto vital requería de cordura y serenidad, porque en el Congreso había hombres de talento en ambos bandos: Barrundia, Gálvez, Molina, Aycinena, Pavón, Córdova y otros eran los que dirigían aquella rara orquesta de oratoria encendida o de reposada elocuencia.

Y así se llegó a la elección del primer presidente de la República: se disputaron el voto ciudadano José Cecilio del Valle y Manuel José Arce, y los pueblos eligieron a Valle, pero sus representantes en el Congreso decidieron la elección y fue proclamado Arce como Presidente Federal. Se realizó así la primera zancadilla política en la República por una componenda entre liberales y conservadores, y el pueblo se percató de cuán fácil era burlar la ley, de cómo aquellos que se proclamaban defensores del pueblo escarnecían la respetabilidad del sufragio popular sentando un precedente funesto que llenaría de luto y sangre los ámbitos de la patria.

Arce, ciertamente tenía méritos para llegar al solio presidencial, era un prócer de la independencia, un militar que dirigió con éxito las tropas de Arzú para la pacificación de Nicaragua, pero aún con todo, la patria no necesitaba de la espada, porque había paz y reinaba la armonía.

Valle era hombre de gobierno, hábil, recto, ilustrado y con tantos méritos como los de Arce; sin embargo, los representantes del pueblo se inclinaron por el soldado y menospreciaron al estadista. A propósito de esta elección vale la pena reproducir aquí un juicio de Don Agustín Álvarez sobre los pueblos de Sudamérica: "Es más patrista para la muchedumbre ignorante el que es más contundente, pues que su amor a la patria es más tangible, palpable, visible; por eso las multitudes abandonan a los moderados y cultos, que saben que nada hay absoluto sobre la tierra, que todo es relativo, que la capacidad administrativa no es asunto de sentimiento, que los organismos vivos no son susceptibles de modelarse como la cera, que lo que corresponde al tiempo, a las leyes de la naturaleza, no puede ser proveído por el hombre".

Si bien es cierto que en el caso de Arce no fué el pueblo ignorante, no fueron las multitudes fascinadas quienes lo eligieron presidente, ese mismo hecho sorprende que hayan sido hombres de pensamiento elevado quienes violando la ley le invistieron con tanta responsabilidad a sabiendas de que la República necesitaba más de las luces y la experiencia de Valle, que del brillo de la espada y las charreteras de Arce.

Y aquí cabe otro párrafo del señor Álvarez: "Una cosa es la aptitud para querer y conseguir la libertad y otra cosa totalmente diferente es la aptitud para respetarla, para distribuirla, para administrarla. Saber pelear bien es muy fácil, saber gobernar bien es muy difícil. A raíz de la independencia, todos sabían hacer revoluciones y derrocar gobiernos; pero organizar y administrar pueblos nuevos eso, casi nadie lo sabía, porque no habían tenido donde aprenderlo. Les faltaba la práctica, y en su defecto tenían ideales, que es como tener un farol encendido y no saber el camino, con la que todo el campo parece calle real".

Refiriéndose también a la desafortunada elección de Arce, el Dr. Ramón A. Salazar expresa los siguientes conceptos: "Así fué que los aristócratas se vieron obligados a aceptar la candidatura de Valle, luchando por ella con tal ardor, que obtuvieron 41 votos entre 82 que era el número de círculos electorales en que está dividida la república. Obrando de buena fe la elección habría sido de Valle, pues Arce no obtuvo más que 34 sufragios".

Otra opinión sobre aquella gran equivocación que desquició el sistema federal desde sus primeros días, es la que consigna el escritor Pedro Tobar Cruz en estos párrafos: "Ochenta y dos votos era el número que totalizaba los sufragios, se recibieron a la Asamblea setenta y nueve; de estos, cuarenta y un votos favorecían a Valle, treinta y uno a Arce. Por consiguiente, Valle, con el resultado obtenido era el llamado a ocupar la primera magistratura de la República. Los liberales se sienten defraudados, comprenden que lo que se ha obtenido no satisface sus ambiciones, ellos necesitan el dominio de la autoridad y saben por experiencia que Valle no es el hombre que se pliegue muy fácilmente a sus exigencias; no les queda más que maniobrar para falsear el resultado de la elección, por lo que hacen la *guisachada,* que al fijar la mayoría de votos, la base era el número total de ochenta y dos sufragios y no la base en que la elección se ha contemplado de setenta y nueve, que es lo que se ha obtenido y de esa manera le quitan a Valle la presidencia que con el favor del pueblo ha conquistado".

Y si a este se agrega, dos de los votos sufragados no entran al escrutinio ´por fútiles pretextos´, más que todo, porque existe la creencia que estos son favorables a Valle, y esto ya no se encuentra el alegado motivo para anular la elección. Por supuesto, que los liberales para realizar esta componenda, necesitan la ayuda de los conservadores que no son decididos adeptos de la candidatura del vencedor. Entran en arreglos, hacen una alianza y descartan la votación efectuada, conseguida tan ´saludable solución´ el Congreso se encarga de la elección, donde los liberales controlan por su mayoría, y eligen al general Manuel José Arce por 22 votos contra 5 que obtuvo Valle".

El propio Valle dice sobre esto: "La Asamblea Nacional decretó: el Congreso Federal sancionó y la nación entera proclamó la constitución Política de la República. Manuel José Arce nombrado presidente por el Congreso, Mariano Beltranena elegido Vicepresidente por el mismo; Mariano Aycinena suplente de la Corte Suprema y los demás funcionarios que tuvieran parte activa en la revolución juraron cumplirla y hacerla guardar. Era espectable este juramento y les imponía obligaciones muy serias. Lo olvidaron, sin embargo, y se volvieron contra la ley fundamental que con tanta solemnidad habían prometido observar y ejecutar. Maquinaron el plan malhadado de abolirla; Y esta maquinación fue el origen de sus desgracias y las de la República...

Desaparecieron los poderes constitucionales y quedó solamente un despotismo inhumano, ordenando sangre y muerte, devorando las propiedades y devastando la República, Arce atacó la base primera de todo sistema constitucional; reunió los tres poderes: se erigió en legislador: dictó leyes contra los artículos más expresos de la Constitución: decretó prisiones y declaró fuera de la ley a patriotas dignos de consideración: hizo uso de la fuerza para sostener sus decretos: puso en movimiento a toda la República".

A los 22 años, José Trinidad Cabañas escogió su destino político; amaba la libertad y tenía en alta estima el Derecho y viendo amenazada la una y pisoteado el otro por las fuerzas de la reacción antiliberal, determinó defenderlas ofreciéndose a luchar contra el invasor. Este so lo hecho que marca el inicio de su carrera militar y política, es suficiente para dibujar con certeza los rasgos más sobresalientes de su vida de soldado y de patriota.

Hasta aquella generación de jóvenes aseñoritados y románticos que salieron de las cátedras del Colegio Tridentino de Comayagua, había llegado la noticias de los graves sucesos que estaba embarcado el Presidente Arce; los atropellos, los crímenes y las arbitrariedades ordenadas o consentidas por aquel que había sido prócer desde 1811, eran conocidas en toda la República.

José Cecilio del Valle, el burlado triunfador en los comicios electorales para el cargo de Presidente de la Nación Centroamérica, se había encargado de denunciar aquellos hechos. Grandes desgracias causó a la República la forma irregular en que se eligió al General Arce como primer Presidente de la Federación; los ciudadanos de las provincias ilusionadas con los postulados de una Constitución que se adelantó en sus conquistas a las del resto de Latinoamérica, se sintieron defraudados y ofendidos con los procedimientos empleados por el Congreso y en la Capital, pronto se vio el resultado del malabarismo político porque el Presidente a escasos dos meses de asumir el poder dió pruebas evidentes de que iba hacia la dictadura.

Arce, seducido por los conservadores, se distanció de sus viejos amigos y tuvo la rara habilidad de querer transformar el sistema adoptado en un centralismo despótico, atentando primero contra las autoridades del Estado de Guatemala, y luego, invadiendo con fútiles pretextos el de Honduras, para concluir con un golpe de Estado que lo llevó a la dictadura.

No habré de buscar aquí causas atenuantes que justifiquen la conducta del General Arce; más bien es necesario agregar los párrafos siguientes: "Ahora bien: ¿Era aquel hombre a propósito para encaminar nuestra revolución y salvarnos de los múltiples escollos, sirtes y abismos que íbamos a encontrar en nuestros primeros pasos de vida independiente? De ningún modo. Militar afortunado, ambicioso e insolente, su puesto cuando más se hallaba en el Cuartel, pero no en la primera curul de la república.

Él estaba desnudo de todo conocimiento de la ciencia administrativa y era uno de tantos declamadores, de esos que por haber ganado una acción militar y saber redactar una proclama ampulosa o en estilo ditirámbico, se crean portentos de su tiempo y llamados a regir los destinos del país. ¡Cuán distinto de él era Valle y cuán grande la equivocación de nuestros proceres al posponerlo al soldado...! (7).

El año 1826 fue trágico para Centro América. El presagio era volver al antiguo sistema que se creyó proscrito desde el memorable 1º. de julio de 1823.

En Comayagua, los jóvenes que se ejercitaban en el civismo orientados por el Jefe Herrera, y de los cuales Cabañas formaba parte con Francisco Gómez, Mariano Aguiluz, Narciso Boquín, José Buenaventura Valenzuela, Santos Bardales, Miguel Ángel Bulnes, León Alvarado, Matías Castillo, y otros, deben haber experimentado un gran desaliento al conocer las noticias que llegaban desde Guatemala y justa indignación al ver que se defraudaban sus más caras esperanzas.

Orientada esta juventud hacia nuevas derroteros por más que le tocara desarrollar su adolescencia bajo el sistema colonial, tenía forzosamente que ceder a la influencia arrolladora de las ideas liberales, y precisamente porque estaban cansados de soportar la autoritaria presencia de un Gobernador en quien se reunían todas las facultades del poder, anhelaban que el cambio efectuado en el Gobierno por el régimen republicano, se mantuviera en toda su plenitud.

Seguramente estos jóvenes abrigaban fundados temores de que volviese la intolerancia religiosa, de que se suprimiese la división de poderes, que desapareciese la inigualdad legal y se retornase a la esclavitud física y espiritual, porque eran tantas las amenazas y fanfarronadas del clero y sus parciales encabezados por el Señor Provisor y Gobernador del Obispado, Presbítero José Nicolás Irías, que en la propia Asamblea del Estado se notaba el preludio de una guerra civil o la tormenta de una lucha entre el poder de un Estado Soberano y las milicias del Gobierno Federal.

Cabañas, como otros de sus contemporáneos y condiscípulos, dió pruebas más tarde de que realmente habían asimilado aquellas prédicas patrióticas y civilistas de Don Dionisio de Herrera, Jefe del Estado, así como también demostró su repudio a los principios centralistas, a la reacción conservadora y a todo cuanto tendiera a destruir el sistema republicano; Cabañas, como muchos de sus contemporáneos, se habían forjado la esperanza de un gobierno ideal ante el cual, al momento de las comparaciones, todos los gobiernos eran malos, y de aquí que, desde los días de juventud, el inquieto y menudo Cabañitas, luchara siempre para implantar aquel gobierno de fantasía que había estructurado su mente de patriota, aunque viera que ni se terminaban los déspotas, ni se aniquilaban los resabios y las ambiciones de los ignorantes encaramados en las alturas del poder.

Nada de extraño hay, entonces en que, el Jefe Herrera se viera rodeado de aquella juventud valiente y fervorosa cuando estaba organizando los cuadros para la defensa de la capital del Estado; y es comprensible que cuando Justo Milla sitio e incendió a Comayagua, Trinidad Cabañas, como simple soldado, como recluta, empuñara el fusil de "Chispa" para defender la legalidad y combatir el despotismo de los serviles.

Don Céleo Arias refiere que "El padre de Trinidad Cabañas era ya anciano. Ardía en su pecho la llama del patriotismo é iluminaban su cerebro las ideas de libertad en la República Democrática. Llamó a su presencia a sus tres hijos varones: Trinidad, Urbano y Gregorio y les habló de patria y de honor: los conjuró á que se prestasen hasta el sacrificio, en defensa de la buena causa, y se apresuró a presentarse con ellos ante el Jefe Supremo".

—Señor —le dijo—: el peso de mis años no me permite acompañaros en este campo de batalla; pero aquí tenéis a mis tres hijos, dispuestos á derramar su sangre al pie de la bandera que defendéis.

La lucha era tenaz: el ejército de Milla estaba bien equipado y tenía suficientes hombres para mantener un sitio prolongado; Herrera había reunido 600 hombres mal armados, pero con suficiente coraje para defender la plaza. Milla, en carta de 27 de abril, dice al Gobierno federal: "El 12 del corriente, a las cinco de la mañana, amaneció sobre la Catedral de Comayagua un cañón, con que el enemigo comenzó a batirme, y en el instante dispuse que se incendiase la ciudad por tres rumbos, atacándola al mismo tiempo. Se quemaron quince casas, y después de un tiroteo vivo que duró cinco horas, hice replegar la tropa a este campo, habiendo tenido de pérdida un muerto y tres heridos. Ignoro la que haya tenido el enemigo pero se me asegura que excede a la nuestra.

El 21 del corriente he estrechado más el sitio a Comayagua, y mis avanzadas llegan hoy a cuatro cuadras distantes de la plaza. Conjeturo que ésta debe rendirse pronto, pues estoy cierto de que carecen de víveres y que éstos no le entran por punto alguno. Tengo pedidos doscientos hombres al Departamento de Olancho y cien morenos al Comandante de la plaza de Omoa, cuyas tropas espero con alguna probabilidad dentro de unos seis u ocho días. El Comandante García que se halla en Opoteca, me escribe que ha fabricado un cañón y que sólo espera concluirlo para remitírmelo; no sé de su calibre y de consiguiente la utilidad que pueda ofrecer. Ayer ha entrado la tropa de Yojoa en número de treinta y seis hombres; y mañana o pasado deben llegar otros treinta morenos del mismo pueblo. Tan luego como se reúnan las fuerzas indicadas, volveré a intimar la rendición de la plaza, y de no verificarse, obraré activamente, según las circunstancias que entonces me rodeen. En las pequeñas acciones parciales que he tenido desde que ocupé este punto, me han hecho algunos heridos. Y aún hay quien haya muerto por falta de un facultativo y de medicinas. Es de suma urgencia que el Vicepresidente se sirva mandarme una y otra cosa con la brevedad posible, pues encarezco a usted y repito la necesidad que hay de estos auxilios. Ayer, con cincuenta hombres, ocupé la iglesia de la Merced; hubo un pequeño tiroteo, del que no resultó desgracia alguna".

Morazán dice en sus Memorias: "Unas trincheras mal construidas y un Jefe Militar traidor, eran dos obstáculos de fácil acceso para los sitiadores si la vigilancia de los soldados patriotas no hubiera hecho impotentes por largo tiempo las maquinaciones de la intriga como los diversos ataques que se dieran a la plaza. Estos no tuvieron otros resultados que el saqueo de toda la ciudad que se hallaba fuera de trincheras y el inútil incendio de sus mejores edificios con que se vengara la cobardía, ofendida de la tenaz resistencia que le opusiera el valor de un puñado de soldados hondureños y leonenses. En tanto que tenían lugar estos sucesos, la fuerza enemiga se aumentaba en razón que se disminuía la de la plaza. Los víveres faltaban ya en ésta, y muchas veces era mayor la sangre que se derramaba que el agua que se tomaba en el río defendido por los contrarios. La plaza se rindió el 9 de mayo por la capitulación en que todo lo sacrificaba el traidor por la conservación de su empleo al Jefe que no había podido lograr ninguna ventaja sobre los sitiados. Y para que nada faltase a este documento vergonzoso, la firmeza con que había el Jefe Herrera rechazado las proposiciones de rendirse que se le hicieran, fue castigada dejándolo a merced del vencedor como prisionero de guerra".

De esta suerte, una vez consumada la traición del gachupín Fernández, la tropa defensora abandonó como pudo la ciudad o se ocultó para no ser perseguida, encarcelada o sacrificada por el vencedor, y Cabañas optó por salir hacia El Salvador en donde su padre Don José María tenía amigos con los que negociaba desde hacía varios años. El joven Cabañas llegó a San Miguel refugiándose en casa de Don José Elías Ballejo. Allí supo el desastre de Milingo el 28 de mayo y que Arce, derrotado no se detuvo sino hasta Mataquescuintla en donde quiso reorganizar su ejército para volver contra Prado; supo también de la derrota de Milla en La Trinidad, el 11 de Noviembre del mismo año y también estuvo informado del desembarco de los prófugos de Colombia y expulsados del Perú, entre los que se destacaba el Coronel Rafael Merino, y dos hermanos suyos y el francés Alejo Sumaestre, los cuales fueron acogidos por el Jefe Prado, contra quien el Presidente Arce y ahora el Jefe del Estado de Guatemala Aycinena, encañonaba su fusilería, como lo había hecho en Honduras contra el Jefe Herrera.

CAPÍTULO VI: CABAÑAS EN EL SITIO
DE SAN SALVADOR

La toma de la plaza de Comayagua por las tropas de Milla y la elección de nuevas autoridades estatales encabezadas por Don Cleto Bendaña, persona muy honorable que no había militado en política, había abierto un Capítulo de insospechada trascendencia en los acontecimientos de Centro América. Trinidad Cabañas estaba lejos del hogar; había escapado de la plaza instantes después de la deshonrosa capitulación. ¿Por qué lo había hecho? Por qué no se acogió a las garantías que ofrecía el vencedor?

La respuesta parece ser que el joven Cabañas durante su bautismo de fuego demostró la medida de su valor y de su arrojo y como dicen de él algunos escritores, durante el largo asedio de la ciudad, "siempre se le vió en los sitios de mayor peligro". Cabañas, como la mayoría de los defensores de la plaza, no creyó en aquellas garantías que se desvirtuaban con la feroz persecución encabezada por los partidarios de Arce; no podía haber ninguna seguridad para los combatientes porque tan pronto entraron en la ciudad los federales dieron muestras de su crueldad y de la poco en que estimaban las personas y sus propiedades; y no lo dijo Cabañas, lo asevera Marure en estos párrafos: "Después de la toma de Comayagua, Milla se manifestó a no abusar de su triunfo; comenzó a tratar con alguna lenidad a los que él llamaba anarquistas, y aún determinó licenciar a las tropas auxiliares que no cesaban de cometer excesos ni de ejercer actos escandalosos de venganza. Esta conducta descontentó a Irías y a los demás eclesiásticos de su comparsa, pareciéndoles que nada se había adelantado con la rendición de Comayagua si no se trataba a los partidarios de Herrera con todo el rigor que merecían, manifestándose tan obstinados en este punto, que protestaron no entrar a la ciudad mientras no observasen en las providencias del vencedor el carácter de energía que demandaban las circunstancias. No tuvieron que instar mucho sobre este particular, porque bien pronto, Herrera fue remitido a Guatemala con una escolta, y todos aquellos sus edictos que no pudieron ocultarse o emigrar tuvieron que sufrir una larga prisión en las cárceles de Comayagua, o que ir a respirar los miasmas mortíferos de las bóvedas de Omoa".

Cuando abandonó la plaza, ya no era el "raso" que se había presentado para defender una trinchera, él había probado su denuedo y su heroísmo defendiendo los que eran sus ideales; Comayagua fue entregada a Milla por la traición del español Fernández que estando al servicio de la República seguía siendo monárquico y le incomodaba la democracia, y Cabañas no quiso capitular y prefirió abandonar aquel alero tan amado para buscar otro derrotero. Quizá pensó vivir tranquilo, como un ciudadano incoloro como la mayoría de las gentes más preocupadas por sus propios problemas que por los infortunios que afligían a la Patria, pero ya estaba trazado su camino y no podría esquivar en un cercano futuro, las responsabilidades que el destino echaría sobre sus hombros. Estando lejos, en su suelo natal se desarrollaron acontecimientos de tan alta trascendencia, que cambiaron el panorama político de Centro América. Milla se trasladó a Tegucigalpa, población que según el historiador nicaragüense Francisco Ortega Arancibia "era ciudad culta que, como Granada, es el asiento principal del cachurequismo hondureño"; aquí se le ofreció ayuda económica que no logró en Comayagua, porque la vieja capital era el asiento del liberalismo, no obstante que muchos afirman lo contrario.

Todo presagiaba el triunfo de las armas de Milla; la columna auxiliar que enviaba el Estado de El Salvador al mando del Coronel Gregorio Zepeda había sido batida en Sabanagrande y confiado en este triunfo, Milla prosiguió su ruta hacia San Miguel, pero, como le refiere el General Morazán en la Villa de Choluteca "pude organizar una considerable División, y en el campo de la Trinidad, acreditar a los hondureños que era llegada la hora de romper sus cadenas. Milla fué allí completamente batido, dejando en nuestro poder los elementos de guerra, que había acumulado, y la correspondencia oficial".

El descalabro de las tropas que el Presidente Arce había mandado para someter a los hondureños, se supo pronto por los sitiados de mexicanos. Morazán avanzó hasta Gualcho, en donde deshizo las tropas de Domínguez. Montúfar y Coronado dice: "Gualcho es la cuna de este soldado casual, y es el invitatorio de los funerales del ejército guatemalteco. Acababa Morazán de ser coronado por la victoria...".

Aunque en verdad lo que cambió el destino de Centro América, fué la batalla de la Trinidad, en donde por vez primera, Morazán hizo brillar su espada redentora. Entre tanto, ¿qué hacía el joven Cabañas? ¿En dónde estaba el futuro soldado de la libertad? En la "noticia biográfica del General Trinidad Cabañas", escrita por el historiador Salgado, dice: "En el año de 1827 comenzó su carrera militar al servicio del Jefe Herrera y durante el sitio de Comayagua siempre se le vió en los puestos de mayor peligro. Tomada la plaza por las tropas de Milla, el joven Cabañas emigró para El Salvador y tomó parte en la defensa que las tropas de San Salvador hacían contra los federales y obtuvo el grado de Teniente".

Evidentemente así fue, solo que se tardaría algunos meses para decidirse por la carrera de las armas, pues casi desde su llegada al hogar acogedor de Don José Elías Ballejo se mostró activo en el comercio, ayudando al Jefe de la familia en estos menesteres, especialmente en la compraventa de ganado, negocio al cual, desde su juventud, el Señor Ballejo se había de dedicado con muy buenos logros. A pesar de que casi todo el año de 1827 la guerra entre el Jefe Prado y el Gobierno Federal mantuvo en actividad bélica al Estado de El Salvador, los comerciantes, y especialmente los de ganado procedente de las haciendas hondureñas, parece que no interrumpieron sus transacciones; las tropas de ambos contendientes tenían que comer y la carne era uno de los alimentos de base, así que el joven Cabañas y los hijos de Don José Elías se encargaban de la conducción de las partidas de ganado a los sitios en que podían negociarse y en los cuales se les ofreciesen las garantías y seguridades necesarias. Ballejo era un viejo amigo de Don José María Cabañas desde los tiempos en que ambos negociaban con Guatemala para abastecerla de novillos, trayendo de la metrópoli otros artículos de comercio, de suerte que el hijo iba a disfrutar del afecto que el padre había cultivado con el amigo migueleño.

Una carta de José Elias Ballejo para Don Joaquín Batres en Guatemala dice: "Sn. Migl. Sepbra 6 de 828-Sr/Juagn Batres. Me notician que la partida de ganado que mandaba para el compromiso, con Lorenzo y Trinidad, hijo de José Ma. Cabañas, no pudo llegar a Ud. por las ocurrencias de Sn. Salvador, ya le acreditaré esta contingencia con el valor qe. puede reçivirlo a mi nbre, de los herederos de BM. José Naxera en la Hazda, del Sitio pa. deducirlos de mi Cta. Mande a qu B.S.M. José Elías Ballejo".

De esta suerte, en uno de los viajes llevando una partida de ganado para Guatemala, el joven Cabañas y sus compañeros no pudieron pasar de San Salvador, pues la ciudad había sido sitiada por las tropas federales bajo el mando del General Arzú y el ganado tuvo que ser empotrerado, una parte en las faldas del volcán San Salvador, y la otra, negociada con los sitiados Cabañas. En tal situación, se presentó al Cuartel General para ofrecer sus servicios y fue dado de alta como soldado en la columna que comandaba el Coronel Juan Prem. Prestando estos servicios se encontraba, cuando Domínguez fué derrotado en Gualcho por Morazán el 6 de Julio de 1828. Esta acción de armas alentó a los sitiados, y aunque Morazán con el ejército auxiliar tuvo que regresar a Honduras, aquellos redoblaron sus contra ataques para tratar de romper el sitio.

Leamos cómo se sucedieron los hechos que convirtieron a los sitiados en sitiadores: "La fuerza local que estaba en Quetzaltepeque, fué derrotada el 14 de agosto por Prem, triunfo que le dió más libertad en su esfera de acción, pues el 25 del mismo mes, derrotó en el mismo pueblo, al Coronel Valdés que con 100 hombres había salido a proteger la llegada del convoy hubo 32 muertos y 26 heridos y pasado ese nuevo triunfo, quedó Prem a la expectaiva de la llegada del refuerzo y del convoy; y ya sin temor de que fueran destacadas nuevas fuerzas federales a batirlo, reunió todas las partidas volantes, las que emboscó en el lugar llamado El Nance, en donde, por sorpresa, atacó y deshizo la fuerza que conducía el último recurso que enviaba Aycinena. Dueño de aquel botín, dió mejor organización a su tropa, y desde esa fecha quedó contra sitiado Montúfar, ocupando Prem el pueblo de Apopa, en combinación con otras tropas que en diferentes puntos se situaron.

El hambre se acentuaba, por lo que el 18 de septiembre, salió el Mayor Vera a la cabeza de 160 hombres a tomar un ganado vacuno que estaba a la distancia como de media legua. Prem recibió orden de estrechar el asedio, y con este fin debía marchar de Apopa al mando de 600 hombres a las 4 a. m. apoyado por la caballería que estaba bajo las órdenes de Terre longue, pero teniendo que recorrer una distancia de más de 4 leguas para llegar al pueblo de Ayutuxtepeque, emprendió la marcha a las 8 p.m. Prem, en esa hábil maniobra, forzó la marcha, y cuando había ascendido por la falda oriental del volcán, se encontró con Vera que regresaba con el ganado. En aquellos callejones estrechos se trabó un combate reñido entre las fuerzas combinadas de Prem y Terrelongue y de la pequeña columna federal, que, encabezada por su Jefe, peleó con heroísmo, triunfó el número, y tuvo que rendirse aquel valiente Jefe cuando le quedaban solamente 10 soldados, dejando el campo sembrado de cada veres.

Este cúmulo de acontecimientos adversos que rodeaban a Montúfar, lo iban dejando inhábil y reducido, hasta ponerlo en la imposibilidad de seguir defendiendo Mejicanos. Pasado el triunfo sobre las fuerzas de Vera, atacaron el mismo 28 las fortificaciones de Mejicanos, en cuyos asaltos fueron todavía rechazadas las fuerzas salvadoreñas, las que por la imposibilidad de perseguirlas, quedaron ocupando posiciones inmediatas a las trincheras, lo que les permitía ir estrechando el asedio, hasta reducirlos al propio recinto de sus puestos, llegando el momento de que ya no se podía tomar agua de los arroyos que abastecen el pueblo. Quedaban agotados todos los recursos diplomáticos y militares que se habían empleado para sostener una campaña honrosa de ocho meses, tan llena de detalles y peripecias, y como único recurso quedaba la capitulación.

Montúfar la propuso, hubo repulsa al principio, pero convencidos de que no existía otro recurso que los salvara, la aceptaron. El vencedor impuso la ley, y, fue así como se rindió el último resto de aquel valiente y sufrido ejército. El General Arzú permanecía en San Miguel, sin tomar la iniciativa contra el ejército de socorro mandado por Morazán. Aquella parálisis militar de aquel valiente Jefe, contribuyó de una manera directa, a que una campaña empezada con triunfos, terminara con dos capitulaciones".

Cabañas era en aquellas fechas un soldado más; un combatiente desteñido cuyo nombre no figuraba todavía en los partes militares que se daban al alto mando después de las batallas. Mas, es justo decir que las tácticas de Prem y la astucia de Terrelongue, que mandaba la caballería, marcaron el inicio de la carrera militar de aquel soldado obscuro pero de un valor digno de reconocimiento, pues en la guerra las victorias como la derrota se acreditan al Jefe, aunque los actos de arrojo y heroísmo hayan sido realizados por el soldado en unión de los oficiales de más baja jerarquía. Cabañas había escalado con firmeza los primeros peldaños en su larga y penosa carrera porque durante el sitio memorable de Comayagua, no fue sino su bautismo de fuego, su primer paso, impulsado quizá más por las circunstancias, por sentirse defraudado en sus ideas por experimentar la ofensa de ver a su tierra invadida injustamente y su hogar a punto de perecer, que por una verdadera vocación militar. El amor a las armas vino después. Se asomó a su mente inflamado su corazón de patriotismo, cuando comprendió que la reacción conservadora está decidida a destruir la nacionalidad, cuando se percató de quiénes se oponían a los federales de Arce, defendían la República y el derecho de vivir como pueblos libres, regidos por leyes dictadas para promover la felicidad de todos los ciudadanos y alcanzar por medio de la igualdad y la justicia, del trabajo y la tranquilidad, el progreso y la grandeza de la Patria.

CAPÍTULO VII: CABAÑAS Y LA IDEOLOGÍA REVOLUCIONARIA

El 9 de Octubre de 1828 el General Francisco Morazán y el Teniente Coronel Antonio Aycinena se sentaron a la mesa de las negociaciones cuya culminación fue la Capitulación de San Antonio de Gualcho, propuesta por Aycinena y aceptada por Morazán. Conforme a ella, las tropas federales entregaron todo su armamento, con excepción de 100 fusiles que se dieron a los vencidos para su traslado a Guatemala por la vía de Gracias; los vencedores se hicieron cargo de la atención de los enfermos y heridos de los vencidos que gozarían de toda clase de garantías.

En forma coincidente casi, el Coronel Manuel Montúfar y Coronado, sitiador de San Salvador, se rindió ante los sitiados, entre quienes, como ya se ha dicho, se encontraba el Teniente Trinidad Cabañas, como oficial de la columna del General Juan Prem. "De la hacienda de San Antonio me dirigí a la ciudad de San Salvador, pasó enseguida a la villa de Ahuachapán, para organizar allí el ejército que debía marchar sobre el Estado de Guatemala".

(Memorias de David del general Francisco Morazán). Escuetamente Morazán se refiere a su triunfo de San Antonio, a su viaje a San Salvador y a su traslado a la Villa de Ahuchapán, pero lo cierto es que a la Capital Salvadoreña llegó el 23 de octubre entre demostraciones de júbilo y allí encontró al joven Cabañas que había conquistado durante el sitio de la ciudad el rango de Oficial por su valor y constante denuedo en la lucha contra las poderosas tropas de Arzú. Morazán tuvo que regresar a Honduras para tratar de sofocar la insurrección de Olancho y no fue sino hasta el 1° de Enero de 1829 que se estableció en Ahuachapán para organizar de acuerdo con el Gobierno del Estado, los contingentes necesarios para la invasión a Guatemala, contingente que se bautizó como "Ejército Aliado Protector de la Ley".

Cabañas era un joven de 23 años; había combatido como Morazán para repeler los ataques de las tropas de Milla en Comayagua, pero no obstante su juventud era ya un veterano en la lucha por el derecho, la justicia y la libertad. Sabía que Morazán era un revolucionario honrado y un militar valiente y generoso y tenía confianza en sus capacidades de Estadista. Cabañas pensaba que Morazán aún no era el ideólogo de la doctrina liberal, pero podía serlo, como lo fue más pronto de lo que pudiera esperarse de un hombre que apenas hacía cuatro años que participaba en los negocios públicos. Iniciado en los ideales revolucionarios por el Jefe Dionisio de Herrera, Cabañas mantenía latente las enseñanzas de las tertulias patrióticas que aquel gran estadista había organizado en Comayagua y no le fue difícil concatenarlas con los ideales que perseguía Morazán y con su actitud resulta para sofrenar el desbordamiento de las pasiones y la proscripción de las Tácticas del conservatismo que estaba ocasionando tantos males a la República.

La revolución de 1829 cuyo más alto representativo era Francisco Morazán sintetizaba las esperanzas de los hombres que en Centroamérica querían una transformación tanto política como social; representaba el cambio radical de las seculares estructuras de gobierno en busca de la felicidad de una Nación que deseaba vivir al amparo de la ley nueva que le aseguraba derechos y le imponía obligaciones. Esta ley nueva era la Constitución Federal en la cual los próceres como Barrundia, Molina, Gálvez, Márquez, Aguirre,

Larreinaga, Castilla, y todos los constituyentes de 1823 y 24, habían conjugado sus pensamientos con la doctrina de los enciclopedistas franceses del Siglo XVIII y las que dejaron los norteamericanos en la Declaración de Filadelfia en 1776, y que el partido de la reacción había echado de menos al volverles la espalda el Presidente Arce acariciado como dictador por los conservadores.

Para Trinidad Cabañas no fué difícil encontrar la coincidencia del pensamiento Morazánico, con los principios fundamentales de la Constitución de la República y al cabo, él ya se había decidido por la revolución, ya estaba en la línea que defendía la legalidad y, desde que volvió a encontrarse con Morazán, su adhesión al líder liberal y su fé en la doctrina proclamada, no se apartaron más de su pensamiento, poniendo en alto aquella inspiración democrática y republicana como escudo férreo en la defensa que demandó sacrificios y constancia a través de su vida diáfana y plena de enseñanzas saludables. Cabañas encontró en el cambio estos principios: libertad de conciencia, libertad de enseñanza, libertad de sufragio, libertad de los esclavos, igualdad ciudadana, seguridad individual, reforma de la enseñanza tradicional, fomento y explotación de la riqueza natural, etcétera.

También era evidente para el joven Cabañas, el golpe de Estado que había dado el Vicepresidente Beltranena al despojar del poder al General Arce que había sido elegido por la Asamblea como Presidente de Centro América y siendo ya un republicano, no podía estar de acuerdo y menos permanecer impasible ante aquellos atentados que habían desquiciado la estabilidad de las instituciones y amenazaba con destruir la Unidad Nacional. El sólo hecho de que el contingente Morazanista se llamara "Ejército Aliado Protector de la Ley", le hizo comprender que no se trataba de una lucha fratricida para mantener en el poder a tal o cual tendencia política, sino que la empresa era más grande, más elevada y necesaria, porque aquellos soldados iban a salvar la República y restablecer el imperio de la legalidad. Para Cabañas el legalismo aprendido con Herrera, tenía que ser fundamental, porque ya tenía la experiencia de lo que representa y puede hacer el despotismo; entonces vio con entusiasmo y con sincera devoción la causa enarbolada por la revolución Morazanista, pues representaba, además el cese de las persecuciones y encarcelamientos, el restablecimiento de la confianza pública en las instituciones y por ende, la paz social y el progreso económico. La verdad de estas apreciaciones las puso en evidencia Cabañas a lo largo de su dilata da participación en la política centroamericana; él no abjuró jamás de las ideas que habían abrazado con sinceridad en su juventud quizá modificó la forma de llevarlas a la práctica obligado por la evolución de los pueblos, el contacto con otros personajes que interpretaban la revolución de otra manera y al medio y circunstancias en que tuvo que desenvolverse, modificación necesaria para salvar la esencia de aquellos principios constantemente amenazados por la reacción conservadora. Cabañas, a pesar de su juventud, supo comprender que los estragos y los cuadros dramáticos que ocasionaría la lucha bélica, serían censurados con airadas y crueles protestas e incriminaciones por los pueblos, pero estaba cierto de que en los campos de batalla desolados, se iba a generar un conjunto de nuevas ideas, de nuevos principios que iban a incidir directa y benéficamente, en la mentalidad y bienestar de los mismos pueblos, y que no debía permitirse que los que ya se habían logrado con la Independencia y la organización de la República, fueran sacrificados para corresponder a las aspiraciones de una camarilla retardataria.

Es probable que Cabañas al entrar de lleno en la lucha por la restauración constitucional, haya pensado que la revolución iba a despejar una ruta de progreso y de cultura, de que tanto necesitaba la Nación. Aparte de esto, comprendió la urgencia de la estabilidad de las instituciones, sin la cual la paz sería imposible. Así nació la ideología revolucionaria de Cabañas que lo coloca en un plano elevado: cuando apenas se pronunciaba la palabra democracia tan empleada en nuestros días, ya él era un demócrata positivo, sin alardes demagógicos; esa ideología le hizo respetuoso de la persona humana a la que dedicó sus esfuerzos, un devoto cumplidor de la Ley, y un celoso soldado de la dignidad Nacional. Nadie ha dicho hasta hoy que Cabañas haya transgredido aquellos principios de ética política y de pensador militar y al contrario sus enemigos acérrimos le guardaron respeto por estas virtudes ciudadanas.

CAPÍTULO VIII: EL PRESIDENTE EN HONDURAS

Sofocados los movimientos conservadores encabezados por Dominguez, Guzmán, Arce y Cornejo para derrocar el régimen federal, la República comenzó a sentir las consecuencias de la contienda armada representados por una paz precaria, por una economía en crisis y por la relativa fatiga de los ánimos, a pesar de lo cual era evidente que los sediciosos no habían arriado sus banderas y sólo concedían una tregua que podía ser de corto o largo plazo, con toda la apariencia de un definitivo fracaso. Honduras, particularmente, sintió el rigor de la contienda armada: Su economía alcanzó un índice muy bajo, y el Gobierno que se vió forzado a recurrir a los empréstitos para cubrir los gastos de la guerra, aumentó el renglón de la deuda pública, parte de la cual tenía que amortizarse con especies o dispensando el pago de los impuestos a los prestamistas. La producción de granos se redujo considerablemente por que los labriegos se habían convertido en soldados; el mercado de ganado con El Salvador y Guatemala casi estuvo cerrado por la inseguridad de los caminos, y el comercio con Belice, consistente en cueros, novillos, miel de "palo", semilla de higuerilla y zarzaparrilla solo pudo restablecerse un tiempo después de la capitulación de Omoa y el fusilamiento de Ramón Guzmán.

En el aspecto político, el Jefe del Estado, Don Joaquín Rivera, a quien el Licenciado Marroquín Rojas llama despectivamente "un tal Joaquín Rivera" procedía de acuerdo con la Asamblea y el Consejo Representativo para fortalecer la precaria paz de que se disfrutaba, se empeñaba en mantener la mayor armonía con los demás estados y con el Gobierno Federal, y procuraba que se limaran las asperezas entre liberales y conservadores gobernando para los hondureños y no para el partido al cual pertenecía. En educación se lanzó decididamente al cambio casi radical de la enseñanza implantando el sistema de Lancaster y, sobreponiéndose a la miseria fiscal envió a Guatemala a viarios jóvenes para aprender el Método Lancasteriano con miras a perfeccionarlo en las escuelas hondureñas.

Trinidad Cabañas seguía como agricultor; su cercana finca de Celguapa le permitía negociar con la capital además de mantenerse informado de los sucesos más importantes. Pronto llegó a su conocimiento que estaba formándose un movimiento encaminado a pedir al Congreso Federal la reforma constitucional y no le fue difícil recordar la tragedia de 1827 que él había vivido muy joven y que fue el corolario de la política del Presidente Arce que también deseaba la reforma aludida. Para Cabañas quizá fuera esto una prueba de la veleidad de los políticos; en 1826 cuando Arce convocó la reunión del Congreso Federal en Ahuachapán, los Estados de Honduras, Nicaragua y El Salvador se opusieron con tanta obstinación a las reformas alegando que era una maniobra de los conservadores guatemaltecos, que el resultado fué la guerra civil y la Revolución Morazanista de 1829, y ahora que el partido liberal gobernaba la República con Morazán a la cabeza, aquellos que habían adversado la reforma eran sus mejores corifeos. Le preocupaban al joven Militar las últimas disposiciones de Gobierno sobre la traslación de los altos Poderes de la República, fuera de Guatemala, y más aún que el Congreso hubiera declarado Distrito Federal el Estado de Honduras.

Cabañas no era político, nunca fue inclinado a las componendas, a los enredos, y a las cábalas de los políticos; para él las cosas eran más simples; un gobierno regido por leyes y una ciudadanía con deberes y derechos; una patria integrada por cinco parcelas con intereses comunes y con anhelos también comunes que agrupaba una ciudadanía con un común denominador: centroamericanos. Esto era lo que había aprendido, bajo este signo se había hecho hombre y por esa patria grande había ido a los campos de batalla para preservarla de los males que intentaban causarle los enemigos de la federación. En Junio de 1833 llegó a Comayagua el Presidente de la República en viaje de reposo. Morazán, con licencia del Congreso, vino a la tierra que le vió nacer sin ninguna misión oficial por lo que fué recibido por sus amigos que organizaron un encuentro a caballo como era la costumbre. Entre ellos figuraba Trinidad Cabañas. Es de creer que éste haya sabido por boca del Presidente cual era la realidad política de la República y hasta quizá supiera cuáles eran los planes del General para normalizar la situación salvadoreña, para cuyas autoridades el viaje de Morazán representaba una maniobra para derrocar el régimen levantando un ejército de Texiguat y Curarenes que marcharía hacia San Miguel y luego a San Salvador.

Pero estos temores fueron aclarados en un manifiesto que el Presidente lanzó el 9 de Julio en el que explicaba a la Nación los motivos de su viaje a Honduras.

Es de creer también que Cabañas haya expresado a Morazán su preocupación por el rumbo que tomaban los acontecimientos centroamericanos y que el General le haya tranquiliza do asegurándole que al momento de la acción, si fuese necesario, reclamaría sus servicios militares. A propósito, en carta para Salazar, Senador Presidente fechada en Comayagua el 12 de Julio de 1833, Morazán le habla de la situación hondureña y entre otras cosas le dice: "Todo lo he tratado con el Jefe Rivera. Aunque es embarazoso el estado de las rentas hay medidas para arreglarlas convenientemente. disuadí a Cabañas de que sus temores del curso que lleva la política puede cambiar a mejor camino con las medidas de que dispone el Gobierno, pues este valiente militar está listo para defender la ley y el orden si fuere necesario y piensa que las ocurrencias de El Salvador entorpecen la marcha de la República y pueden ocasionar grandes males a la paz del Estado de Honduras que está reponiendo los daños de la facción de Dominguez...".

Vese que Cabañas a pesar de no ser un político como Rivera o como Vijil, pues no había madurado lo suficiente para serlo, tenía interés en la buena marcha de la República y permanecía alerta como buen soldado para volar al lado de Morazán para defender las instituciones. No obstante que el Presidente confiaba en las medidas adoptadas por el Jefe Rivera en lo económico y que creía afianzada la paz en el Estado, pronto se recibieron en Comayagua alarmantes informes procedentes de Belice que indicaban el peligro de una posible invasión armada a las costas de Honduras. Primero se supo que habían desembarcado en la Isla de Roatán varios morenos enviados por el Superintendente de Belice, noticia que desmintió en seguida el propio representante británico en comunicación dirigida al Jefe del Estado; luego se informó al gobierno que el ex-Presidente Arce se aprestaba nuevamente para invadir el territorio centroamericano por algunos puntos de la costa Norte de Honduras.

El Jefe del Estado considerando las dificultades que tendría el Gobierno Federal para enviar tropas en defensa de Omoa y Trujillo, dispuso reasumir la Administración de dichos puertos lo mismo que la renta federal del tabaco, y acto seguido ordenó que se reforzaran aquellas guarniciones en previsión de un desembarco, que nunca se efectuó. La situación creada por esta medida era perjudicial a las rentas federales y para remediarla, el presidente Salazar, comisionó al General Morazán para volver a Comayagua y gestionar los arreglos del caso. A finales de 1834, el General Presidente llegó a Capital del Estado para hacer las gestiones pertinentes. Se le dijo que si bien había sido el ejecutivo quien solicitado la medida como un medio eficaz "para evitar la disolución del Gobierno y conservar la integridad del territorio en caso de ser constituida la República bajo el sistema de confederación del que tanto se hablaba, había sido la Asamblea estatal por Decreto de 19 de mayo de 1833 la que acordara tal medida. El alto comisionado hizo entonces una larga exposición ante la legislatura, y ésta en atención a ella, "devolvió al Gobierno Federal los puertos y alcabalas marítimas" que había tomado para sí. El Decreto de devolución fue dado el 22 de noviembre de 1834. Morazán regresó luego a Guatemala.

CAPÍTULO IX: CABAÑAS EN TEGUCIGALPA

El 4 de Junio de 1835 por la tarde y en cumplimiento de lo ordenado por el Congreso Federal, tomó posesión de la Presidencia de la República en San Salvador, el General Morazán para iniciar su segundo período de gobierno para el que había sido elegido el 2 de febrero anterior. Para este tiempo en el Estado de Honduras la opinión favorable sobre las reformas de la Constitución Federal que se venía formando desde 1833 se había manifestado de diversos modos, siendo uno de ellos, el de entorpecer el regular funcionamiento de los organismos gubernamentales probablemente alentado por el Vicejefe Coronel Don Francisco Ferrera que al parecer había abrazado la causa de un sistema Confederal que, para los conservadores, encarnaba la verdadera reforma. El Jefe Don Joaquín Rivera por más que se empeñaba en salir adelante, tenía la oposición en el propio Gobierno ya que Ferrera, como Vicejefe era el Presidente del Consejo Representativo, que siempre tropezaba con dificultades para funcionar debidamente. Igual ocurría con la Corte Superior de Justicia y aún con la Asamblea que costaba mucho que se reuniera con los Diputados propietarios, por lo que de principio se integraba con los suplentes.

Tal ocurrió en 1835 cuando la Asamblea que debía reunirse el 2 de enero, no lo hizo sino hasta el 19 de mayo en que se declaró inaugurada y esto después de las exigencias de la Junta Preparatoria y de los requerimientos del Gobierno, lo cual demoró el debate sobre el pliego de reformas a la Constitución Federal que el Congreso reunido en San Salvador había decretado el 13 de febrero anterior.

Las reformas a la Constitución de 1824 se concretaban a ciertos artículos de los títulos II, III, IV, VI, y VII. El artículo 11 decía: "Los habitantes de la República pueden adorar a Dios según su conciencia. El Gobierno los protege en la Libertad del culto religioso. Más los Estados cuidarán de la actual religión de los pueblos, y mantendrán todo culto en armonía con las leyes" (Título II). En el Título VI se reformaban los Artículos 89 y 90 relativos al Senado y entre las nuevas disposiciones se encontraban la renovación de sus miembros por cuartas partes "eligiendo las Legislaturas un Senador cada año, y que uno solo de los Senadores de cada Estado podía ser eclesiástico". Estas reformas no gustaron a los Diputados clérigos que se veían si no desplazados, al menos limitados en número, además de que no estaban por la libertad de cultos. La oposición en el seno de la Asamblea fue inmediata. Se trajo a cuentas el proyecto de reformas dictado por ella el 20 de febrero de 1833 en el cual suprimía el Poder Ejecutivo, el Congreso, el Senado y la Corte Superior de Justicia que se reemplazarían por una Dieta compuestas por dos representantes del Estado de Costa Rica, tres por el de Nicaragua, tres por el de Honduras, cuatro por el de El Salvador y seis por el de Guatemala; se dijo que en aquel proyecto se había planteado lo que el pueblo quería y pedía con urgencia tal como se consigna en el artículo 10 del referido proyecto; también se dijo que el dictamen emitido por los Diputados Don José Antonio Azmitia y Don José Mariano Rodríguez había sido favorable al proyecto de reformas que se discutía y que El Salvador como Guatemala, no las aceptaban.

Sin embargo, la Asamblea resolvió que debería oírse el parecer de los pueblos para lo cual nombró una Comisión compuesta por los diputados Presbítero Faustino Luque y Don Matías Argüello, la que abriría la dictamen según los pliegos que recibieron de las

Municipalidades, "empleados, corporaciones é individuos particulares del Estado a quienes el Gobierno pidiera sus votos".

Este fué un expediente para dar largas al asunto y ganar prosélitos a favor de la causa "confederal" que desde principios de 1835 contaba con un denodado y hábil defensor: el Licenciado Don Felipe Jáuregui.

El acuerdo de la Asamblea dado el 10 de Junio abrió el camino que buscaban los conservadores para llegar a la rebelión. A nombre de la religión ofendida los reaccionarios comenzaron a explotar el fanatismo de algunos pueblos amenazando la paz pública y el Gobierno, obligado a mantener el orden y la tranquilidad procedió a cambiar sus cuadros dirigentes colocando en los cargos de mayor responsabilidad a ciudadanos de reconocida honradez, fidelidad y capacidad.

Trinidad Cabañas fue llamado a Comayagua con urgencia a fines de junio; se le pidió su concurso explicándosele cuál era la realidad política y los riesgos que corría el régimen federal y la estabilidad del Estado y dándosele los pormenores de quiénes, cuántos y cómo conspiraban contra las instituciones. Cabañas atendió la petición siendo nombrado Jefe Intendente y Comandante de Armas de Tegucigalpa.

Entre tanto, el licenciado Don Felipe Jáuregui, nacido en Guatemala, había intimado con el diputado León Rosa, con los Xatruch, con el Coronel Francisco Ferrera y con cuanto personaje se oponía o aparentaba oponerse al Gobierno Nacional o al del Estado, moviendo con ellos el partido que deseaba llevar a la Jefatura al Coronel Ferrera y a la Vice Jefatura al Diputado Rosa, pues como refiere el Dr. Lorenzo Montúfar, "Don Felipe era activo cooperador en Honduras de los serviles de Guatemala. Tenía talento, maneras cultas e insinuantes sin que pudiera ser tachado de un ridículo refinamiento, conversación grata e instructiva...". Además de que por sus muchos ajetreos judiciales le habían dotado de una sagacidad política con que no todas las personas podían contar en Honduras.

Cabañas era hombre de fiar porque era hombre de bien, si alentaba ideas y principios políticos opuestos a los personajes que movían los hilos de la intriga, no por esto iba a hostigarlos, atropellarlos o perseguirlos. Por el contrario se le consideró como una garantía de tranquilidad social que sin dejar de cumplir con sus deberes de funcionario alternaba con los ciudadanos de todas las tendencias. Cabañas al fin y al cabo era uno de los pocos y legítimos descendientes que aún quedaban de "las familias" que habían venido a menos con la revolución liberal, a la que estaba afiliado, lo que no le impedía conservar y practicar las enseñanzas recibidas en el hogar ahora afianzadas con la lectura y el trato de la gente que se llamaba "culta".

Al iniciarse el año 1836 la República gozaba de la relativa tranquilidad y en el Estado de Honduras había paz mantenida cuidadosamente por el Jefe Don Joaquín Rivera y sus colaboradores, muy a pesar de los trabajos candidaturales de Ferrera y de Jáuregui. Así las cosas se reunió en Comayagua la Asamblea, el 1o. de junio abriendo sus sesiones el día tres para escuchar el Mensaje del Jefe del Estado que, como asunto de primera importancia enfocó el problema de aceptación o repulsa de las reformas a la Constitución Federal.

El 6 de Junio se nombró una comisión formada por los Diputados Moncada, Márquez y Argüello para que abriera dictamen sobre la repulsa o admisión del Proyecto. La Comisión presentó su dictamen en la misma sesión; y de conformidad con él, se expidió en la sesión del 8 "el Decreto correspondiente. Este fué adverso a las reformas constitucionales, afirmando que: "El Estado de Honduras no adopta las reformas emitidas por el Congreso Federal el 13 de febrero del año pasado". El 20 de junio, a petición del Jefe del Estado, la Asamblea convocó a elecciones de Diputados y del Jefe y Vicejefe del Estado. Pareciera que sólo eso se esperaba para que se recrudeciera la campaña contra el Gobierno, Los conservadores pusieron de nuevo el juego de desintegrar el Consejo como en 1826; enderezaron sus baterías contra el Jefe Rivera que luchaba porque los Consejeros se presentaran a integrar aquel organismo, lográndolo al fin a principios de agosto, sólo para pedir la destitución del Ministro Castañón a quien se le hacían varios cargos.

Rivera, ante la insistencia del Consejo, separó a Castañón del Ministerio, y esto dió ánimo a Ferrera y al Diputado Rosa que pretendían los cargos de Jefe y Vicejefe del Estado, para lograr que aquel abandonara el poder para tomarlo ellos. Como los trabajos en tal sentido no dieron el resultado que esperaban concurrieron a la insurrección.

El 24 de Diciembre —dice el historiador Rómulo E. Durón— hubo en Tegucigalpa un levantamiento contra las autoridades constituidas, acaudillado por Rosa y su Yerno José Guerrero. Gritaron mueras al Jefe del Estado y a algunos de sus empleados, y dando al mismo tiempo vivas a Ferrera. Los insurrectos, según se dijo, tenían ramificaciones en varios pueblos del Departamento. El Coronel Trinidad Cabañas, Jefe Intendente y Comandante de Armas, rechazó a los amotinados, habiendo resultado en la acción dos muertos.

Al día siguiente la Municipalidad pidió al Gobierno que se separase al citado Jefe, pero no creyéndolo justo ni decoroso, se negó a tal solicitud, y envió en auxilio de Cabañas al Teniente Coronel C. León Ramírez con un piquete de veinticinco soldados, pues la guarnición que existía en Tegucigalpa era demasiado pequeña.

Irritados los Munícipes y los sediciosos, el 29 de diciembre a eso de las tres de la tarde se lanzaron contra el Cuartel con más de doscientos hombres armados; Cabañas, que mantenía cincuenta hombres en estado de alerta los mantuvo a raya. Los insurrectos atacaban por todos lados desordenadamente, lo que dió oportunidad al Comandante de Armas para que, aprovechado la obscuridad salieran del recinto quince números, dieran un rodeo y atacaran la retaguardia de los Sublevados que se vieron cogidos entre dos juegos. Esto provocó gran confusión entre la gente que comenzaba a desertar cuando, como a las ocho y media de la noche entró en acción el contingente de auxilio del Teniente Coronel Ramírez quien los acabó de dispersar y poner en fuga.

Durante el resto de la noche Cabañas hizo salir varios piquetes de tropa para hacer la ronda y guardar el orden, para recoger los heridos que hubiera así como los posibles muertos en la refriega que había durado cinco horas y media. Según el Parte que Cabañas remitió al Gobierno el día 30, los sucesos acontecieron de este modo: "Tegucigalpa 30 Diciembre, 836-C. Jefe del Estado, Cnl. Joaquín Rivera. Casa de Gobierno. Comayagua. Ayer a las 3 de la tarde los facciosos de que di parte a Ud. usando de su violencia atacaron el cuartel con nutrido fuego de fusilería. La tropa respondió con valor y disciplina rechazando el ataque. Al anochecer hice salir del recinto quince soldados veteranos que dando una vuelta atacaron la retaguardia de los alzados que comenzaron a desertar y a eso de las 8 y media llegó el auxilio del Teniente Coronel Ramírez que al atacar los también a retaguardia los puso en derrota. En la tropa no hubo novedad resultando heridos los facciosos nueve números, entre ellos el teniente Dionisio Cubas, Antonio Escobar y Felipe Chirinos. La población está tranquila y se han ocultado los Diputados León Rosa y José Guerrero, el Licdo. Jáuregui y otros más. No se persigue a ninguno. Sigo dictando activas providencias para mantener el orden. De Ud. C. Jefe del Estado obediente y afectísimo Servidor. Dios Unión Libertad. T. Cabañas".

El Jefe Rivera ordenó "que se exigiesen dos mil pesos a los promotores de las asonadas del 24 y 29, para el sostén de la tropa que hubo de levantar para el restablecimiento del orden", y el 31 de diciembre emitió el Decreto por cual, habiendo concluido su período legal, depositó el poder en el Consejero Presidente ciudadano Don José María Martínez que comenzó a ejercerlo el 1o, de enero de 1837. Rivera que pudo reelegirse por permitirlo así el artículo 41 de la Constitución del Estado, prefirió que el pueblo eligiera libremente a su sucesor, desmintiendo con ello la calumnia propalada por sus adversario de que deseaba continuar en el poder. La Asamblea se instaló el 10 de febrero cuando Cabañas había entregado la Intendencia de Tegucigalpa en el Teniente Coronel Ramírez por designación del Presidente del Consejo Señor Martínez, y en la sesión del 6 acordó que se abrieran los pliegos que contenían las elecciones directas del Jefe y Vicejefe, operación que terminó el día 11 y no habiéndose logrado la elección de hecho la Asamblea en uso de las facultades que le confería el artículo 16 del Decreto de 8 de febrero de 1833, hizo la elección, recayendo en los ciudadanos Justo José Herrera para Jefe y Trinidad Cabañas para Vice Jefe con solo la objeción del Diputado Arguello sobre la elección del último por considerarla inconveniente, pero sin señalar en qué consistía la inconveniencia.

Ninguno de los electos estaba en Comayagua: Herrera se encontraba en Choluteca y Cabañas en su finca de Celguapa dedicado a labores agrícolas. Cuando le fué notificada a Cabañas su elección, protestó que él no era el apropiado para desempeñar tan alto cargo, que no era político y tenía poca experiencia en cuestiones de la Administración Pública, pidiendo que la Asamblea reconsiderara su designación que aunque muy honrosa, tampoco le correspondía. Pero de nada sirvieron sus protestas y el 28 de Mayo, ambos funcionarios tomaron posesión de sus destinos. Cabañas presentó después su renuncia del cargo de Vicejefe, la que le fue aceptada por Decreto de la Asamblea de 28 de Junio de 1838. Cuando esto ocurría el Teniente Coronel Trinidad Cabañas se encontraba residiendo en San Miguel, Estado de El Salvador.

CAPÍTULO X: EL CÓLERA-LOS MONTAÑESES

Un porvenir incierto se dibujaba en el cielo de la República al promedian el año 1837. En lo social, en algunos de los estados de la Unión se había logrado progresos importantes inspirados en los principios de la Revolución de 1829. Morazán había planteado las reformas que el Congreso y el Senado Federales elevaron a la categoría de ley: Códigos, reglamentos y disposiciones tendientes a reemplazar el tradicionalismo buscando para el hombre el sitio justo que por derecho propio merecía en el engranaje social, sitio que antes de 1829 le era señalado por la "elite" de familias influyentes que gobernaban) nuestros pueblos. En lo cultural, también la Revolución había perforado los muros claustrales y los cimientos seculares de la enseñanza, pero no con el prurito de destruirla negándole la gloria legítima de habernos dado rendimientos efectivos que se personificaron en los hombres que hicieron posible la independencia, la Federación y la misma Revolución, sino por el convencimiento de que ya no encajaban en la nueva estructura de la sociedad ni respondía eficazmente para la formación del tipo de hombres que necesitaba la República a fin de que todo lo nuevo contaría con ejecutores nuevos, por más que, quienes habían concebido y echado a caminar el cambio, fuesen hombres salidos de las fraguas tradicionales.

La economía nacional era débil; en todos los Estados había pobreza debido a los altos costos del funcionamiento de la maquinaria gubernamental y del mantenimiento permanente de tropas, compra de equipos bélicos etcétera, en un país que carecía de producción, de caminos y mercados, que no exportaba nada y que no había comenzado a explotar sus recursos, cedidos algunos a título de concesión a los extraños. Por entonces era el capitalismo inglés el destinado a explotarnos en la forma que mejor le parecía, haciéndonos soportar el peso de los empréstitos gravosos que fueron la carga infame de la sonada "deuda inglesa" cuyo celoso cobrador era el Cónsul Federico Chatfield. Pero todo esto se iba soportando con la esperanza de encontrarle solución, porque los esfuerzos en tal sentido no eran esporádicos hechos ni dispersos propósitos. Lo que no podía soportarse, era la controversia política que pronto degeneró en contienda armada, y lo que llenó de espanto a los pueblos fue, más que las "guerras2, el pobrísimo panorama sanitario de la República. Así, cuando apareció el Cólera Morbus, que ya había ocasionado victimas el año 1833, se produjeron asonadas en Nacaome, Texiguat y Manto de Honduras, y al presentarse en Guatemala esta epidemia, la efervescencia política estaba en su apogeo, pues los liberales se habían dividido de tal suerte, que Barrundia en su periódico "La Oposición" se había concretado a combatir al Jefe del Estado Don Mariano Gálvez, sin reparar los males que iba a ocasionar a la República, la campaña contra aquel ilustre estadista.

A esta campaña se unió el Dr. Pedro Molina que en su vocero "El Semi-diario de los Libres" destilaba amarga crítica para el Gobierno, sin que pudiera contrarrestar aquella diatriba, la defensa que hacían a Gálvez los señores Manuel J. Jáuregui y Felipe Mejía en el periódico "La Verdad", que sin embargo causaba gran impacto en las filas opositaras.

Al desajuste de intereses entre los liberales vino a sumarse la epidemia del Cólera Morbus que comen a cobrar víctimas en el Oriente Guatemalteco. Gálvez, como había hecho Herrera en Honduras, desplegó gran actividad, mandó a tender cordones sanitarios para aislar los pueblos del contagio, envió médicos y medicinas á las regiones afectadas e hizo cuanto estuvo a su alcance para resolver la situación, pero estaba lejos de suponer que a los ataques de los que fueran sus amigos como Barrundia, Molina,

Irungaray y Diéguez, tendría que sumar El Clero, aprovechándose de la incomodidad popular, de su ignorancia y fanatismo religioso, el odio y el encono de los clérigos heridos por la institución del Matrimonio Civil y por otras leyes que según ellos, les perjudicaban como el Código de Livingston.

El Clero, aprovechándose de la incomodidad popular, de su ignorancia y fanatismos religioso, fomentó una resistencia que empujó más tarde a la sedición. La rebelión de La Montaña estalla en la villa de Santa Rosa llevando como Jefe a Teodoro Mejía que de inmediata desconoce al Gobierno, lanza proclamas a los pueblos haciéndose eco de lo que predicaba el cura Pablo María Sagastume en cuyos sermones afirmaba que el Gobierno estaba envenenando las aguas para destruir a los pueblos.

"Mientras tanto el cólera se extiende y entre los habitantes se sigue regando la noticia que las aguas han sido envenenadas, recayendo esta acusación sobre el Gobierno de Gálvez. Pasando por esa infamación, envía lo que tiene para salvar a los pueblos de tan dura amenaza; los médicos llevan hasta láudano o cloruro para desinfestar la atmósfera. Los que iban de parte del Gobierno a combatir la epidemia eran vistos con desconfianza, y muchas veces obligados a beberse lo que llevaban; si se negaban a esta exigencia, era una prueba que el gobierno trataba de envenenarlos". (Pedro Tobar Cruz en el libro Los Montañeses).

Gálvez para atajar el contagio mandó que se mudara con alguna frecuencia el personal de los cordones sanitarios, y así llegó a la hacienda "El Potrero cerca de Mataquescuintla un pelotón de soldados bajo el mando "de un sargento joven llamado Rafael Carrera". Esta circunstancia abrió el camino al guerrillero que había servido como clarín del Escuadrón de Caballería número 2 y sargento del Batallón Federal número 2 que participara en los combates de Arrazola y Milingo. Esta fue la ocasión que esperaba el activo y ambicioso sargento para abrirse paso en la política aprovechándose de la majadería de los políticos obstinados que cuando tratan de alcanzar un objetivo echan mano a cualquier recurso aunque tengan por sabido que se llevará al diablo a la patria.

"El Malestar que producía la facción y la fuerza que tomaba en el campesinado de oriente —dice Tobar Cruz— hizo que el

Gobierno enviara rápidamente a Santa Rosa al Magistrado ejecutor de Mita don Pedro José Campos con 40 dragones y 100 infantes para terminar con los rebeldes. Los santarroseños de Teodoro Mejía sintiéndose impotentes, pidieron ayuda a Carrera, quien haciéndose pasar por capitán y con una fuerza de 20 jinetes y 30 infantes, con 30 escopetas, lanzas y machetes, llega a las 3 de la mañana a Santa Rosa bajo una fuerte lluvia. Unido a los hombres de Mejía, Carrera logra su primer triunfo en las llanuras de Ambelis, con el que abre un capítulo sangriento que habrá de ser calvario para patria centroamericana. Esta acción fué el 15 de Junio de 1837, recibiendo Carrera el nombramiento de general en Jefe de las fuerzas sublevadas que le confirió Teodoro Mejía, siendo desde entonces reconocida por todos los pueblos como Jefe de la facción".

Al amparo del Cólera los padres Lobo y Sagastume continuaron sublevando a los montañeses, y era tanta la ignorancia de las gentes que en varios poblados se reunían formando grupos para perseguir la peste, y armados salían de noche en su persecución; muchas veces mataban a individuos creyendo que así acababan con la enfermedad. Creían se presentaba en forma de un cabro lanudo de grandes cuernos y arrojando espuma por la boca, lo que regaba la epidemia —narra Tobar Cruz.

Como la sedición crecía y Carrera se hacía fuerte con el tiempo, el Dr. Gálvez pidió auxilio a Morazán pero éste cometió el gravísimo error de no atender aquel reclamo a que estaba obligado como Presidente de la República, dejándose influenciar por las discrepancias políticas que se agitaban contra Gálvez. Si Morazán accede, la suerte de Guatemala y de Centro América habría tomado otro rumbo; su negativa valen alentó a otros aliados potenciales de Carrera que tenían ambiciones de poder, como Ferrera en Honduras y Malespín en El Salvador, que luego formarían el triángulo separatista que aniquiló la federación.

Al iniciarse el año 1838 los sucesos se agravaron; de nada sirvieron los representaciones ante los facciosos por la comisión que formaban José Francisco Barrundia y los presbíteros Vicente Orantes, José María Castillo y Manuel M. Zeceña; los mismos liberales levantan armas contra el Jefe de Estado que se defiende heroicamente en la ca en la capital de los ataques de los antigüeños y para que nada faltase en aquella tragedia, los enemigos del oscurantismo, los tribunos de la libertad y defensores del derecho y de la democracia, resolvieron pedir auxilios a Carrera para derrumbar el régimen de Gálvez. El guerrillero comprende que era la puerta que necesitaba para entrar "en su reino" y el 1º de febrero descarga un brutal ataque contra la capital.

El 2, ya no había resistencia; Gálvez había caído y el Vicejefe Valenzuela asume el poder con la complacencia de los liberales. La República había sido apuñaleada con la complicidad de los que decían defenderla. No obstante que los liberales colmaron de elogios a Carrera y que se le había nombrado Comandante del Distrito de Mita, los excesos y las depredaciones no cesaban; los montañeses brotaban dando golpes sorpresivos y hubo que llamar de nuevo a Morazán. La sedición iba en serió y a mediados de marzo de 1838, el Presidente sale de San Salvador con 700 hombres que de pronto aumentaron a 1.000. Llegado a Corral de Piedra intenta un avenimiento con Carrera, pero el guerrillero no tenía confianza en los emisarios y el intento fracasó por lo que dispone aniquilarlo en sus posiciones, pero éste se escurre a la montaña y el Presidente llega a Guatemala el 14 de abril y a principios de julio regresa a San Salvador dejando al frente del ejército al Coronel Carballo. Los movimientos de Carrera van de triunfo en triunfo y es preciso detenerlo.

El Gobierno federal decide emprender otra campaña contra la rebelión de la montaña y comienza los preparativos. En septiembre llega a Comayagua el Comisionado Federal Senador Don Máximo Orellana para solicitar de las autoridades del Estado un Contingente de 300 hombres del Departamento de Gracias, para sumarlos al ejército que marcharía contra Carrera.

El Consejero Jefe de Estado consultó con el Consejo, y éste en sesión extraordinaria del 25 de septiembre, fue de parecer que se diera el auxilio. El Gobierno dictó el 22 de octubre un Acuerdo en tal sentido, pero manifestó al Comisionado que le era imposible dar pertrechos, cananas y piedras de Chispa, pues apenas podría llevar una parada, la canana y piedra precisas cada soldado de los que compusiesen la escolta que habían de conducir el armamento a Gracias; al mismo tiempo le hizo presente que el Gobierno de

Honduras estaba dispuesto a deferir en todo lo que tendiera a conservar la paz de la República, como ahora lo acreditaba, porque no se olvidaba nunca de los deberes que le imponía la cordial fraternidad de que disfrutaba con los demás de Centroamérica.

La inquietud creada por las maniobras del Coronel Don Francisco Ferrera y el Lic. Don Felipe Jáuregui a quien se acusaba como agente del antifederalismo guatemalteco y gran admirador de Rafael Carrera, especialmente en Tegucigalpa, no dejaba de preocupar al Jefe del Estado ya que la tropa se daría como auxilio al Gobierno Federal tendría que reunirse en Gracias, Departamento en donde maniobraba el Lic. Don Juan Lindo, partidario del Coronel Ferrera. Esta circunstancia y el hecho de la proximidad de Gracias a la Zona del oriente guatemalteco, en donde se movía la rebelión de "Los montañeses", decidió al Jefe Matute a llamar a la Casa de Gobierno al Coronel Trinidad Cabañas, militar de reconocido valor, de acreditada lealtad y de intachable honradez, para encomendarle misión tan delicada como llena de riesgos y peligros. Cabañas, que jamás se había rehusado a servir a la patria en lo que él estimaba que su capacidad podía contribuir eficazmente, tan luego recibió al mensajero se encaminó a la casa de Gobierno, y allí se le comunicó el motivo de aquel urgente llamado. Era el 22 de octubre: la tarde había caído cuando Trinidad Cabañas entró de nuevo en el despacho del Jefe del Estado, pero esta vez había dejado el traje del campesino para vestir la indumentaria militar acostumbrada por entonces, es decir, pantalón de dril, saco de cuello alto con abotonadura al modo de guerrera, ceñido el cincho con las borlas y colores de su rango, y de él pendiente la brillante espada; calzaba botines y polainas, completando el atuendo, un típico sombrero de junco.

En reunión con el Consejo al que no asistió Ferrera y de los Ministros del Despacho, el Jefe le dió las instrucciones: debería marchar hacia la ciudad de Gracias, comenzando a reunir la gente tan pronto como pasara los límites del Departamento, procurando la mayor prudencia y discreción; debería ponerse de acuerdo con el Jefe Intendente de Gracias para reunir 300 hombres que debería organizar dándoles la instrucción que el tiempo disponible y las circunstancias permitieran; de Comayagua saldría tan pronto como fuera posible, llevando 10 soldados, un sargento, un cabo y un oficial de órdenes, los cuales serían equipados en el almacén de la Casa de Gobierno; tan pronto como lleguen las armas que se están separando y arreglando en la Maestranza y el almacén, saldrá con el auxilio hacia el punto escogido por el Gobierno Federal, dando aviso por expreso al Jefe del Estado del día, hora y circunstancias de la marcha; la tropa y oficiales que acompañarían al Coronel Cabañas serían escogidos por él mismo, dando los nombres al Jefe de Estado Mayor para su anotación y demás asuntos concernientes; antes de salir para Gracias recibiría como habilitación cuatrocientos cincuenta pesos para el pago de la tropa y gastos de su escolta; el pago del préstamos sucesivo desde su salida de Gracias correría por cuenta del Gobierno Federal. Estas instrucciones las recibió Cabañas en la madrugada del 23 de octubre.

La escolta de Cabañas era de gente escogida y veteranas:

Teniente Remigio Licona
Sargento Primero Crisanto Discua
Cabo Lucio Ponce
Soldados: Manuel Bones
               Catarino Rivera
               Bautista Ortega
               José María Discua
               Manuel Doblado
               José María Velásquez
               Lucas Velásquez
               Antonio Ponce
               Feliciano Zavala
               Bernardo Caminos

Cabañas salió de Comayagua en la madrugada del 24 de Octubre partiendo la montaña de Montecillos llegando a Gracias el 27 por la tarde iniciando su labor de reclutamiento y organización de la tropa auxiliar que logró reunir en breves días, pues el nombre del Coronel Cabañas era ya un talismán para el soldado centroamericano y gozaba del cariño no sólo de las veteranos sino de los bisoños que esperaban la ocasión para combatir en defensa de la patria, pero la espera fue larga y decepcionante: las armas que mandaban de

Comayagua no llegaron a Gracias. Mientras Cabañas marchaba para organizar la fuerza auxiliar, en Comayagua, la Asamblea decretada el 26 de octubre que "El estado de Honduras es libre Soberano e Independiente basada en el Decreto del Congreso Federal presidido por Gerardo Barrios el 30 de mayo anterior, declarando que eran libres los Estados para constituirse del modo que tengan por conveniente conservando la forma republicana, popular, representativa y la división de poderes".

Para Cabañas este decreto fue algo inesperado, pues si la causa federal estaba muy lastimada por el aparecimiento de caudillos regionales que trataban de aniquilarla, creía que la sola presencia de Morazán era bastante para preservar la unidad, pero en su buena fe no cabía una cosa cierta: que Morazán había delegado tácitamente la función política del gobernante en los hombres más conspicuos del liberalismo que le rodeaban. Ellos, en gran medida, con sus constantes disputas entre sí, con su intransigencia, contribuyeron a la ruptura del Pacto Federal y cuando Morazán quiso enderezar las cosas, ya era tarde. Estas cosas y las informaciones del Jefe Político sobre la amenaza cercana de Carrera, causaron un gran desasosiego en su ánimo, Cabañas se impacienta; quiere volar a Los Llanos de Santa Rosa para interceptar cualquier intento de las tropas de Carrera y renueva su petición al Jefe Político Intendente para que marche cuanto antes a recoger los tabacos del Estado aun cuando sabe que son de propiedad federal, pero el funcionario no resuelve nada y le hace suponer que ya no se cuenta con él para la defensa de la causa Morazánica, que es la suya, que es la que siempre ha defendido, y aparentemente sus treinta y seis años se rebelan, se indignan, pero reflexiona, porque sin armas y sin parque, nada puede hacerse.

¡Qué situación más infeliz la del joven Teniente Coronel! Se cree engañado por las supremas autoridades de Comayagua; se siente defraudado, pero no desanimado. Vuelve a ver al Jefe Intendente, esta vez para exigirle su apoyo, porque él se marcha para Santa Rosa con cien hombres, y los fusiles que le faltan y las municiones que no tienen, las tomará del cuartel de Gracias. Y como lo dijo lo hizo. El 13 de noviembre de 1838 salió para Santa Rosa en donde permanece tres días y el 19 se encontraba acuartelado en Ocotepeque con 150 hombres equipados malamente, pero siendo todos voluntarios. El Jefe Político de Chiquimula en carta para el Ministro de Guerra del Gobierno Supremo del Estado de Guatemala, fechada el 23 de Noviembre le informa sobre la actitud de Cabañas y le dice: "El 19 por la tarde llegó el T. Coronel Trinidad Cabañas a Ocotepeque con poco más o menos ciento cincuenta hombres, algunos, los más con fusiles y se me informa que es pera unas piezas de artillería. De ese lugar se le han juntado algunos hombres armados. Trae muchos de Caballería desde Los Llanos, pues en Gracias el Jefe Político no quiso ayudarlo y Cabañas tomó las armas del cuartel principal, pólvora y parque labrado sin atender razones. Este Coronel es un peligro en Ocotepeque ya que en llegando tomó posiciones. Se me dice que su fuerza es la División auxiliar que el Estado de Honduras manda en auxilio del Presidente Morazán. No sé qué camino tomará. Tal luego me llegue el propio del Jefe de Gracias que me tiene ofrecido diré a U. lo necesario. de U. Atto, servidor, D. Vásquez".

En Ocotepeque supo Cabañas que Carrera había llegado hasta Ahuchapán y Atiquisaya, que había derrotado al General Enrique Rivas en el Llano de la Laguna y de la tremenda batida que Morazán le propinara en Chiquimula logrando escapar y perderse en la Montañas por Ixpaco gracias a que el Coronel Carballo no ejecutó a tiempo las ordenes de Morazán, por lo que no era remoto que el Montañez pudiera aparecer por el punto menos pensado. Se dio cuenta también de que las armas, que esperaba de Comayagua, ya no llegarían y que si no tomaba una resolución tendría que permanecer estancado cuando quizá sus servicios podías ser más importantes en otro sitio. También supo en Ocotepeque del pronunciamiento de la Municipalidad de la Villa de Santa Rosa el 27 de noviembre separándose del Estado de Honduras y declarándose fiel al Pacto Federal; que igual habían hecho Choluteca, Curarén y Langue lo mismo que Texiguat, pueblos que con esta actitud estaban en la antesala del martirio que iba a imponerles el terror Ferrerista. Todo esto le hizo comprender que Honduras estaba en vísperas de caer bajo la férula de Ferrera que presionaba por cuantos medios tenía a su alcance, y esta comprensión le llevó a desplegar toda su actividad para reunir al menos 250 hombres que no sabía cómo iban a equiparse, para luego cumplir cabalmente la misión que se le había confiado, cuál era la de auxiliar al Presidente Federal en su campaña contra los separatistas.

CAPÍTULO XI: CABAÑAS SE REÚNE CON MORAZÁN

Cabañas no podía permanecer inactivo y sólo detenían su marcha el honor y la disciplina militar que cuidaba y practicaba celosamente; esto le obligó a pedir nuevas instrucciones a Comayagua, pero éstas no llegaron nunca. La inmovilidad comenzaría a despertar inquietud en la tropa que de paso estaba mal pagada por la escasez de recursos.

Todas estas circunstancias le hicieron ver con claridad los juegos de la política: la República ya no tenía en Honduras un aliado, Resueltamente se dirigió a su cuartel, ordenó que se reconcentrara la tropa, habló con sus oficiales para explicarles lo crítico de la situación y decidió cumplir con las instrucciones que se le dieron al 23 de octubre ya que no tenía otras saliendo de Ocotepeque a principios de enero para San Salvador en busca de Morazán, a la cabeza de 150 hombres, pues de los 100 restantes, 50 no desean seguirlo pidiendo su baja y los otros 50 quedan algunos enfermos y otros han desertado.

El Jefe Político Intendente de Gracias, que al parecer estaba al servicio de los Consejeros y empujadores de Carrera, en carta de 10 de enero de 1839 remitida por un "propio" informaba a Rivera Paz lo que ocurría en su Departamento, diciéndole entre otras cosas: "También el faccioso Cabañas se fué el siete de este de Ocotepeque con la gente que tenía que no llega a un batallón mal armado y se dice que se unirá a los del tirano en San Salvador o San Vicente. Aquí se cansó de esperar auxilio que no llegó por lo ocurrido con la reunión de la Asamblea de esta Estado solo cuenta con la guarnición de esta y un corto efectivo en Sta. Ross para donde salgo en cuatro días noticiándole luego", (Carta de J.M. Cisneros para el Jefe Mariano Rivera Paz).

Cabañas había salido de Honduras, once días antes de que se ajustara en Comayagua, el 18 de enero de 1839, el Tratado de Alianza entre Honduras y Nicaragua, suscrito a instancias de Ferrera, por el Lic. Juan Lindo y el Lic. Sebastián Salinas, respectivamente. Mediante este Tratado ambos estados afirman y reconocen su Soberanía, resuelven unir sus fuerzas para sostenerla, deciden que las de Nicaragua y Costa Rica obrarán en el Departamento de San Miguel y las de Honduras al mando de Ca, General, Francisco Ferrera cubrirán sus fronteras con el del Salvador y Guatemala por el Departamento de Gracias; fijan en el Tratado, además, la conveniencia de una reunión de todos los Estados en Chinandega o en San Vicente para acordar "la medida que pueda adoptarse para reformar el pacto", nombran al General Ferrera Jefe del Ejército aliado y como segundo al Teniente Coronel Bernardo Méndez, autorizando al primero para que nombre dos personas que cerca del Gobierno llamado Federal le hagan presentes los males de la guerra a que compromete su resistencia a escuchar el clamor público por las reformas que se exige en el texto del tratado que "el ex Presidente General Francisco Morazán deberá separarse de las tropas, eligiendo otro punto para su residencia, donde su propia persona será garantizada con arreglo a las leyes" y establece, finalmente su urgencia de ratificación.

Este Tratado fué una declaración de guerra a la persona del General Morazán y reflejó sin duda el pensamiento del Lic, Juan Lindo que, años más tarde, se haría figurar en la Dieta de Nacaome, Honduras y Nicaragua encabezaban el movimiento de la Reforma Confederal predicada por Aycinena, y que tampoco pudo llevarse a la práctica, principalmente porque convenía más a los intereses británicos movidos por el Cónsul Chatfield la existencia de cinco pequeñas repúblicas dominadas por tiranos, que una patria grande y respetada capaz de parar en seco sus ambiciones. Era el principio de las alianzas que tanto gustaban a Inglaterra, de los pactos defensivas y ofensivos que venían preparando los conservadores para asestar golpes mortales al régimen y la organización Federal estimulados y financiados por aquel Cónsul perverso y aprovechándose de la sensiblería liberal, de su división, del desenfreno de las pasiones que mostraban sus dirigentes ambiciosos que habían derrumbado al Jefe de Estado guatemalteco Don Mariano Gálvez y que habían perdido en Honduras a Francisco Ferrera, valiente y audaz cabecilla que atentado por Jáuregui y por Lindo le volvió la espalda a la Revolución liberal para abrazar la causa de la Reforma Confederal propuesta por los separatista para salvar a la República.

¿Pero Cabañas sabía el caso a que iba? La fama de su valor se pregonaba sin reservas; su honradez sin sombras, sin manchas era ya una verdad ante la que se inclinaban amigos y adversarios y su nombre era pronunciado con respeto. Mas Cabañas iba a cumplir con su deber, pero estaba lejos de suponer que le esperaba una cita con la gloria, porque gloriosas serían sus hazañas de soldado, sus inquietudes de idealista y las luchas nacionalistas con Morazán y después de Morazán hasta que su brazo, rendido por el peso de la espada, quedó en quietud eterna a orillas del Celguapa en vísperas del episodio final.

¿Qué sabía nadie del futuro de Trinidad Cabañas? Ya conocía al paladín Morazán; ya había combatido bajo sus órdenes en Las Charcas y en Guatemala. Morazán le conocía bien y había aprendido a estimarlo, pero habían pasado diez años de aquellas gloriosas batallas que culminaron con el triunfo de la Revolución. Ahora la realidad era otra. Los ideales de la nacionalidad estaban heridos de muerte y el Paladín de la Unión estaba rodeado de enemigos resueltos a dar el golpe definitivo. Los liberales habían socavado los cimientos de la república con sus disensiones, con sus majaderías políticas, olvidando que en política no se puede ser majadero; ellos habían debilitado la opinión pública dando a conocer debilidades impropias del patriotismo defraudando a Morazán que les había confiado la dirección política, pues si el Héroe de Perulapán hubiera continuado con aquella dirección las cosas seguramente se habrían encaminado en otra forma. Le esperaban a Cabañas, horas de angustia y de zozobra.

Los conservadores astutamente se declararon liquidados y para demostrarlo hicieron que Rafael Carrera se perdiera en las montañas.

En carta fechada en Chiquimula, "Un observador" le dice al Jefe del Estado de Guatemala: "El Coronel Cabañas tomó el camino de San Fernando y acampó en Chalatenango dos días para recoger más gente voluntaria que se presentaba. El Jefe de Gracias dice que es camino corto a San Salvador pasando por San Chitoto donde hay un batallón del Gobierno Federal que llegó antes de ayer de la capital. Se dice que los federales tienen reunión de importantes en San Vicente y solo esperan que llegue el Presidente. El General Ferrera viene para Gracias con unos ejecutivos los que debe noticiarse al Gobierno Supremo. Cabañas era estorboso en los Llanos de Santa Rosa porque conociéndolo la gente lo sigue y da pelea donde hay que dar siendo el primero que va en la línea, pero ya debe estar cerca de Sn. Salvador y es mejor largo que cerca".

Entre tanto, el 18 de enero de 1839 terminaba el segundo período presidencial de Morazán sin que se hubiesen practicado elecciones para designar al nuevo Presidente de la República Federal. Ese mismo día depositó la Presidencia en el Vice-Presidente don Diego Vijil, quien pronto nombró al General Morazán Jefe del Ejército y Comandante General de las armas.

Cabañas se presentó al Cuartel General y causó alta en el Estado Mayor. La situación era apremiante: Costa Rica, Nicaragua y Honduras se habían separado de la federación desde 1838 y sólo quedaban formando legalmente la República los Estados de Guatemala y El Salvador, en donde residían las altas autoridades. Era tarea inaplazable la reconstrucción de la unidad centroamericana, pero era igualmente inminente e inaplazable de una lucha sin cuartel, porque Ferrera, nombrado General en Jefe de los ejércitos de Honduras y Nicaragua conforme al Pacto de alianza de 18 de enero, justamente el día en que Morazán depositaba la Presidencia de la República, había comenzado a movilizarse hacia el occidente de Honduras y los Nicaragüenses al mando del Coronel Bernardo Méndez, avanzaban sobre Nacaome. Aparentemente sólo Carrera permanecía tranquila. Cabañas fue enviado a San Miguel para que con el Coronel Gerardo Barrios y Máximo Orellana organizaran una división que debería acantonarse en San Vicente para cuidar el paso del Lempa.

Sus instrucciones eran: reclutar hombres, de preferencia los que habían combatido al lado de Morazán; hacer un recuento de las armas y municiones disponibles, recogiendo y llevando al almacén todas las que hubieran en los pueblos orientales del Estado; ordenar que todo el equipo fuera revisado y que los fusiles dañados se remitieran a la Maestranza de San Salvador para su reparación; cuidar que el Jefe de Abastos almacenara los suficientes alimentos trasladándolos a San Vicente y la Capital; ordenar la hechura de uniformes, salbeques y caites y calzado para la tropa lo mismo que adquirir sombreros y gorras necesarias. En lo relativo al dinero, la comisión quedaba en manos de Barrios quien dictaría las providencias adicionales para conseguirlo a fin de que no faltase el dinero de los soldados.

Concluida su misión, el Coronel Cabañas se trasladó a San Vicente para proseguir en la organización de los efectivos con que el General Morazán haría frente a la amenaza de los separatistas. Por lo visto, Cabañas gozaba de toda la confianza del General en Jefe. ¿Por qué? ¿Sería por su cobardía? ¿Sería por su volubilidad? ¿Sería por su voracidad ambiciosa? Seguramente que no. Gozaba de su confianza porque Cabañas era un militar valiente, arrojado y tenaz. Morazán le había visto luchar en Las Charcas y en Guatemala y seguramente recordaba la decisión y heroísmo con que defendió al Jefe Herrera en Comayagua cuando era un Mozalbete de 22 años.

El General en Jefe sabía que Cabañas era un soldado leal, incapaz de un felonía; sabía además, que como él mismo, Cabañas luchaba por ideales, por principios, por salvar la causa de la nacionalidad centroamericana y que era capaz de los mayores sacrificios para lograr el triunfo de aquellos ideales, que eran parte de su persona. Gozaba de la confianza y estimación de Morazán, porque Cabañas era honrado, caballeroso y desprendido. No le guiaban ni la ambición de poder ni la ambición de riquezas. Él seguía las banderas federales con fervor y respeto, y sus manos delgadas y tostadas por el sol, sabían empuñar la espada, pero desconocía el manoseo de los caudales públicos o de las arcas privadas.

Estas cualidades reunidas en un soldado que no las olvida en el fragor de las batallas, no podían admirarse en muchos otros Jefes; se admiraban en Cabañas porque eran visibles, eran auténticas y la opinión de Morazán no ha podido ser destruida por la historia, ya que no hay un solo documento fehaciente que ofrezca siquiera un indicio que haga dudar de su conducta. Hay inculpaciones, recriminaciones y cargos que se hace a Cabañas, pero ellos se basan en lo que dijeron alguna vez sus enemigos, en la distorsión de la evidencia histórica o en el acomodo convencional de "alguna tradición oral" a que suelen recurrir los grandes mentirosos de la historia centroamericana.

Cabañas no era un santo; no fue un ángel. Fue hombre de carne y hueso y como todos los hombres tuvo sus pasiones, amó y pudo odiar con intensidad humana; cometió yerros y rectificó fallas; fue violento y magnánimo, perdonó mucho más de lo que castigó; y hasta pudiera ser posible que el vendaval de la pasión política le llevara al borde de la intransigencia. Pero de todo esto no hay constancia valedera. Al contrario: ninguno de sus contemporáneos de alta alcurnia lo estigmatiza. El Prócer Arce en sus Memorias, el Coronel Manuel Montúfar y Coronado en las llamadas memorias de Jalapa, el General Miguel García Granados en sus Memorias, el historiador Domingo Juarros y el propio Carrera, en la Memorias de este caudillo editadas por Dón Ignacio Solís, ninguno de ellos espetan en el rostro de Cabañas las infamaciones, las ofensas o las calumnias con que pretenden desfigurar la estatura del Gran Soldado de Morazán. Son otros, los desequilibrados por el odio y las ambiciones, los generales que no pudieron contra él, los que aún derrotándolo no pudieron destruirlo porque en Cabañas el hombre y la idea fueron consubstanciales, fueron ellos quienes en un intento de aniquilarlo, regaron la semilla de la calumnia y de la infamia, que cien años después de su muerte han recogido y pretenden hacer germinar, los amargados, los desazogados por un afán de notoriedad, los que blasonan de descendencias de "integérrimos varones", quienes, distorsionando las evidencias y acomodando los documentos, se han convertido en los Gansos de la historia patria.

CAPÍTULO XII: LA CAMPAÑA CONTRA FERRERA. BATALLA DEL ESPÍRITU SANTO

Desde mediados de 1838, el General Francisco Ferrera había dedicado su tiempo a elaborar sigilosamente el plan de una poderosa campaña para destruir a Morazán. Inteligente y resuelto como era, desplegó a Jáuregui hacia Nicaragua para gestionar una alianza contra la causa federal, mientras él se movilizaba entre Tegucigalpa y Gracias pretextando la vigilancia que debía mantenerse en aquel Departamento que según él, estaba amenazado por una invasión de Carrera, pero en sus andanzas no pasó de Intibucá, pues bien sabía que Cabañas estaba por Ocotepeque y los Llanos de Santa Rosa con una fuerza cuyos efectivos no conocía; además de que, quizá no deseaba provocar sospechas con sus movimientos al verse forzado a tomar alguna acción violenta contra Cabañas que desempeñaba una comisión del Gobierno del mismo Estado de Honduras al cual ambos prestaban servicios. Para principios de 1839 las cosas habían cambiado, porque en Decreto de 19 de enero, el Gobierno ratificó el Tratado de Alianza con Nicaragua dejando a Ferrera como General en Jefe de los ejércitos de ambos estados y como segundo al Teniente Coronel Bernardo Méndez. Ya no había modo de ocultar los designios de aquella alianza en cuyo texto se trazaba el plan de acción que debería seguirse y se decía sin tapujos contra quien iba dirigida la ofensiva: al General Francisco Morazán.

Ferrera, después de sofocar la insurrección de los pueblos de Texiguat y Curarén, pasó rápido por Tegucigalpa reclutando gente y recogiendo pertrechos y a fines de enero estaba en Gracias, pues los efectivos nicaragüenses tendrían que invadir El Salvador en el siguiente febrero. El 11 de marzo, Ferrera escribió desde Gracias a la Municipalidad de Guatemala informándole que "escogido por los Gobiernos de Nicaragua y Honduras para hacer la pacificación de los Estados, a fin de lograr la reforma constitucional que tanto anhelaban los pueblos, se apresuraba a ofrecerle toda protección y auxilio para liberar a los guatemaltecos del déspota que osó hollar sus leyes anulando los sacrosantos derechos del ciudadano y como aprovechado pupilo del pícaro Felipe Jáuregui, al día siguiente les escribió a la Municipalidad de Tegucigalpa mintiéndole al decirle que de Guatemala se le ofrecía auxilios, que aún no había movido sus tropas de Gracias porque no terminaba de organizar las, pero lo verificaré luego en número de 800 hombres, ya sea sobre El Salvador para unirlas con el ejército de Nicaragua o ya sobre los pueblos de Guatemala, en donde se me ofrecen tropas para la defensa de la causa de los Estados".

En la referida carta, Ferrera sigue diciendo: "El ex-Presidente Morazán, en unión de sus agentes, reúne fuerzas en el Distrito Federal y en San Vicente con el objeto de ponerse a la defensiva en caso de poder reunir el número necesario para obrar", y continua mintiendo al afirmar: "De varios pueblos conducen amarrados grandes partidas de hombres con el objeto de hacerlos tomar las armas, los cuales se niegan decididamente porque la opinión es contraría"; y a renglón seguido se desmiente solo de esta última afirmación diciendo: "sin embargo, es necesaria una fuerza imponente por parte de los Estados para destruir por su cimiento este coloso de perversas maquinaciones; por tanto creo necesaria la reunión de cien hombres más que se ha acordado hacer por el Jefe de ese Departamento, para lo cual no dudo que esa Corporación interpondrá todos sus esfuerzos e influencias, pues siendo la tropa de ese Departamento de toda mi confianza, juzgo asegurar el éxito de la empresa aumentándome el número que he referido". (Carta del general Francisco Ferrera para la municipalidad de Tegucigalpa, fechada en Gracias el 12 de marzo de 1839.

Entre tanto, Morazán como General en Jefe de la República Federal preparaba sus efectivos para hacer frente a la amenaza de los ejércitos aliados. Trinidad Cabañas fue a San Miguel en comisión Militar, y allí supo que los ejércitos de Nicaragua al mando del Coronel Méndez habían acampado en Nacaome y las avanzadas estaban próximas a Goascorán. Rápidamente se comunicó con el General en Jefe informándole que Méndez venía al frente de 1.000 leoneses con el Coronel Manuel Quijano como segundo, que venía la vanguardia con la intención de tomar San Miguel y que tenta noticias de que por el rumbo de Gracias, otro ejército al mando del General Francisco Ferrera para unirse en aquella población con los nicaragüenses.

Morazán ordenó a Cabañas que pasase por San Vicente, que recogiera los elementos que allí había, que previniera a las autoridades para que desmantelaran la plaza replegándose a sitios seguros y que reclutase los voluntarios para llevarlos al Cuartal General de San Salvador, que además manifestase a los vicentines que el ejército federal cumpliría con el deber de garantizar la seguridad y propiedad de los ciudadanos, para lo que reclamaba su valioso concurso.

Cabañas cumplió. Precipitadamente llego a San Salvador justamente cuando Quijano ocupaba San Miguel. Morazán salió de la capital para detener a los invasores, con dos cuerpos de cazadores y un escuadrón de 60 hombres de caballería al mando de Cabañas; escasamente su ejército llegaría a los 600 hombres, pero como dice su contemporáneo de aquellos héroes, "con Morazán iban Trinidad Cabañas, Enrique Rivas y Narciso Benítez, que valen por diez batallones, como lo probaron muy pronto".

Benítez quedó estacionado en la hacienda "San Francisco" para cerrar el paso a las tropas de Méndez a través del río Lempa, y Morazán con Cabañas y Rivas se encaminaron en busca de Ferrera que venía con unos 1.000 hombres a unirse a las tropas de Méndez. Pero para los reformistas las cosas no saldrían bien; el pacto y los principios confederales eran tan falsos como sus lideres que antes de triunfar para consolidar el nuevo sistema comenzaron por disputar entre sí por casas de supremacía en el mando militar. Aparentemente, todo iba bien. Quijano ocupó San Miguel sin resistencia y Méndez sorprendió a Benítez cuando vadeaba el Lampa por los pasos de "Jicaral" y "Petacones" causándole una tremenda derrota; Ferrera avanzo hacia Corlantique sin que nadie le impidiera su paso y Morazán, siguiendo su plan estratégico, volvió sobre sus pasos dirigiéndose a Cojutepeque.

Más de pronto, cambió la situación. Quijano, que iba persiguiendo a Benítez, recibió de éste una tremenda paliza en las "Lomas de Jiboa" el 29 de marzo dejando 60 cadáveres en el campo de batalla. Ferrera con el grueso de su ejército se dirigió el 1 de abril al pueblo de Sesari, frente al cual llego también Morazán por la tarde del día 4, pero por lo avanzado de la hora y porque en las alturas inmediatas al pueblo no habría agua para la tropa, fatigada horas y de las continuas y penosas marchas que habían hecho desde el 24 de marzo por caminos en su mayor parte casi intransitables, Morazán se dirigió a la hacienda del Espíritu Santo, que ocupó en la madrugada del 5.

Ferrera movió sus fuerzas hacia las instalaciones de la hacienda y a eso de los 8 de la noche inició un vigoroso ataque frontal. Morazán tuvo informes de que los atacantes, debido a la obscuridad de la noche se habían replegado a dos pequeñas alturas, ocupando una de ellas las tropas hondureños y la otra las nicaragüenses. El Doctor Montúfar describe así lo ocurrido en aquella memorable acción: "Esto inspiró a Morazán la idea de que los aliados se batieran entre sí, para cargar en seguida sobre ellos, y dio las ordenes correspondientes. El General Rivas hizo que se emboscara parte de la fuerza en un cerrito inmediato a la hacienda sin que el movimiento se percibiera, con orden de resistir a pié firme o rechazar la fuerza que se acercara si no marchaba a su vanguardia un hombre solo.

A las tres de la mañana se acercó a los emboscados un bulto: era el General Rivas, quien son una partida de tropas reforzó aquella fuerza y dió orden de alistarse para el combate. Entre tanto, Morazán y Cabañas, con una partida de ropa y a favor de la oscuridad de la noche, se introdujeron en medio de los aliados, haciéndoles a la vez fuego por derecha e izquierda, lo cual los empeñó en un serio combate. Morazán y Cabañas, con la partida de tropa que había producido aquel electo extraordinario, se replegaron al cerrito donde se hallaban los emboscados, desde donde oían un terrible tiroteo con que se despedazaban hondureños y leoneses. Antes de rayar el alba, los hondureños comenzaren a flaquear. En ese momentos salía Morazán al frente de los emboscados, tranquillos y en perfecto orden, los atacó por la retaguardia. A la primera carga se confundieren hondureños y leoneses. Entró el desorden, voltearon caras, y se pusieron en fuga, dejando muchos muertos, muchos heridos y entregándose muchos como prisioneros, porque el cansancio y la fatiga no les permitía huir y porque sabían muy bien que los prisioneros, en manos del General Morazán, eran personas sagradas".

Montúfar, que tomó los datos anteriores del Parte Oficial de la Batalla del Espíritu Santo, deja la impresión de que aquella lucha fué sangrienta en verdad, pero de fácil resolución; ciertamente la estrategia morazánica inclinó el triunfo de su parte, pero Ferrera era un militar valiente, resuelto y estaba al mando de un gran ejército. Tanto Morazán como Cabañas tuvieron que empeñarse a fondo; el ataque de infiltración que realizaron ambos Jefes fué reñido y costó muchas víctimas resultando Morazán herido en un brazo, y Cabañas "atravesado de la juntura de las piernas", según refiere Vijil.

El Coronel Benítez, valiente y arrojado perdió la vida en la contienda y en el campo de batalla quedaron 319 muertos de ambos bandos. La Mañana de aquel 6 de abril de 1839, los ejércitos aliados de Honduras y Nicaragua recibieron una severa lección con el triunfo de las armas federales, pero éstas quedaron diezmadas;

Cabañas herido de gravedad fué conducido en una hamaca a San Salvador en donde fue atendido por el Cirujano francés Pedro Cornay de Saint Víctor, médico que acompañó a Morazán en varias ocasiones.

Ferrera volvió sobre sus pasos internándose por el Departamento de Gracias para rehacer sus efectivos perseguido por el General Rivas que no pudo darle alcance. En Comayagua, el Ministro Coronado Chávez explicaba los hechos en esta forma: "A los tres días, es decir, el 6 de abril, fué forzado el General Ferrera a atacar al enemigo en sus atrincheramientos, y a pesar de la ventajosa posición en que se hallaba, el ardor y denuedo de nuestros soldados fue bastante para desalojarlo y ponerlo en completa dispersión. Más como en aquella ocasión se atacaban dos guerrillas del ejército aliado porque se desconocieron, el General mandó suspender los fuegos, y el enemigo se aprovechó con felicidad de este incidente, cargó sobre él y no fué posible contenerlo en la retirada que emprendió".

CAPÍTULO XIII: CAMPAÑA CONTRA FERRERA-INVASIONES A HONDURAS

La derrota del Espíritu Santo afectó profundamente la organización del Gobierno hondureño y causó graves acontecimientos en Guatemala. En Comayagua, el Consejero Jefe de Estado Don Juan Francisco de Molina, dispuso reorganizar el ejército encomendando esta tarea al General Ferrera, y el 13 de abril intentó trasladar el Gobierno a Opoteca buscando seguridad, pero luego reunió una junta popular disponiendo trasladarse a Yoro, ciudad a la que estaba próximo a llegar Ferrera, pero era tal el nerviosismo que terminó por entregar el mando al Consejo que dispuso que ocupase la silla, su Presidente Don Felipe Neri Medina; éste manifestó que no se hallaba en condiciones de ejercer el mando, y el Consejo eligió a Don José Alvarado, quien fungió del 15 al 27 de abril en que lo asumió el Consejero Don José María Guerrero.

Entre tanto, una división federal de caballería formada por curarenes y texiguat invadió por Goascorán atacando aquellos pueblos (Texiguat y Curarén) y el Gobierno destacó al Coronel

Manuel Quijano, que enfrentándose con ellos, les causó varios muertos y heridos y les obligó a replegarse a San Miguel. No obstante que se continuaba reuniendo gente para reorganizar los efectivos derrotados en el Espíritu Santo, el Gobierno de Guerrero nombró a Don Justo José Herrera como Comisionado ante el de El Salvador para buscar la paz y amistad de ambos Estados, y a don José Miguel Midence ante el de Guatemala con el mismo objeto. En Guatemala las cosas iban de otro modo: el Jefe Salazar había confiado tanto en su amigo personal Don Manuel Francisco Pabón, que no advirtió las maquinaciones de este traidor que con Aycinena y Batres estaban urgiendo al General Rafael Carrera para que marchara sobre la capital y depusiera al confiado Jefe liberal. Carrera, que tenía en su poder una carta del General Francisco Ferrera fechada en Gracias el 11 de marzo de 1839, antes de su fracaso, y en la cual le decía: "pronúnciese con su gente contra el Gobierno de ese Estado para proceder ambos uniformemente en todos los movimientos. Luego conviene que usted se mueva sobre Santa Ana para llamar la atención continuamente al enemigo, y para asegurar nuestra continua comunicación, deseo saber si convendría fijar una pequeña fuerza en Ocotepeque, pues si se pronunciaran contra Ud. yo podría obrar sobre Chiquimula. Le ruego saludar de mis afectos a su hermano Soxtero y al Reverendo Padre Lobo".

También había recibido una Proclama de Ferrera fechada el 12 de marzo en Los Llanos de Santa Rosa dirigida a los pueblos guatemalteco y salvadoreño, en la cual les decía que "Dos mil hombres voluntarios que llevan siempre la victoria por divisa, al mando de jefes dignos, garantizarán vuestra libre opinión en el Estado de El Salvador, y los valientes que inmediatamente reciban mis órdenes portan la oliva que anuncia la paz y pronostica la bonanza al de Guatemala". Y terminaba su arenga en estos términos: "Guatemaltecos de todos los partidos: si deseáis poner término a las desgracias de vuestra patria, venid a uniros conmigo, y tendréis la gloria de cooperar a objeto tan laudable; venid a empuñar el arma, no para verter la sangre de vuestros conciudadanos sino para establecer el reinado de la ley, destruido por un régimen arbitrario, garantizar la libertad sagrada de opinar y dar vida a esa bella Sección del Centro".

Carrera, visto el fracaso de aquel General tan valiente y tomando en cuenta las incitaciones de los Pabones y Aycinenas, dio sueltas a su ambición y sin perder tiempo, organizó sus huestes, las equipó como pudo y en la mañana del 13 de abril de 1839, cayó sobre la ciudad de Guatemala acompañado de sus lugartenientes Mangandi, Figueroa, Mejía Paiz, Aquino y Francisco Malespín, más los padres Lobo y Aqueche, sus consejeros, que se le reunieron en La Antigua. Tomada la capital su primer acto fue destruir a Salazar y nombrar a Don Mariano Rivera Paz como Jefe del Estado, quien satisfaciendo los deseos de Pabón, Luis Batres y Aycinena, dió un Decreto el 17 de abril, separando a Guatemala de la República Federal.

El espectáculo de la entrada a Guatemala del General Rafael Carrera fue digno de figurar en una de esas descripciones pintorescas de la época que solían hacer los extranjeros que visitaban Centro América. En efecto, un escritor istmeño dice lo que sigue: "No se puede curar este episodio sin mencionar el horrible espectáculo que dieron las hordas de Carrera, al entrar en Guatemala. La población estaba consternada. Los líderes de esas bandas habían sido reclutados entre salteadores, ladrones y asesinos, y los soldados no llevaban uniformes, sino los andrajos de manta que por desgracia era la vestimenta acostumbrada en las clases más pobres de Centro América. Carrera mismo debe haber sido el espectáculo mayor, pues se dice que entró en Guatemala con unos pantalones de manta adornados con flecos, y una fina casaca bordadas que había pertenecido al General Prem. Por sombrero, Carrera llevaba uno que habla pertenecido a la esposa del General Prem. Era un elegante sombrero de mujer, adornado con un delicado velo verde".

Entre tanto, el General Ferrera, que estaba en Yoro reclutando gente, le escribe a Don Liberato Moncada en Comayagua, el 10 de Mayo de 1833 diciéndole: "Debemos levantar un ejército respetable capaz de dar un día de Gloria a la Patria. Me dicen que Cabañas salió herido en el último combate, pero este es protegido del Diablo y lo siguen los pueblos sin reparo. Cuídese de ese hijo del Demonio que cae como un rayo sin que se le puerta detener. No se deje sorprender por las partidas de tropas que introduce en Honduras procedentes de el traidor de Morazán que tiene en el déspota de

Cabañas su mejor espada. Cuídese porque lo van a volver loco y la tropa se le arruinará completamente".

El 10 de mayo, Ferrera insistía ante al Ministro Moncada en que era urgente terminar de darle forma al nuevo ejército para enfrentarse a Morazán, diciéndole: "Los Federales del tirano están sobre las armas y vienen contra mí y contra usted. Si no hay nada grande que oponer nos va a llevar el diablo, Cabañas se mueve ya y usted lo tendrá en las barbas sin que yo puede evitarlo pues he podido reunir el contingente necesario. Esta gente está cansada, y huye a la montaña. Cuide la frontera amigo, cuídelas como haya lugar. Cabañas, ese hijo del infierno ya lo sate usted no da tiempo apareciendo por todas partes. Esto no es broma, procure reclutar los opotecas y algunos del Valle, yo luego estaré en Tegucigalpa para disponer lo mejor. Apúrese, amigo, apúrese".

Esta era la realidad en Honduras. Cabañas, que estaba recuperándose en San Salvador, ya era esperado por Ferrera que con grandes dificultades estaba en Yoro tratando de levantar un poderoso ejército "Capaz de dar un día de gloria a la patria"; lo que comprueba que aquel lugarteniente de Morazán era considerado como el más temible oficial por su bravura, por la rapidez de sus movimientos y por el arrastre popular que aureolaba su prestigio militar. Esto lo reconocía el valiente General Ferrera, pero lo niegan los novelistas de la historia que narran hoy una nueva versión de los hechos basándose en quien sabe cuántas tarugadas que ha venido a contar como maravillas un soquete que no pudo encontrar en el Archivo de Guatemala los documentos anotados que dicen la verdad. Ese tarugo, ha venido a decir que en Guatemala "no hay documentos para escribir la Biografía de Cabañas". ¡No se conoce un taimado con tamaña frescura!

En Nicaragua las cosas no andaban de otro modo; Don Patricio Rivas, Senador Presidente decretó la reorganización del ejército autorizando al Comandante General para reclutar 500 nombres más, mandó replegar a León la fuerza que operaba en la frontera de Honduras y las que estaban en el puerto de Nacascolo y al mismo tempo suspendió toda clase de hostilidades, disponiendo el nombramiento de comisionados cerca del Gobierno de El Salvador para que se buscase la armonía y a la vez para que con los comisionados de los otros Gobiernos de la Unión buscaran en aquella capital los medios de restablecer la paz y facilitar la reunión de la convención que tanto se deseaba. Esto ocurría el 14 de junio de 1830.

Días antes, el 5 de junio se había suscrito un tratado de amistad en San Salvador entre Don Justo José Herrera, Delegado de Honduras, y Don José Miguel Montoya, Delegado de El Salvador, el cual fué aprobado y suscrito también por Nicaragua. Iguales tratados se suscribieron en esos días entre Guatemala y Honduras y entre Guatemala y El Salvador. Aquel movimiento de cancillerías hacía suponer que los Estados habían aceptado como buena y oportuna la circular enviada por el Gobierno Federal con fecha 17 de abril en la que se invitaba por segunda vez a los Estados para que decidieran la reunión de la Convención.

Ferrera, con las fuerzas que había reunido en Yoro, se internó en El Salvador y tomó la plaza de San Miguel; en ese instante, Morazán ordenó a Cabañas que invadiera Honduras y para ello, el 11 de agosto de 1839 le dió las instrucciones pertinentes. En ellas le ordenaba que reuniera las canoas necesarias para cruzar el Lempa por el paso de Joco en donde debía reunir a su ejército la gente de Suchitoto, "y cuando todo esté preparado pasará el rio a pretexto de ir al partido de Chalatenango".

El día anterior, Cabañas haría recibido la nota siguiente: "Coronel Brigadier Trinidad Cabañas. Casa de Gobierno, San Vicente. Agosto 10 de 1839. Teniendo noticias positivas de que en Erandique se reúnen fuerzas de Honduras con el objeto de ocupar el Departamento de Cuscatlán, y habiendo por aquella parte varios lugares en el rio Lempa por donde pueden pasar los enemigos, el General Jefe Supremo, con esta fecha se ha servido acordar, que Usted marche con un Batallón a situarse en el pueblo de Suchitoto en donde están las canoas y barcas reunidas, y obre con arreglo a las instrucciones que oportunamente se le comunicarán. Lo que manifiesto a Usted de orden del propio General en Jefe para su inteligencia y para que desde luego se sirva cumplir su acuerdo supremo. Ofrezco al Coronel Brigadier mis distinguidas consideraciones y particular aprecio. MIRANDA".

El 12 de agosto, Morazán escribe a Cabañas la siguiente carta:

"San Vicente, agosto 12 de 1839. Mi querido Cabañas: Si sin demorarte un momento puedes hacer alguna recluta en esos pueblos, ocúpate de ello. Va ese borrador de una nota que pondrás al Gobierno de Nicaragua el día que ocupes a Comayagua. No pierdas un momento. Ve que todo depende de doblar las marchas i llegar a Comayagua con la velocidad posible. Temo que tus compañeros de viaje entorpezcan tu marcha, pero en este caso es necesario o abandonarlos o regresar a esta ciudad desistiendo de la empresa porque seguramente esta se desgraciaría llegando Ferrera antes que tú a Comayagua Estos temores son tanto más fundados cuanto que ya aquí se sospecha que tú te diriges a aquel punto, i esto llegará muy pronto a noticia de Ferrera. Vuelvo a repetirte que o marchas a jornadas forzadas sin demorarte en ninguna parte o te regresas. Es tu apasionado amigo. Francisco Morazán".

Cabañas cumplió: el 16 de agosto pasó el Lempa, tomó la ciudad de Gracias y ocupó Comayagua llegando a marchas forzadas. El 10 de septiembre dirigió desde esta ciudad una nota a la Municipalidad de Opoteca en los términos siguientes: "Comandancia General de la 2ª. División del Ejército Federal. A la Municipalidad de Opoteca. Uno de los objetos con que introduje a este Estado la división a mi mando, fue el de hacer desaparecer la facción desorganizadora que aflige a los pueblos de Honduras; y como desgraciadamente ha escogido esa para asilarse el que UU. rigen, creo de mi deber manifestar a esa Corporación los males que se le aguardan si continúa por más tiempo permitiendo su permanencia en él, pues esto me obligará a hacer uso de las armas, y el resultado de tal medida refluirá contra ese vecindario, a quién serán UU. responsables si no dictan enérgicas providencias para que se disuelva o retire esa fuerza, en la inteligencia que esto debe suceder antes de tres días. No creo demás recordar a UU los males que en otras épocas han sufrido por una causa idéntica a la presente, y será muy sensible que con una experiencia tan triste no procuren por los medios pasibles cortar los que ahora les amenazan. Mis deseos son las que los pueblos no sufran mal alguno, y con tal objeto es que me dirijo a UU, y quedo aguardando que cuanto antes me digan su resolución para arreglar mis ulteriores determinaciones. Al hacer esta comunicación me queda el placer de asegurarles que soy su atto, servidor de UU. —D.U.L. Comayagua setiembre 1° de 1839. TRINIDAD CABAÑAS".

La facción que se había refugiado en el mineral de Opoteca, foco de los famosos "pericos" de Guardiola, se disolvió, pero la Municipalidad dio contestación de lo nota de Cabañas hasta el 25 de septiembre. Siguiendo las Instrucciones de Morazán, Cabañas salió hacia Tegucigalpa y al saber su aproximación, los ministros Buezo y Aguilar, encargados del Gobierno, huyeron con dirección a Olancho. El 6 de septiembre, a la altura de Cuesta Grande, Cabañas avistó una fuerza gobiernista, se trabó una escaramuza de dos horas aproximadamente y los puso en franca derrota persiguiéndolos hasta llegar a Tegucigalpa en donde permaneció ocho días reorganizando sus contingentes. Cabañas cometió el error de no ordenar la persecución de los gobiernistas y perseguir él mismo a los Ministros del Gabinete hasta Juticalpa. Si esto hubiera hecho, habría evitado futuros fracasos, pero como no estaba en sus instrucciones este procedimiento, siguió su marcha hacia Choluteca.

En esta ciudad estaba una división de tropas nicaragüenses que venían en auxilio de Ferrera, con la que trabó un furioso combate en el que salió triunfante el Ejército Federal. De Choluteca pasó a Nacaome y de allí lanzo una Proclama a los hondureños explicándoles las causas de su presencia en Honduras. La proclama dice así: "HONDUREÑOS: La injusta agresión ejecutada en el Departamento de San Miguel por la división de este Estado, cuando se hallaban suspensas las hostilidades, ha obligado al Gobierno a mandar las fuerzas que asisten a mis órdenes. No vengo a causaros en justa represalia los males que experimentan actualmente los salvadoreños, no vengo a intervenir en vuestra administración interior, y menos a atacar la independencia y soberanía del Estado. Vengo únicamente a exigir del Gobierno una satisfacción por la violación escandalosa de estos sagrados derechos cometida por sus fuerzas, que ocupan hoy una parte del territorio salvadoreño, y el castigo de los culpables por los robos, ultrajes y asesinatos que hacen sufrir a sus habitantes. SOY HONDUREÑO, y más de una vez os he acreditado que no me son indiferentes vuestras desgracias. He sabido sostener vuestros derechos y defender vuestras propiedades. Si en cumplimiento de mi deber he ocupado este

Estado, mis deseos, en consonancia con las órdenes que tengo del Gobierno del Salvador, me obligan a ofreceros las mayores seguridades y garantías. CONCIUDADANOS: nada temáis de las fuerzas que están a mis órdenes. Ellas se retiraran, cuando el Gobierno haya dado la satisfacción que se le pide, dejando en la buena conducta que observan una prueba inequívoca de su moralidad y buen comportamiento, y de las sanas miras de que se halla animado vuestro compatriota. TRINIDAD CABAÑAS.

Entre tanto, el General Ferrera con 1.600 hombres era derrotado por el General Morazán en San Pedro Perulapán el 25 de septiembre de aquel año, internándose de nuevo en Honduras. El 5 de octubre, Morazán escribió a Cabañas lo siguiente: "San Salvador, octubre 5 de 1839. Mi querido Cabañas: He recibido tu carta del 24 y leído las que le diriges a Barrios. Es urgente perseguir a Ferrera en el Departamento de Gracias a donde se asegura llegó herido de gravedad en unión de Espinoza y uno que otro oficial, pues los soldados que se quedaron muertos o prisioneros se dispersaron dejando todas las armas en nuestro poder. En dicho Departamento hay doscientos fusiles que es necesario que tomen. La persecución de Ferrera le obligará a huir, no podrá curarse y es probable que no sane de la herida si es que aún vive. Aún cuando el Gobierno de Nicaragua llegase a mandar algunos soldados en auxilio de ese, es necesario batirlas aunque creo que no llegará el caso donde sepan el triunfo de Perulapán No hay que arredrarse por nada. La revolución se ha declarado en nuestro favor y es necesario vencer los últimos obstáculos que nos quedan. Orellana marcha hoy para unirse contigo y lleva instrucciones de lo que debe hacerse. Entre tanto llega, si ese Gobierna insiste en tratados dile que has pedido instrucciones para celebrarlos o si le has manifestado que las tienes ponle por condición precisa para hacer la paz el que se depositen en persona segura sesenta mil pesos para que respondan de los gastos de la guerra que han obligado a hacer al Gobierno de El Salvador, de las exacciones y robos hechos a los particulares de este mismo Estado por las tropas de Honduras, y de las pérdidas causadas por las mismas tropas y el Gobierno de quien dependían, de los particulares hijos de Honduras cuyos bienes han sido confiscados o saqueados.

Vuelvo a repetirte que la ocupación de Gracias es urgentísima con cualquier número de soldados. Yo no la he podido hacer porque la tropa que marchó en persecución de Ferrera ya encontró el Sumpul crecido y sin hamacas y porque los soldados estaban estropeadísimos. Carrera sigue con su herida. El Gobierno de Guatemala exigiendo que este Estado se había sublevado todo contra el Gobierno y que Ferrera ocuparía infaliblemente se ha declarado contra el de este Estado. Después de los triunfos conseguidos creo que su lenguaje será distinto, porque el Gobierno de los Altos le llama la atención por aquella parte.

Yo aproximo fuerzas a Santa Ana Escríbeme con frecuencia, pues la carta que contesto es la única tuya que he recibido. Salúdame en la Orden del Día a los soldados de la División y dámeles las gracias por su buen comportamiento. Salúdame igualmente a Rivera y manda a tu apasionado amigo, F. MORAZAN".

Ferrera estaba oculto en Santa Barbara curando sus heridas. Desde allá escribió a Carrera diciéndole entre otra cosa que ya estaba restableciéndose de sus heridas que sufrido en Perulapán y que el Gobierno de Honduras le designó para el mando del Ejército del Estado para continuar la acción contra el enemigo que después de Perulapán había cruzado el Lempa deteniéndose en Dulce Nombre de Copan y en Tejutlán con solo 500 hombres, y que tan pronto estuviera reestablecido le daría la noticias suyas.

Cabañas cumplió con las instrucciones que le mandó Morazán; marchó de Tegucigalpa hacia Gracias ocupando la plaza sin resistencia, pero mientras él cumplía su comisión, los derrotados de Perulapán, siguiendo instrucciones de Ferrera, se desviaron de Santa Barbara hacia Opoteca y Tegucigalpa, en donde se dijo que un ejército del Gobierno al mando del Teniente Coronel Zelaya, venía desde Olancho para recuperar la plaza. Efectivamente, Zelaya llegó A Tegucigalpa y Olancho y desde allí escribió a Cabañas el 10 de noviembre en los siguientes términos: "Comandante General de la División Defensora del Estado. Cno. Coronel Trinidad Cabañas Comandante de las fuerzas de El Salvador. Con fecha 3 del corriente comuniqué a Usted la orden de Gobierno para suspender las hostilidades en virtud de haber accedido a la excitación hecha por el de Nicaragua con el objeto de cortar la guerra entre este Estado y el de El Salvador, apostando la paz por medio de convenio, cuyos pliegos que contienen las propuestas hechas al efecto he remitido para que U. se sirva franquear al correo el pasaporte respectivo. Mas como no se ha dignado contestarme y avanza sobre esta ciudad, me es preciso manifestarle para que no se culpe a mi gobierno ni a sus súbditos, QUE SI VIENEN A ATACARME SALGO A RECIBIRLO A ATACARME Y DE LOS RESULTADOS SERÁ USTED RESPONSABLE. Con el fin propuesto le digo a Usted esperando me acuse el recibo de estilo y admita mis respetos. D.U.L. Cuartel General en Tegucigalpa, noviembre 10 de 1839. J. Mco. ZELAYA.

Cabañas siguió avanzando hacia Tegucigalpa y el 13 de noviembre en el sitio llamado LA SOLEDAD, trabó combate con las fuerzas de Zelaya. José Antonio Vijil, ayudante del Coronel Máximo Cordero y que militaría a las órdenes de Cabañas, describes así la batalla: "Marchamos al día siguiente para Tegucigalpa, y en LA SOLEDAD, punto ya en los suburbios de la población, tuvo lugar el combate, que duro pocas horas; pero que hubo pérdidas lamentables, especialmente de parte de las fuerzas del gobierno. Murieron algunos oficiales, bastantes soldados de una y otra parte, y un valiente jefe que hacía de segundo en la fuerza de Zelaya: don Nicolás Zúniga. No quiso el General Cabañas ni que se explorara el campo para recoger los elementos porque los soldados estaban enfurecidos; dentro del monte muchos del enemigo, y decía a su segundo que era mejor perder les armas, que quitar las armas a los infelices que estaban ocultos y que en realidad los había. El General recibió dos balazos: uno el caballo en la cabeza, y en las sacudidas que éste se daba lo manchaba de sangre y los soldados y aún los jefes lo consideraban herido; otro en las pistoleas, con la especialidad que de que acabando de poner la pistola en ella, llegó la bala, y sirvió la misma armas de tropiezo para no romperle la pierna. Su arrojo fue mucho, o como siempre como siempre en los combates, y quedó otra vez la muestra de su humanidad y virtud. La acción fue entre las ocho, las nuevas, hasta las diez y once. Sin embargo, permaneció en la orilla de Comayagüela procurando que comiera y se refrescara el soldado del furor que naturalmente establece la sangre derramada de los amigos y camaradas, al mismo tiempo dando lugar a que huyesen, quitasen tiendas y ocultasen los intereses, porque el general Cabañas, su principal interés era evitar los males que son consiguientes a la guerra. Fue tal su acierto en esta parte, que cuando se movió la fuerza para ocupar Tegucigalpa, que serían como las cinco de la tarde, la tropa enardecida, no obstante los muchos jefes y oficiales que nos ocupábamos en contener cualquier desorden, hubo algunos ultrajes y mataron dos infelices que con imprudencia huían. El Gobierno en Juticalpa jamás quiso aceptar ningún medio de paz que volviese el orden, pues su interés y mira era desorganizar la Nación". (Memorias de José Antonio Vijil).

Cabañas triunfante pero no ensoberbecido, ocupó la población y se dedicó a investigar las bajas sufridas en sus tropas; se dio albergue a los heridos y se alojaron en camas improvisadas en los patios del Cuartel principal. Pero no se había concluido la campaña, pues de Nicaragua continuaban los auxilios para el General Ferrera que nuevamente amenazaba la tranquilidad lograda.

El 18 de noviembre, Cabañas recibió una comunicación de Opoteca que según la firma, era del General Ferrera, aunque ilegible. En ella se le dice entre otras cosas: "Los triunfos que la fortuna le ha prodigado hasta hoy, Señor mío, no avanzan un solo grado en favor de su causa: ella es mala en su origen, y es por esto que ningún triunfo sigue buen éxito, y ni la conquista del Mundo entero podrán legalizarla".

Se le dice que por estas razones los pueblos están listos a volverle la espalda y que si "el filo de la espada aterra a los pueblos, y callarán, y la adulación y el embuste pondrán en práctica todos sus resortes y podrá ser, sí, la causa de los pueblos, es tan malhadada que aparezca con el colorido de justa, más el buen sentido, y la razón jamás sucumben y tarde o temprano la pluma inexorable de la historia pondrá de manifiesto sus fundamentos y bien deducirá entonces la posteridad que la espada fué quien justificó el procedimiento". Opoteca fue siempre un baluarte del ferrerismo y jamás quiso acceder a los repetidos llamamientos que se le hicieran, Allí comenzó a reorganizarse el ejército del Estado para proseguir la lucha contra Cabañas y Morazán.

CAPÍTULO XIV: FIN DE LA
CAMPAÑA CONTRA FERRERA

De Tegucigalpa, Cabañas marchó al Sur para interceptar las tropas de auxilio que de Nicaragua, se decía venían sobre El Salvador. Estacionado en Nacaome, envió a la Municipalidad de Tegucigalpa, la siguiente Nota: "Del General en Jefe de la 2a. División del Ejército de El Salvador. NACAOME, octubre 25 de 1839. A la Municipalidad de la ciudad de Tegucigalpa. Tengo partes repetidos de que el General Nicolás Espinosa con una partida de los derrotados en San Pedro Perulapán se ha dirigido a esa ciudad a tomar el mando de las tropas que existen reunidas en ella. Este hecho y la imprudencia con que se conduce el Lic. Felipe Jáuregui suscitando la guerra con el Estado de El Salvador y dando sin cesar pruebas que mientras él conserve algún influjo y autoridad en Honduras no podrá haber paz entre ambos Estados, son dos circunstancias como Jefe de la 2a. División salvadoreña, y como hijo de Honduras, me contristan hasta el extremo para que mire alejarse el momento de una reconciliación fraternal y sincera entre pueblos que siempre han mantenido la libertad y que hoy solo dejan de entenderse por las seducciones de algún intrigante que para mayor oprobio en su mayoría no son hijos de Honduras, ni tienen en el Estado ninguna propiedad. Yo espero que la Municipalidad de Tegucigalpa me hará la justicia de creerme, como efectivamente me hallo, animado de los mejores sentimien en favor del orden y paz pública y que los conceptos de esta comunicación no llevan otro objeto. Soy franco: Honduras es mi patria nativa: su felicidad forma mis más ardientes votos y si mis conciudadanos me ven hoy colocado a la cabeza de la tropa del Salvador, es porque sí amo mi patria, amo más la libertad, y antes que ver envilecida la primera y destruida la segunda, quise emigrar y buscar un asilo en un pueblo que luchando en favor de los principios republicanos sostuviese las reformas Constitucionales que claman ardientemente todos los pueblos de Centro América. Persuadida pues esa corporación de la pureza de mis intenciones, yo les ruego se sirvan escucharme sin prevención y con calma sobre lo que paso a manifestarle el Consejo de Ministros de 12 de septiembre último tuvo a bien dirigirme una comunicación manifestándome su deseo en favor de la paz a cuyo fin comisionó al Presbítero Ciudadano José María Aguiluz. Este comisionado no venía autorizado ampliamente y yo por otra parte carecía también de las instrucciones necesarias para arreglar un convenio. Por consiguiente, contesté a dicho Consejo de Ministros diese amplios poderes a su comisionado para que en esa ciudad se concluyese una paz estable y honrosa. Ignoro la resolución del Consejo de Ministros. Por lo que a mi toca, aguardo de un momento a otro instrucciones del Gobierno de El Salvador o un comisionado competente facultado. Pero noto desde luego una gran dificultad en que se terminen amigablemente las diferencias entre Honduras existiendo Espinosa y Jáuregui con alguna autoridad en Honduras, porque a más de las personas que han reunido al Estado de El Salvador de lo mucho que anhelan su destrucción y que la anarquía fije en aquel suelo su residencia; de los robos y maldades sin ejemplo que el primero como Segundo Jefe del Ejército de Honduras efectuó últimamente en el territorio salvadoreño y de los pasos infatigables que el segundo ha dado hasta conseguir un auxilio de Nicaragua contra el Salvador; uno y otro no merecen la fe pública al Gobierno a que sirven ni tampoco inspiran confianza a las dos terceras partes de la División de mi mando que la componen ciudadanos de Honduras y han sido víctimas de Jáuregui y otra puñada de jefes que sin patria y sin honor solo sirven para comprometer a un honrado vecindario, sacrificar soldados y armas sirven para comprometer a un honrado vecindario, sacrificar soldados y armas y aumentar su fortuna a expensas de pueblos infelices e indefensos sobre quienes han ejercido un horroroso despotismo. La Municipalidad a que tengo el honor de dirigirme me permitirá recordarle, cuántas veces el Gobierno de El Salvador ha convidado al de Honduras con la paz y aún después de triunfos gloriosos y decisivos, y cuando el último manifestándose anuente si debemos dar crédito a sus comunicaciones oficiales, han sido burladas sus miras por los jefes militares que tenía a sus órdenes, desobedeciendo hasta el extremo de invadir segunda vez el Estado de El Salvador contra órdenes expresas y terminantes. Existiendo pues, estos mismos Jefes colocados a la cabeza de la tropas reunidas en esa ciudad, y especialmente Espinosa y Jáuregui, ¿cuál será la confianza que deba tener el Gobierno de El Salvador sino ser nuevamente engañado e invadido su territorio? ¿Cuál de los soldados hondureños que militan a mis órdenes que han sido expulsados en masa, privados de su propiedad hasta incendiarles sus habitaciones? El Gobierno de El Salvador como el de Honduras, quiere ser libre, soberano e independiente, y los principios de neutralidad y no intervención en los negocios ajenos desea que no sean en lo sucesivo voces vagas como hasta aquí ha sucedido por parte de Honduras, y aquella seguridad no puede tenerla mientras existan con algún mando los violadores de los enunciados principios, Yo no tengo embarazo en protestar como solemnemente protesto a esa municipalidad que sostengo la unión de sus pueblos: estos se han pronunciado por la libertad, soberanía é independencia e los Estados y mi espada no la desenvainaré para contrariar este clamor, pero tampoco permitiré mientras exista que los pueblos de Honduras sean inhumanamente sacrificados por hombres que no tienen patriotismo, ni motivos de interés por el Estado, y que les fingen pretextos para mantenerlos en continua revolución para robarles su propiedad, perseguirlos sin distinción de sexos, ni edad, sacrificarlos en el campo de Batalla, y en suma ejercer sobre ellos un poder arbitrario. Si la Municipalidad de Tegucigalpa quiere conocer a los verdaderos enemigos de Honduras y preservar de su influencia a ese vecindario, no debe aguardar en mi División sino amigos y hermanos. Los pueblos por dende he transitado son los mejores testigos de su moralidad y disciplina. Me lleno de placer de recordar que no hay una queja contra mis soldados, pero si por desgracia persistiese unida a los enemigos de El Salvador y Honduras, pesará exclusivamente sobre ella la inmensa responsabilidad de cuantas desgracias ocurran; porque yo marcho sobre esa ciudad no ha hostilizarla, sino a libertarla de sus bárbaros opresores. Sentiré que se me coloque en la dura extremidad de quemar el primer cartucho, tanto como celebraré encontrar en ella Hondureños amantes al orden, de la libertad y soberanía de los Estados que deseen una paz verdadera y duradera y una unión sincera y fraternal. Ofrezco a esa Municipalidad las consideraciones de mi mayor aprecio. D.U.L. TRINIDAD CABAÑAS". (Carta del General Cabañas a la Municipalidad de Tegucigalpa fechada en Nacaome el 25 de octubre de 1839).

El precedente documento no requiere comentarios. Él demuestra cuáles eran los propósitos y sentimientos de Cabañas y de qué manera los conservadores separatistas hostilizaban al gobierno de El Salvador cuyo Presidente era por entonces el General Francisco Morazán. Ningún esfuerzo sirvió para evitar la prosecución de la guerra. El gobierno de Nicaragua envió al General Manuel Quijano con un fuerte ejército para auxiliar a las huestes de Ferrera y el cual, como bien lo dice Cabañas en su nota, fue gestionado y logrado por el Licenciado Felipe Jáuregui, voz y oídos de Carrera en Tegucigalpa. Cabañas permaneció en el Sur de Honduras hasta finales de enero de 1840, marchando sobre Tegucigalpa al tener noticias de que Quijano venía avanzando al interior del Estado. Llegado a Tegucigalpa, se vio de pronto sacado por el ejército nicaragüense trabando un furioso combate que duró dos días pero la superioridad de las tropas de Quijano, logro desalojarlo y reducirlo a Comayagüela.

Así lo refiere Vijil: "Dos días estuvo en Comayagüela peleando y por último decidió salirse al llano del Potrero, donde fue desecha la fuerza Federal". Esta acción tuvo lugar el 31 de enero de 1840 y Cabañas salió para el Sur tratando de reorganizarse. Algunos fantasiosos dicen que huyó hacia El Salvador perseguido de cerca por Quijano, pero la siguiente carta dice lo contrario.

"San Antonio de Sauce, febrero 3 de 1840. Mi amado General: HASTA ANOCHE EN GOASCORÁN he recibido sus dos cartas mi carta del 28 y 29 del ppdo. y cuando YA TODO SE LO HABÍA LLEVADO DIABLO. Después de mi carta de mi carta del 19 le escribí dos más y a la fecha no han regresado los que las condujeron. Temo que hayan sido interceptados. Por la mala disposición de los PP. del ejército de Honduras no había dicho a usted lo ocurrido el 31 y lo hago por ahora por medio del teniente coronel Milla para no perder más tiempo en escribir.

Yo continuo para San Miguel y allí espero sus órdenes; pero estas no deben dilatarse sino días para que antes de 8 habrá ocupado el enemigo este Departamento con un número de tropa difícil de repeler. Quijano es más tonto que Ferrera, pero más activo y atrevido. Dígarne pronto lo que debo hacer en San Miguel y mientras, mande a su más afectuoso amigo que d. b. T. Cabañas".

El 8 de febrero Morazán le contesta así: "Cojutepeque, febrero 8 de 1840. Mi querido Cabañas: No he recibido ninguna carta tuya después del 19, ES NECESARIO OLVIDAR LO QUE HA PASADO y ocuparnos únicamente en reparar el mal. Llamada la atención del Gobierno por las vías de Paz y Goascorán, debe concentrar más fuerzas y dar golpes prontos y decisivos. Es de gran interés principalmente por la absoluta escasez de armas, que vengan los curarenes y texiguat con sus fusiles. Con este objeto y con el de saber con certeza la posición del enemigo debes marchar con la caballería que allí existe a Goascorán a Nacaome, cuidando de no comprometerla jamás en un choque parcial, y de darme diariamente avisos tanto de la probabilidad de que vengan los indios, como de los movimientos de Quijano. Es interesantísimo esto y espero que lo ejecutes con prontitud y actividad. Es tu apasionado amigo. F. MORAZAN".

Don Manuel Irungaray, Ministro General del Gobierno de Morazán, le dice a Cabañas: "Cojutepeque Febrero 11 de 1840. Al General de Brigada C. Trinidad Cabañas. El Jefe Supremo del Estado, a quien han sido sobremanera sensibles los asesinatos cometidos por Quijano, Jefe de las fuerzas de los Gobiernos de Nicaragua y Honduras en los oficiales prisioneros Teniente Coronel José María Peña, Capitán Venancio Ramírez, Subteniente Evaristo Ramírez y Sargento 1º Manuel Zúniga, considerando que aquellos hechos atroces que caracterizan al Jefe en cuyas manos han puesto dichos Gobiernos la suerte de las pueblos, son tanto más bárbaros, cuanto que los prisioneras que han tomado los salvadoreños en sus repetidas victorias han recibido y reciben el tratamiento más generoso y fraternal, ha acordado se prevenga a todos los Comandantes de los Departamentos del Estado, y a los Jefes de las fuerzas expedicionarias, que hagan insertar esta disposición en la Orden General, manifestando al mismo tiempo a todos los individuos del Ejército que los militares, víctimas de una conducta tan escandalosa, son acreedores al reconocimiento público y en especial al de sus compañeros de armas, las que deben llevar por ellos el duelo durante ocho días, contados desde esta fecha enlutándose con un lazo negro el brazo izquierdo, a cuyo efecto se darán estos del tesoro público a las Clases y Soldados. Y lo comunico a Ud. para su inteligencia y cumplimiento. D.U.L. Irungaray".

Morazán le escribe también esta corta misiva: "Cojutepeque, febrero 17 de 1840. Mi querido Cabañas: De oficio se te previene que con ningún motivo ni pretexto toques en el Estado de Honduras con la caballería que está a tus órdenes, y es necesario obrar en este sentido. Luego que recojas noticias positivas de la retirada de los leoneses y de la situación en que se halla el Gobierno de Honduras, regrésate a San Miguel en donde te encontraré en el término de tres días. Es tu apasionado amigo q.b.m. F. MORAZAN".

Cabañas también cumplió. Se limitó a recoger los informes necesarios y regresó a San Miquel para encontrarse con Morazán. El derrotado Cabañas, seguía siendo un General de confianza para el Jefe Supremo del Estado, que veía en él al soldado valiente y heroico capaz de jugarse la vida por la causa de libertad que ambos defendían con ardor. Es seguro que si Morazán no hubiese encontrado altas cualidades militares en Cabañas, jamás le habría confiado tantas responsabilidades ni le hubiera dispensado el cariño sincero que le profesó. Esta actitud de Morazán con el Señor de las Derrotas merece analizarse con detenimiento, pues viene a demostrar que no era el Cabañas que pintan los cachurecos separatistas, por cualquier ángulo que se le viera. El General Manuel Quijano había chocado con Ferrera y con Jáuregui. Tal lo que revela el siguiente documento: "Comandancia General del Ejército Libertador. Al C. Ministro de la Guerra y Marina del Supremo Gobierno de este Estado. Después de dos días de tiroteo el enemigo que se situó en el pueblo de Comayagüela, se ha marchado la noche de ayer sin saber hasta ahora donde yo he mandado explorar el campo para averiguar su paradero y perseguirlo en todas direcciones hasta las fronteras del Estado, desde donde daré parte a este Gobierno de mi marcha a Nicaragua para DESMENTIR AL BORRACHO Y COBARDE FERRERA, Y AL BENGATIVO Y FALSO REFORMISTA FELIPE JÁUREGUI; que por un correo extraordinario que les he interceptado el día de ayer, me tratan estos de cobardes de BORRACHO, LADRÓN TEMERARIO Y FORZADOR Y DESMORALIZADO. La causa que he seguido contra el borracho y cobarde Ferrera, yo la daré al público para que toda la República vea quién es el ídolo de Honduras a quien confía sus derechos y yo manifestaré también al público quién es el MUÑECO JÁUREGUI, que después de ser Juez ejecutor de Morazán, para perseguir a los patriotas reformistas y después enlazado en su familia, se ha hecho el corifeo de los patriotas de Tegucigalpa para robarse la mina de Guayabillas; Ciudadano Ministro, siento en el alma el expresarme en estos términos pero mi alma está traspasada de dolor y sentimiento por las injurias y calumnias con que me denigran estos falsos liberales, después de que ellos fueron los que se han interesado con ese Gobierno y el de Nicaragua para que me pusiese al frente de esta División; y ahora estos anarquistas tratan de entregar el estado a CABAÑAS, dividiendo la fuerza de Honduras y la de Nicaragua. Desde luego por esto sería que las tropas de CABAÑAS el día que ocuparon el Pueblo de Comayagüela le echaban vivas a Ferrera, de lo que es testigo todo el ejército y el Pueblo de Tegucigalpa. Señor Ministro, soy de U. Atto. S.A. D.U.L. Tegucigalpa, enero 30 de 1840 ML. Quijano".

Se ve muy claro que si los líderes cachurecos reformistas se tiraban los platos a la cara, se levantaban calumnias y se lanzaban denuestos entre sí, ¿de que no serían capaces con sus enemigos? La táctica de la difamación contra los federalistas y en caso concreto sobre el General Trinidad Cabañas, se llevó a cabo minuciosamente. Sabían que aún derrotado, Cabañas no podía ser vencido, sabían que después de cada fracaso, Cabañas aparecía ante la conciencia centroamericana como un hombre puro, leal, valiente y abnegado, y que aún con el polvo de la derrota sobre los botines, arrastraba gente para seguir luchando, porque su bandera era de ideales, puros y pristinos, ideales nacionalistas que estaban muy distantes de las miras y metas materialistas de los corifeos confederales. La calumnia y la difamación contra Cabañas arranca de las luchas por la libertad de este soldado ilustre y ha servido para levantar una pira de oprobio a los cachurecos separatistas de hoy, que no ubican los personajes de la Historia en el tiempo y en la distancia en que actuaron. Los hombres no pueden, como las acciones de armas, ubicarse en 1970; son las ideas que originaron aquellas luchas y formaron aquellos hombres excepcionales, las que perduran y se reflejan en el ambiente centroamericano de hoy. Por eso Cabañas resulta limpio y puro de las infamias que se le arrojan a través de cien años de muerto. Su tumba no se estremece. Se contrita la ciudadanía al leer tanta estupidez y tanta avilantez contra una de sus legítimas glorias, porque se da cuenta de que ya no se respetan ni los símbolos que forman el alma nacional.

El General Manuel Quijano, triunfador del combate de El Potrero, rinde su Informe, en estos términos: "Comandancia General del Ejército Libertador. Al Ciudadano Ministro de la Guerra y Marina del Supremo Gobierno del Estado. Hoy a las doce del día, he salido de esta Ciudad con todo el ejército a batir al enemigo, situado en el punto llamado LA BURRERA O POTRERO dejando la plaza guarnecida con doscientos hombres de infantería y veinticinco de caballería al mando del valiente y vigilante Comandante Félix Herrera. Dividí mi fuerza en cuatro divisiones, la de la derecha mandada por el Teniente Coronel Nicasio Hernández, la de la izquierda por el Coronel Ciudadano Escolástico Marín, y el Teniente Coronel Pantaleón Durón, y el centro y reserva por mí mismo y el Escuadrón de Caballería por el Capitán Ciudadano Miguel Renderos. El ala izquierda rompió el fuego, y viéndose comprometida en términos de haber retrocedido, empeñé el centro y el Escuadrón de Caballería, y el ala derecha atacó al mismo tiempo la reserva del enemigo que hacía una resistencia tenaz y obstinada, pero la bizarría y denuedo de mi división, todo lo venció y a la hora del combate fe derrotada completamente la horda que mandaba Cabañas en número de setecientos hombres dejando en el campo ochenta muertos entre ellos ocho oficiales, trescientos fusiles, contados hasta ahora, cuatro cargas de parque, veinte lanzas, una bandera, todos los instrumentos de su banda y los equipajes de Cabañas y demás oficiales.

El Coronel Marín y Capitán Renderos van en seguimiento de Cabañas y de un cuadro de oficiales que le acompañan; y no dudo que si no es aprendido por estos oficiales lo será por los pueblos. Todo el Ejército, Jefes y Oficiales, han peleado con valor y resolución, pero sobre todos estos valientes se han distinguido: mi Mayor General C. Luciano Flores, el Coronel C. Escolástico Marín, los Tenientes Coroneles Pantaleón Durón y Nicasio Hernández y el

Comandante del Escuadrón C. Miguel Renderos. He llenado C. Ministro mis deberes, y he correspondido a la alta confianza al Alto Cuerpo Convencional cabiéndome a mí la gloria de haberle allanado el camino. Si soy acreedor alguna recompensa, pido a ese Supremo Presidente se sirva nombrar el Jefe que debe mandar este valiente Ejército, pues quiero desmentir con hechos al AMBICIOSO GENERAL FERRERA, Y AL HIPOCRITA Y FALSO REFORMISTA FELIPE JÁUREGUI que me han calumniado atrozmente, atribuyéndome a mí las ambiciones y crímenes que jamás he cometido. En este mismo momento doy parte a mi Gobierno de haber llenado su objeto con honor y con gloria la valiente División auxiliar, que puso a mis ordenes, pidiéndole igualmente mande otro Jefe que la mande y cuando haya recibido su contestación me marcharé a mi Estado. Hago renuncia formal del empleo de Coronel con que ese Supremo Presidente se ha servido condecorarme, pues la única recompensa a que mi alma aspira es a la gratitud popular, y esta la he conseguido superabundantemente con las demostraciones que de mil maneras me han hecho los pueblos infelices cuya suerte desgraciada ha empezado en mi corazón, y ha entrado en mi cálculo para ejecutar el destino con que el Gobierno Supremo de MI ESTADO. ME HONRO. Sírvase Usted Ciudadano Ministro, elevar este parte militar al alto conocimiento de ese Supremo Presidente. D.U.L. Tegucigalpa, enero 31 de 1840. MANUEL QUIJANO".

Así concluyó la campaña federalista contra el separatismo hondureño. Cabe aquí preguntar ¿quiénes y cuántos fueron los traidores hondureños que trajeron tropas NICARAGUENSES AL MANDO DE QUIJANO para invadir a Honduras en 1840? ¿Acaso no se trataba de una INVASIÓN al territorio nacional del Estado de Honduras la que realizó Manuel Quijano? ¿Por qué no se dice a todo viento que FERRERA y el Gobierno hondureño de aquel año eran unos TRAIDORES como se le dice a CABAÑAS?

"Me marcharé a mi Estado", dice el Coronel Quijano con toda tranquilidad. Quiere decir que su Estado no era el de Honduras y que él había llegado como INVASOR, en igualdad de circunstancias en que llegó CABANAS, años después, en 1844 y 1845. Pero la diferencia es que CABAÑAS era federalista y liberal y los Quijano y Ferrera y Guardiola, eran cachurecos, dignos discípulos de Don Rafael Carrera, amo y Señor de Centro América después de Morazán, y cuyas narices no han dejado de respirar.

CAPÍTULO XV: ÚLTIMA CAMPAÑA CONTRA CARRERA

Los rayos del sol que habían iluminado la victoria de San Pedro Perulapán en donde Morazán y Cabañas se dieran la mano con la gloria estaban a punto de ocultarse para la causa grande y noble de la unidad de Centro América. La República Federal se derrumbaba en pedazos; la Revolución de 1829 estaba liquidada y las viejas estructuras surgían más vigorosas y más sangrientas porque los caudillos que le daban aliento eran más arbitrarios, más tiranos y déspotas que lo fueron todos los virreyes y Capitanes Generales de los tres siglos de la dominación hispana. No tuvieron estos lideres ni el valor ni la resolución de fundar un solo pueblo, pero sí fueron valientes y resueltos para saquear y para incendiar aquellos que resueltamente habían acuerpado la Revolución Morazanista, arrasándolos con tal saña que el mismo Atila se habría sentido avergonzado al ver tanta barbarie. Con el señuelo de la Reforma Confederal se restablecieron los códigos feudales y si no se volvió a la inquisición quizá fue porque aún les quedaban unos adarmes de pudor. Ellos estaban dando vida a la teoría política del Señor Marqués de Aycinena resumida en la premisa de que había que destruir la Unión para volver a la Unión, lo cual resultó imposible porque en cada uno de los Estados apareció un cacique receloso de sus propios amigos que se hacía llamar Benemérito, Gran Mariscal, Capitán General o Jefe Vitalicio con el valor de un olímpico personaje y la arrogancia de un perdonavidas.

Los caciques lugareños tenían sus méritos: reunían atributos de valor, de inteligencia, astucia política y una buena dosis de patriotismo localista, pero no supieron aplicar esos talentos para la felicidad de los pueblos que tanto pregonaban, no pudieron impulsar a tiempo el progreso y desarrollo de los Estados que gobernaban porque todos sus esfuerzos se encaminaron a destruir la imagen más pura de la nacionalidad: Francisco Morazán. Con Morazán estaban los cuadros de la federación en los que Trinidad Cabañas tenía un sitio importante que había conquistado su valor, su hombría, su lealtad y su fervor por la causa de la República, como si el Destino le hiciera anticiparse para recibir la herencia del Héroe de La Trinidad al recoger la bandera unionista cuando llegara la hora de la tragedia.

Cabañas ya era confidente y brazo derecho de Morazán cuando iba a jugarse la carta más peligrosa en la vida republicana; Carrera amenazaba en el Estado más rico y mejor organizado dentro de la Federación, y por atajarlo y destruirlo, vieron de menos al nuevo Caudillo que aparecía en Honduras creyéndolo destruido con los triunfos del Espíritu Santo y Perulapán, y en lugar de asegurarse el flanco hondureño primero para atacar a los conservadores guatemaltecos después, Morazán decide lanzarse de frente contra Carrera. Esto no lo sabía más que Cabañas y algunos altos oficiales. Entre tanto, Ferrera con sus aliados de Nicaragua, ignorando aquellos planes cerraron las puertas al federalismo y apretaron filas para detener a Morazán que parecía volverse contra ellos, pues los aprestos bélicos aparentemente se hacían con este objeto desde San Salvador. El plan morazanista se fué ejecutando con tan sigilo y exactitud que ni Carrera, que tenía una audaz red de espionaje, pudo darse cuenta de que esta vez el golpe iba contra Guatemala. La maniobra fue tan rápida y cautelosa que el Jefe de Estado guatemalteco Don Mariano Rivera Paz se dió cuenta cuando el ejército morazanista estaba ya en Corral de Piedra y proseguía su avance sobre la capital. Carrera, nombrado Comandante General del Ejército, procede a elaborar su plan de defensa, construye apresuradamente parapetos y trincheras en la ciudad declarada en estado de sitio; deja en ella 800 hombres al mando del Coronel Vicente Cruz; coloca fusileros en las torres de los templos y con 700 soldados se retira a la hacienda de Aceituno para esperar los acontecimientos y a la hora conveniente lanzarse por retaguardia para envolver al ejército de Morazán. Al día siguiente 17 de marzo de 1840, Morazán pasa por Fraijanes y baja la cuesta de Pinula; aquí reúne sus oficiales, ordena retenes en Guadalupe y los Arcos de la Aurora y divide el resto de sus 1,500 hombres en tres cuerpos de ejército para iniciar el ataque.

Trinidad Cabañas es el encargado de romper el fuego; se le

encomendaba el punto más delicado pues se trataba de tomar las alturas de El Calvario y las trincheras de la Plaza de Toros desde donde los fusileros disparaban nutridas descargas de plomo. El valiente Cabañas cargó vigorosamente contra los defensores de aquellas posiciones; la lucha fue tenaz: las dos secciones de infantería bajo su mando fueron detenidas en su primer impulso pero el General que no conocía el miedo ni le arredraba el peligro, se adelantó espada en mano y después de encarnizada batalla tomó las alturas y las demás posiciones que se le habían designado. Entre tanto, Morazán tomaba el Hospital General y la Plaza de Guadalupe, ordenando al General Enrique Rivas que avanzara sobre la Plaza Mayor, lo que hizo con los Coroneles Antonio y Bernardo Rivera Cabezas e Ignacio Malespín. La ciudad había caído en poder de Morazán el 18 de marzo encontrando en ella 22 cañones, pólvora, plomo, parque labrado, ganado y provisiones. La lucha había sido dura y sangrienta; al comenzar la tarde, Cabañas fué avisado que un fuerte contingente de hombres venía hacia sus trincheras, é inmediatamente dió aviso a Morazán del parte recibido. No hubo tregua ni descanso.

"Carrera con 2.000 hombres decide recuperar lo perdido, divide su ejército en dos columnas: una de 350 soldados al mando del General Doroteo Monterroso y del Coronel Sotero Carrera. La caballería avanzaba bajo las órdenes del Teniente Coronel Francisco Malespín, quien entra por el Guarda del Golfo y se divide en dos secciones: una atacando la Plaza de Armas y el Hospital de San Juan de Dios y la otra la Plaza de Toros al mando del Coronel Vicente Cruz. Este hace contacto con el Coronel Cabañas, que con tenacidad se sostiene en las alturas de El Calvario. La presencia de Carrera reanima a sus soldados y después de hora y media de combate, los salvadoreños tuvieron que ceder terreno replegándose al estanque de El Calvario y al atrio de la misma iglesia, donde se encontraba Morazán con 500 hombres. Carrera pasa sin molestarlo en aquella posición, lo dejó que se reconcentrara a la plaza. Mientras tanto, Sotero se apodera del Hospital de San Juan de Dios, donde no se perdona a los heridos, siendo muchos de ellos asesinados como la fué el Coronel Miguel Sánchez; se apodera del tren de guerra, así como del dinero, equipaje y de cien vivanderas de los invasores que fueron tratadas brutalmente. Carrera después de un avance sigiloso por las calles fue poniendo cerco a la plaza, haciendo uso de las municiones recogidas en el Hospital, así como Morazán se aprovechara de las que encontró en la Plaza de Armas" (Pedro Tobar Cruz. Libro Los Montañeses).

El fuego no se detenía un momento. Morazán no descansaba, ignorando el número de los atacantes, vacilaba, pero al observar que todavía se contaba con plomo y pólvora, redoblaba sus esfuerzos, únicamente temiendo que los fabricantes de cartuchos se rindieran de fatiga. Durante la noche del 18 de marzo Carrera fue estrechando el cerco de la ciudad; los morazanistas detenían el avance de los sitiadores con gran heroísmo, pero estaban agotados; Morazán no tenía de donde recibir refuerzos y en cambio Carrera aumentaba sus hombres y recursos. Cabañas se batía con denuedo encabezando una carga de fusil que detiene las tropas de Cruz; ordena que se dispare sin descanso el cañón que está en su poder y esto le mantiene en sus posiciones. De pronto, casi al caer la noche, recibe orden del General en Jefe de desocupar sus posiciones y de replegarse a la plaza y aprovechando un inesperado cese de fuego ejecuta con éxito un movimiento de repliegue que fué advertido por los atacantes cuando ya sus soldados estaban a salvo de un combate en retirada y habían alcanzado algunas trincheras casi al centro de la ciudad. A las 4 de la mañana del 19 de marzo la situación era apremiante: había llegado el momento de las grandes decisiones; Carrera había desatado desde las 2 de la madrugada un furioso ataque y los sitiados no podían ni detenerlo ni rechazarlo; Morazán dicta las órdenes necesarias y dispone que la caballería se arme de lanzas y rompa el cerco. El propio General en Jefe salió al galope de la Plaza de armas por la calle del Santuario de Guadalupe. Cabañas mandaba la segunda línea y la infantería al mando del General Enrique Rivas cubría la retaguardia. "En cada bocacalle se cargaba sobre los grupos de soldados que cubrían las esquinas y a cada momento se volvían para proteger el avance de la infantería" (Pedro Zamora Castellanos. Vida militar de Centro América).

El esfuerzo y el valor de los Generales era igual al de los soldados que combatían sin cesar hasta abrirse paso a través de aquella multitud enardecida. Así lograron llegar a la Villa de

Guadalupe para pro- seguir hacia San Salvador.

Qué amargo debe haber sido para Cabañas ver a su Jefe y amigo anonado por el fracaso de sus esfuerzos por salvar a la República que terminaba para siempre. La esperanza de que un triunfo sobre Carrera sería el triunfo de la unidad de Centro América se veía desvanecerse en el horizonte, y sólo quedaba el anhelo y la fe de que algún día los hombres de la Revolución se reagruparan para hacer un nuevo impulso y liquidar la reacción conservadora. A toda marcha se encaminaron las diezmadas columnas morazánicas hacia San Salvador. Cabañas iba a la vanguardia con 100 hombres y el 24 de marzo al llegar a los llanos de Ahuachapán, se encontró con el Comandante Manuel Figueroa quien al mando de 800 hombres de Jutiapa quiso interceptarles el paso.

Cabañas desplegó sus hombres en línea de combate, cargó furiosamente él mismo con los lanceros de la caballería, unos 25 hombres y fué tal el arrojo con que atacaron sus soldados que Figueroa y sus 800 jutiapas voltearon caras en franca derrota. Cuando Morazán se hizo presente en el sitio, ya los carreristas se batían en retirada desordenada.

Stephens dice: "El Coronel Cabañas, un hombrecito pequeño, caballeroso y valiente, había dado el primer golpe al enemigo, rompiendo su espada sobre un lancero, al que, quitándole su propia lanza con la mano, atravesó en el mismo instante, hiriéndose la mano". Morazán con su fatigado y diezmado ejército llegó a San Salvador el 27 de marzo. Había comenzado el desastre. La República Federal era ya un recuerdo; jamás volvería a ser una sola Patria.

XVI: EL INQUIETANTE EXILIO

El desastre sufrido en Guatemala por el Ejército Federal cambió de súbito la mentalidad de los políticos centroamericanos, subió el tono de las increpaciones que se hacían al General Morazán y a los federalistas y los caudillos regionales sintieron que su estatura había alcanzado una nueva dimensión, que no era en verdad otra que la de unos cuantos centímetros más arriba del borde de las botas de aquel insigne paladín de la nacionalidad. Carrera, Carrillo y Ferrera, ciertamente tenían méritos que no pueden menospreciarse: el caudillo Montañez tuvo la habilidad de rodearse de hombres de talento y Ferrera fué un militar valiente y profundamente celoso de su nacionalismo en el entendido de que para él la patria no era Centroamérica, sino Honduras, en lo que fué paralelo en pensamiento y acción con Carrillo, diferenciándose sólo en que Carrillo fue un estadista. Carrera y Ferrera si bien fueron valientes y arrojados carecieron de la visión de un estratega y de la consistencia de un hombre de Estado. Los otros dos caudillos que se entronizaron con el desastre Morazánico, no alcanzaron ni los ribetes dorados de la casaca Militar que sus cofrades de Honduras y Guatemala le hicieron respetar, porque en la obscuridad del régimen que impusieron a culatazos, lo único que brillaba eran sus pistolas y el filo de sus machetes.

Trinidad Cabañas, que había recibido el grado de Divisionario por su comportamiento heroico en la reciente batalla de Guatemala, sabía mejor que nadie cual era la realidad: confidente de Morazán, había penetrado la magnitud de la derrota federal y se daba cuenta de que ya no era posible salvar la República porque, aunque podía reunirse un nuevo y poderoso ejército para volver sobra Carrera, sería preciso derramar torrentes de sangre, arrasar los pueblos, destruirlo todo, no sólo en Guatemala, sino en los demás Estados de la agonizante Re- pública Federal de Centro América, y esto no lo deseaba ni lo permitiría Francisco Morazán. Los conservadores pronto enarbolaron otra bandera tan falsa como aquella que levantaron para salvar la santa religión católica, tan cínica como la del envenenamiento de las aguas y tan inconsistente como aquella de las reformas sociales establecidas en la legislación liberal; ahora la lucha no era para salvar nada ni para restaurar el viejo régimen conservador: era contra la personalidad de un hombre, contra el prestigio de un ciudadano, contra el General Francisco Morazán.

Este hizo cambiar el rumbo de las cosas y el pensamiento de los hombres: Morazán hizo saber a Cabañas y al Coronel Máximo Orellana, su Secretario particular, que había decidido expatriarse voluntariamente, que él luchaba por mantener la unidad y no por salvar y proteger sus intereses personales, que siendo su persona el obstáculo para restablecer la paz, era preferible separarse de la contienda a sacrificar más centroamericanos. Trinidad Cabañas, cuya lealtad a la causa de la nacionalidad estaba a la par de su valor y su heroísmo, era también un soldado disciplinado: decidió correr la suerte de su amado General. Ya habría tiempo para volver a la lucha; ya vendrían mejores días que aquellos de infortunio.

Hubo junta de Notables de San Salvador y ante ellos Morazán expresó: "Los enemigos de la Unidad de la Patria tomaron primero como arma de combate la reforma de las leyes. Ahora, es mi persona, y mi presencia en esta sección que tanto amo, lo que los molesta y desvela... ahora que sólo mi persona parece ser el blanco de sus iras, no debo permitir, no, que de nuevo se sacrifique este pueblo valiente y abnegado, empurpurando con su sangre el suelo de la Patria. Me alejo, pues, no por cobardía, sino por el mismo sagrado deber con que el destino tiene atado el hilo de mi existencia, al porvenir de Centro América".

¡Triste destino el de la Patria! Traicionada y vencida quedaba además huérfana de su mejor Soldado, quedaba a merced de aquellos que amaban el sistema de los tres siglos porque SUS mejores hijos, sus incansables defensores, se iban también con Morazán. De estos ciudadanos que no sólo eran soldados sino Médicos, Abogados, hombres de letras comerciantes, y prominentes patriotas en conjunto armónico, dijo Stephens que los conoció bien, que los vió actuar y desempeñarse, que pudo penetrar sus ideas, de ellos dijo: "Me dieron la impresión del mejor grupo de hombres que había visto en el país".

De Ahuachapán, con un experto y valiente chane, Cabañas envió a su hermano la nota siguiente: "Ahuachapán, Marzo 25 de 1840. Querido Urbano. Has de saber ya la pérdida de Guatemala. Vamos de paso para San Salvador y de ahí hacia el Sur. Anoche me manifestó el General que estaba resuelto a dejar la Patria. Yo iré con el hasta el final aunque falto de recursos y todos seguirán con él hasta no sabemos cuándo. Si algo queda para mí es la esperanza de volver para luchar por la felicidad de los pueblos que dejo con pesar. Dile a León y a Gómez que hagan lo que puedan para salvar la República, que queda huérfana de su guía principal y que mi pensamiento estará siempre en la Centroamérica que tanto amo. Lo que tengas que mandarme hazlo con Chon Recarte que te lleva esta y regresa luego. Dile a Chica que no hubo lugar de sus encargos pues todo salió mal.

Pienso en el gusto que tienen los enemigos de la unión con lo ocurrido, en especial Castejón y Ferrera, y espero que tengas tiempo de contarme cualquier novedad. Te abraza tu hermano. T. Cabañas, P.D. El General te saluda con afecto, lo mismo a Gómez y a Chica".

Este fue su adiós a Centro América. Qué honda pesadumbre se advierte en estos breves renglones de Cabañas. Esas frases cortas, de palabras sin entusiasmo dejan adivinar el peso del desaliento, y a la vez la esperanza lejana de un retorno que puede ser agradable o quizá adverso en los propósitos. Pero también en esas líneas que contienen amargura esta la fé en Centroamérica que es el ideal y la doctrina que habían guiado a Cabañas y que el futuro incierto habría de robustecer para llegar al final. Era la expresión simple del soldado, el lenguaje sencillo del patriota que sin la frase opulenta del político sagaz dejaba vislumbrar la tragedia que ocasionara en su alma la retirada de Guatemala, y es significativo y ejemplar el hecho de que, en aquellas horas de angustia al dirigirse a su hermano, dirigiera por su medio el ruego para que sus amigos León Alvarado y Francisco Gómez no dejarán la Patria en desamparo. Pero el sentido de patria para Cabañas era el de patria centroamericana y su preocupación la de la orfandad en que tenía que dejarla para buscar otras playas y otros soles más propicios. Pocos días después, el 8 de Abril de 1840, Cabañas se embarcó en el puerto de La Libertad en el vapor "Izalco" rumbo a Sur América. Viajaban con Morazán, además de Cabañas, un nutrido grupo en que iban muchos de "los mejores hombres del país" a que se refirió después de Stephens en su importante libro. Ellos eran: Don Diego Vijil, ex Vice Presidente de la República y ex Jefe del Estado de Honduras; Don Joaquín Rivera, ex Jefe del Estado de Honduras; Don José María Silva, ex Jefe del Estado de El Salvador; Lic. Don Miguel Álvarez Castro, Ministro de Relaciones del Gobierno Federal; Lic. Don Máximo Orellana, ex Secretario Particular del General Morazán; Generales Enrique Rivas, Indalecio Cordero, Agustín Guzmán y Nicolás Angulo; Presbítero Isidro Menéndez; Licenciados José Miguel Saravia, Manuel Irungaray y Felipe Molina, hijo del Prócer Dr. Pedro Molina; Coroneles Máximo Cordero, José de Jesús Ocejo;

Manuel Antonio Lazo, Bernardo y Antonio Rivera Cabezas, Domingo Asturias, José María Cacho, Manuel Merino, Rafael Padilla y Guillermo Quintanilla, Tenientes Coroneles Gerardo Barrios, José Antonio Milla, Dámaso Souza, José María Prado y José Rosales; Capitán José María Cañas y los ciudadanos José Molina, Doroteo Vasconcelos, Juan Orozco, José Antonio Ruíz hijo de Morazán, Felipe Bulnes y Francisco Gravil. El 22 de abril, el "Izalco" se encontraba en el fondeadero de Puntarenas, y ese mismo día, Morazán se dirigió al Secretario General del Supremo Gobierno del Estado de Costa Rica, solicitando permiso para que algunos de sus acompañantes pudieran desembarcar y residir en aquel Estado, y para que a otros se les permitiese desembarcar y proseguir hasta el puerto Atlántico de Matina, para luego pudieran reembarcarse hacia otros rumbos. El Lic. Don Braulio Carrillo, dictador y gobernante vitalicio de Costa Rica, ordenó a su Ministro que contestase la Nota del General Morazán, indicándole que solo podían tener "asilo en aquel país", algunos de los ciudadanos consignados en la lista que le fuera enviada al Gobierno. Los permitidos para permanecer en aquella pequeña ínsula, que según Carrillo nada tenía que ver ni que recordar de la Patria Centroamericana, se quedaron en Costa Rica, y Morazán prosiguió su viaje a la Nueva Granada, llegando en Mayo de 1840 al puerto de Chiriquí, Colombia en donde le esperaban su esposa y sus hijos.

De allí se dirigió a David en donde lanzó su "Manifiesto de David" y escribió sus "Apuntes", más conocidos como las "Memorias de David", para refutar los ataques de que era víctima de parte del conservatismo triunfante. En agosto de 1841, Morazán embarcó de nuevo en Chiriquí rumbo al Perú. Lo acompañaron en el viaje Trinidad Cabañas, José Miguel Saravia, Manuel Merino, Cruz Lozano y su hijo José Antonio Ruíz. El 16 de Septiembre de aquel año los periódicos de Lima, y en especial "La Bolsa", hacían elogiosas referencias de Morazán.

En Lima Morazán y sus acompañantes disfrutaron de las atenciones que sus amigos, prominentes peruanos, supieron dispensar les. Lima era una ciudad que iba hacia el cosmopolitismo y por ello ofrecía a los visitantes gran variedad de impresiones y sorpresas que en Centroamérica no podían disfrutarse. Es de imaginar que para los exiliados había muchas cosas: funciones de Ópera y de teatro que por aquellos días estaban en su apogeo, competencias ecuestres, excursiones al Callao para ver y disfrutar del barco de vapor, novedosa invención de la época, recepciones oficiales, saraos entre la distinguida sociedad limeña tan aristocratizada como la de Guatemala, visitas a los cuarteles y oficinas gubernamentales, y en fin, todo cuanto podía ofrecerse en los entonces países cultos de América a visitantes tan distinguidos, tan bien relacionados y de tanta alcurnia y prestigio internacional, Pero el exilio no daba margen para tales expansiones sin que los expatriados pasaran añorando la patria lejana y amada.

La sencillez natural de Trinidad Cabañas extraña a los esplendores de los aristocráticos saraos, su alma blanca en donde se anidaban los más puros anhelos patrióticos, y en la que no cabía otro sentimiento que no fuese el que pudiera devolver la bienandanza de sus lejanos compatriotas, debe haber sufrido tremendamente el cambio entre la actividad constante a que estaba acostumbrado y la entretenida existencia en playas nuevas y ajenas a sus preocupaciones. El exilio no es doloroso porque siempre se encuentran matices admirables de nobleza y generosa comprensión humanas que vienen a ser como un salutífero bálsamo; pero es fuente de inquietudes espirituales, de constante desasosiego que mantienen la mente obsesionada pensando en lo que se ha dejado, y en el posible retorno a los amados lares. Yo me pregunto: ¿En qué pensaba Cabañas? ¿En su patria fraccionada víctima de cinco tiranías; en el martirio de sus compatriotas sujetos a las leyes antiguas, sin derechos, sin libertad y sometidos a las tinieblas de un régimen feudal? ¿Qué añoraba Trinidad Cabañas? ¿Las verdes praderas de la patria, la pequeña heredad de sus mayores, la fecunda cosecha de maizales y el estrecho corral de su contada vaquería?

Quizá en todo esto, porque tú, Trinidad Cabañas, no podías pensar, porque no pensaste nunca a lo largo de tu vida diáfana en las comodidades del poder y las ventajas del mando, y menos, mucho menos en las riquezas y opulencias que guían a los ambiciosos y a los déspotas. Tú Cabañas, no podías añorar los triunfos logrados al lado de Morazán si no para acordarte de que con ellos se alcanzó, primero la victoria de la Revolución de 1829, y después, la redención ciudadana con la igualdad ante la ley, la libertad de conciencia y de opinión, y el respeto de la calidad del hombre por ser hombre y no por venir de viejos troncos familiares, porque tú mismo eras un "Criollo" auténtico y bien nacido, como Morazán, como Valle y como Herrera, cuyos pañales los habían bordado "las familias".

Cabañas durante su permanencia en Lima se hospedó en casa de las Señoras Bandas junto con Morazán, Máximo Orellana, Cruz Lozano, Manuel Merino, Miguel Álvarez Castro, Miguel Molina, Eduardo y Miguel González Saravia, lo que hace suponer que era una casa de huéspedes. En las políticas de sobremesa se hacían comentario de las informaciones publicadas por los periódicos limeños sobre el acontecer centroamericano; las noticias llegaban tardíamente cuando atracaban en Callao los barcos precedentes del Norte y eran generalmente alarmantes y desconsoladoras; algunas hirientes para los ilustres expatriados al grado que en cierta ocasión el licenciado Don Máximo Orellana se vio en el caso de hacer por la prensa las rectificaciones necesarias, puntualizando que: "Respecto a la amnistía general de que habla El Comercio, que debía decretarse en el Estado de El Salvador para el General Morazán y sus partidarios, debo decir que no estoy conforme con el nombre de partidario, y pienso que mis demás compañeros de desgracia lo repugnarán también: porque nosotros no hemos sido partidarios sino de la justa causa que acaudilló victoriosamente por doce años aquel digno y esclarecido General. Él se propuso sostener el honor y dignidad de la Nación, defender las instituciones que creaban un Gobierno General (destruir el fanatismo que vimos en su última agonía), contener las atrevidas y ambiciosas pretensiones de algunas familias, que por todo mérito alegan un despreciable pergamino debido, muchas veces, al oro o al favor, y conquistado muy pocas por el mérito de sus mayores (en frenar a las masas ignorantes que tan mal uso hacen de las hechiceras palabras de libertad e igualdad) y en fin, fomentar el comercio y la agricultura y hacer positiva la educación pública. Tan nobles y útiles proyectos tuvieron únicamente partidarios: el General Morazán tuvo solamente leales amigos y admiradores de su acendrado patriotismo y singular desinterés, a cuyo número se honra de pertenecer M. Orellana".

Esta es la verdad. Trinidad Cabañas había escogido el exilio porque era partidario de la unidad, dignidad y prestigio de la patria que solo podía ser real bajo el Signo de la Revolución liberal del 1829 y con la dirección del General Morazán; había preferido la expatriación porque también era leal amigo del héroe de Las Charcas y Perulapán en quien admiraba su acendrado "patriotismo y singular desinterés" como a su nombre y al de todos los que pertenecían en Lima, había declarado Máximo Orellana.

CAPÍTULO XVII: EL RETORNO A LA PATRIA

En Lima, la ciudad virreinal, Trinidad Cabañas encontró la oportunidad de tratar gente con mentalidad distinta a la que tenían los políticos, los hombres de letras y la generalidad de los que habían conocido en su querida Centroamérica. Las relaciones del General Morazán, de quien era su más cercano amigo y confidente, y su propia educación, le franquearon las puertas para alternar con militares, políticos, estadistas, literatos y gente del pueblo, sencilla como él, sana de cuerpo, de pensamiento y de corazón a quienes probablemente pudo comunicar sus inquietudes y de las que pudo captar algunas enseñanzas.

En Cabañas la pena de la ausencia le hacía buscar esa comunicación con otras personas diferentes, y seguramente de ese trato obtuvo una saludable experiencia; un feliz aprendizaje que aumentó el nivel de su cultura, afianzando la seguridad de su educación. Los viajes ayudan en la formación de criterios en la modificación de ciertas actitudes, y hacen descubrir otros caminos, otros motivos y nuevas modalidades. Es de suponer que Cabañas, hombre de temperamento sensible, captó ese cambio de ambiente y pudo ver un nuevo escenario en el que se combinaban en maquetas viejas, ideas y actitudes nuevas. Y mientras Morazán, Cabañas y sus compañeros observaban y analizaban la realidad pe ruana, en la lejana Centro América ocurrían cosas increíbles que se habían venido gestando por largo tiempo y que eran una consecuencia de la fragmentación de la República.

Para los intereses foráneos, para el colonialismo en auge, la República Federal de Morazán era respetable y los planteamientos de los reclamos de la deuda federal o de los súbditos extranjeros afectados por las contiendas armadas, siempre se hicieron con el comedimiento y respeto que se hacía acreedor el Gobierno nacional. Pero disuelto el vínculo de unión, quedaron cinco Estados soberanos, pero débiles y pobres, dirigidos por Jefes ambiciosos que, con mayor o menos facilidad, eran influenciados por zorros políticos al servicio aparentemente, del colonialismo ultra marino.

Desde la época Morazánica, el Gobierno Federal había encomendado al geólogo John Baily el estudio de un posible canal interoceánico por Nicaragua del cual resultó que era factible su realización y que podía construirse la ruta a un costo dentro de las posibilidades financieras de la Nación pagadero a lagos plazos; en otras palabras, financiable con un empréstito. En 1840, John L. Stephens, que se encontraba en Centro América, conoció los estudios geológicos de Baily y pensó que quizá su comitente, el Gobierno de los Estados Unidos, podía interesarse en la realización de obra tan importante.

Gran Bretaña, que era la prestamista usual para América Latina, era también campeona en colonialismo en la Costa Atlántica de Centro América y por intermedio del Cónsul Chatfield y del Superintendente de Belice, Coronel Macdonald, soñaba con establecer en la región Misquita un protectorado de Su Majestad Británica, lo que resultaría difícil si los Estados Unidos del Norte tomaban cartas en el asunto del Canal. Pero ahora que Morazán estaba lejos y la República dividida era la ocasión de actuar, y el 12 de agosto de 1841 a bordo de la corbeta Tweed y de un balandro propiedad de Peter Shepherd, Macdonald se presentó frente a San Juan del Norte en la Costa Atlántica de Nicaragua desembarcando en compañía de varios oficiales y del llamado Rey de la pretendida Nación Misquita Robert Charles Frederick.

El Coronel Manuel Quijano, Comandante de San Juan del Norte, sorprendido por aquel acto de piratería, reclamó y pidió explicaciones, y se le dijo que era una misión del Gobierno de S. M. ante el Rey Misquito y para determinar los límites de los dominios del rey, que incluían a San Juan, Matina (Salt Creek), Bocas del Toro y la Isla Great Corn. Quijano protestó de la palabra y por escrito y ante la obstinación de los ingleses se presentó el 14 de agosto ante el Coronel Macdonald con gente armada para intimarlo a desocupar el puerto. Este hizo desembarcar un contingente de infantería de marina, sometió al valiente militar y lo condujo prisionero a su corbeta tomando rumbo sur.

Este atropello causó gran conmoción en Centro América y el 30 de agosto de 1841 el Gobierno de Nicaragua lanzó una Proclama denunciando los hechos y llamando a los centroamericanos para acudir en defensa de la Soberanía Nacional empuñando las armas contra la piratería británica. Mientras tanto, el Superintendente de Belice y el almirante Adam, lanzaban un ultimátum a los gobiernos centroamericanos previniéndoles que si para el último de diciembre de 1841 no habían cancelado sus saldos de la deuda inglesa, la armada británica bloquearía los puertos de Atlántico de Centro América.

Morazán se encontraba a fines de noviembre en el Callao, preparando su salida para Chile cuando recibió la Proclama del Director Supremo de Nicaragua, y una nota personal del Ministro General Nicaragüense en la cual le pedía directamente en nombre del Gobierno, que acudiera en defensa de la patria atropellada. Los sucesos referidos cambiaron los planes de Morazán, regresó a Lima en donde negoció un préstamo de 20,000 pesos con su amigo el General Bermúdez, con los cuales compró armas y municiones, tomó en arriendo el bergantín "Cruzador" por el precio de novecientos pesos mensuales, celebrando un contrato con su propietario Roberto Marshal y el 22 de diciembre procedió a organizar su Estado Mayor con el General de División Trinidad Cabañas, General de Brigada J. Miguel Saravia, Coroneles Máximo Orellana y Alejandro Escalante, Capitán Joaquín R. Gómez y Teniente Miguel Molina y Ceferino Escalante. El insigne caudillo estaba de nuevo en pie de guerra. En los primeros días de enero de 1842, el bergantín Cruzador se hizo a la vela en el Callao con rumbo Norte: en Guayaquil subió a bordo el Capitán José María Espinar y en Chiriquí, Morazán se detuvo para ver a su familia y a recoger a los Coroneles Joaquín Rivera, Máximo Cordero y Juan Bruzal, prosiguió su viaje pasando por Tárcoles en Costa Rica y el 15 de febrero, en la madrugada, la expedición anclaba en el puerto salvadoreño de La Unión procediendo a desembarcar al instante y dirigiéndose Morazán acompañado de Cabañas y un ayudante, a la

Comandancia del puerto, no habiendo encontrado en sus oficinas al Comandante, Coronel José María Aguado. Este se presentó casi al instante y el General Morazán tuvo un diálogo con él, manifestándole los motivos y fines de su regreso al país, haciéndole presente "que en manera alguna tenía el propósito de trastornar el orden de cosas establecido en el Estado, y que por lo mismo, podía continuar en el desempeño de sus funciones". Aguado aceptó continuar junto con la guarnición que comandaba, no obstante que Morazán le hizo ver "que si él creía contraer algún compromiso con permanecer en el puerto, no encontraría embarazo para obrar como se lo indicase su honor agregando que le sería más grato verlo colocado en las filas de los que le hiciesen la guerra, que el que le prestase sus servicios, por importantes que ellos fueran, si juzgaba que al hacerlo así, traicionaba sus deberes".

Como prueba de que Morazán no llegaba en actitud guerrera, había ordenado que no desembarcase la tripulación de "El Cruzador", regresando a bordo, para enviar al Gobierno de El Salvador, con fecha 16 de febrero, una nota explicativa de las razones que tuvo para regresar a Centro América. De la comitiva Morazánica sólo quedó en el puerto el General Trinidad Cabañas con su Jefe de Estado Mayor, y el mismo 16, Morazán se encaminó hacia San Miguel. Tan pronto como el General en Jefe se alejó de la Unión, el Coronel Aguado comenzó a mostrarse inquieto, nervioso, actitud que comprendió Cabañas al momento, y por la cual le reclamó. Aguado entró en explicaciones, manifestándole que deseaba abandonar su puesto e ir en busca de refugio a Nicaragua, y no obstante las razones que Cabañas adujo para que no lo hiciera, parecía que vacilaba entre si debía quedarse o huir abandonando la Comandancia. El Coronel Aguado, era realmente muy aguado en sus decisiones; no tenía firmeza, no sabía cumplir sus promesas. A Morazán le había prometido su lealtad, y eso mismo reiteró a Cabañas, pero en la madrugada del 18 de febrero, cambió de parecer, sorprendió a Cabañas y a su jefe de Estado Mayor cuando aún dormían, mandando a poner candados a las puertas del aposento que ocupaban, lo que era equivalente a darles por prisión el Cuartel, y se fugó en un bote con rumbo a Nicaragua. Cabañas forcejó las puertas de su cárcel, tomó una lancha y se dirigió a "El Cruzador", donde ordenó que se echaran al agua botes y lanchas del buque, y él mismo se puso a darle alcance.

El General Morazán explica así el suceso: "Pero el Comandante Aguado, al siguiente día de mi marcha, sirviéndose de los propios soldados que yo dejé a sus órdenes, preparó un bote para fugarse con ellos y otros quienes había armado, con dirección a ese Estado. Retuvo, hasta después de verificado el embarque, en la casa de la Comandancia, al General Cabañas y al mencionado Jefe del Estado Mayor que le acompañaban. Y desentendiéndose de todas las reflexiones que el mismo general le hacía sobre su conducta tan extraña, emprendió su viaje, después de haber hecho uso de la fuerza para impedir que se llevase al buque la noticia de lo ocurrido.

Tan luego como el General Cabañas con la partida del Comandante Aguado quedó en libertad de proceder según lo exigían las circunstancias, considerando que la fuga para ese Estado, de dicho comandante, con la tropa salvadoreña que estaba a su mando, sería interpretada como la consecuencia de un acto hostil de nuestra parte y un motivo de alarma que turbase la armonía y concierto, cuyo establecimiento es el objeto preferente de nuestros esfuerzos, se dirigió a bordo del Cruzador, y mandando echar al agua los botes y lanchas del buque, con los soldados y marineros necesarios, se puso a darle alcance, como lo verificó a pocas millas, y al ordenar que se abordase al bongo, el señor Aguado dijo que se rendía sin resistencia, por lo cual todos volvieron al puerto, colocando antes al mismo Aguado, como una precaución indispensable, a bordo del Cosmopolita, que también he tomado y armado para la República, y allí se le trata con las consideraciones y atenciones debidas. Recelando el General Cabañas que si este hecho se difundía sin que antes se hiciesen las explicaciones convenientes acaso podría maliciosamente desfigurarse, mandó suspender la salida de las embarcaciones que se hallaban próximas a partir para los puertos de Nicaragua, interín, dándome cuenta de los ocurrido, podía yo escribir, como ahora lo hago, a ese Supremo Gobierno, presentándole una sucinta y verídica relación de lo ocurrido, aunque no con la prontitud apetecible, a causa de que cuando el correo conductor de dichas noticias llegó a esta ciudad, me encontraba fuera de ella.

El Comandante Aguado será puesto en tierra y remitido al

Gobierno Supremo del Estado de El Salvador, tan luego como en La Unión se reciban las órdenes que al efecto voy a dirigir, dando con este hecho al mismo Gobierno de El Salvador, una muestra de mi reconocimiento a la manera amistosa y franca con que aquí se me ha acogido.

Prevengo también ahora al General Cabañas que satisfaga, como lo hará inmediatamente, todos los perjuicios que por la tardanza se hayan ocasionado a los comerciantes e hijos de Nicaragua demorados en La Unión, los cuales quedan en libertad de salir del puerto cuando gusten".

Dos Cosas sugieren algunos comentarios; primera, la decepción que debe haber sufrido Morazán al darse cuenta del cambio que se había operado durante su ausencia. Veintidós meses habían bastado para modificar para siempre el aspecto físico de aquella patria de sus sueños, cinco pequeñas ínsulas habían reemplazado a la Nación Unida y próspera en donde la mentalidad de los políticos habíase adaptado a los lineamientos conservadores en tal forma que ya no pensaban ni en la libertad, ni en la unión y si se mencionaba a Dios, era para acomodarlo a sus conveniencias o para explotar en su nombre el fanatismo y la ignorancia de los pueblos que, en silencio, añoraban los días de la República y suspiraban por la glorias de aquel caudillo que era símbolo de unidad y respeto al ser humano.

Segunda, Morazán escogió para acompañarlo en el desembarco al General de División Trinidad Cabañas. ¿Por qué? Es interesante y significativa esta actitud de Morazán porque por sí misma derrumba la montaña de calumnias que a estas fechas, se ha levantado para destruir el prestigio de Cabañas. Morazán conocía el valor y la lealtad de su amigo y compañero en la victoria y en la derrota; en la acciones de armas de mayor riesgo, Cabañas había sido su brazo derecho; arrojado, fiel en las ideas y en la acción, ninguno podía haber sido merecedor de tanta confianza en una aventura incierta como aquel desembarco inesperado del que se ignoraba si se tendría éxito o por el contrario sería un fracaso.

Morazán era bandera de triunfo, pero Cabañas era garantía de seguridad, por su prestigio personal, por sus limpios galones de soldado, por sus prendas morales jamás puestas en tela de juicio, por su valor imponderable y por aquella honradez que infundía confianza y fe en las empresas más arriesgadas. Cabañas tuvo que ser el escogido en el instante preciso. He dicho que los pueblos añoraban y suspiraban en silencio las pasadas glorias del caudillo unionista; y es verdad: tan pronto Morazán llegó a San Miguel se le presentaron cerca de 600 hombres voluntarios y los oficiales de los viejos cuadros como Saget, Rascón Bonilla, Asturias, Carías, Avilés, Quezada, Pardo, Zepeda, Solorzano, Parrales, Valenzuela, Rivera, Mora, Hernández y Gallegos, volaron a ponerse a las órdenes del General en Jefe. Los Texiguat y Curarenes, le esperaban en La Unión a su regreso de San Miguel; éstos se presentaron a Cabañas, que se encargó de organizarlos.

De suerte que los conservadores no tuvieron otro expediente que la mentira, al decir que era gente reclutada bajo amenazas. Los pueblos querían la República, pero su voz no se podía escuchar, porque la apagaban los gritos de los que hablaban contra su nombre. Y estos fueron los que temerosos de perder su dominio, invocaron el nombre de los pueblos y decidieron el error de Morazán: haberse alejado de El Salvador. Era cierto que la República Federal ya no existía; Carrera, Malespín, Ferrera, Buitrago y Carrillo eran los amos poderosos. Para evitar una nueva confrontación bélica en circunstancias difíciles, Morazán se retiró a la isla de Martín Peréz, en donde tomó la determinación de marchar a Costa Rica. Así la flotilla Morazánica, compuesta de el Cruzador, y las goletas Isabel II, Asunción Granadina y María Josefa y el bergantín Cosmopolita, llegó al puerto de Caldera el 7 de abril de 1842.

CAPÍTULO XVIII: LA TRAGEDIA DE SAN JOSÉ

El prestigiado historiador costarricense Don Ricardo Fernández Guardia describe la llegada de Morazán a Costa Rica en la forma siguiente: "El 7 de abril de 1842 fondearon en la bahía de Caldera los barcos Cruzador, Asunción Granadina, Isabel II, Josefa y Cosmopolita. Procedían de la isla de Martin Peréz en el golfo de Fonseca y formaban la escuadra del general don Francisco Morazán, ex-Presidente de la República de Centro América, a quien algunos de los más enconados enemigos del Lic. don Braulio Carrillo, Jefe del Estado de Costa Rica, habían llamado para derrocar a este famoso y temido gobernante. Acompañaban a Morazán 400 soldados aguerridos del Salvador y Honduras, los generales Isidoro Saget (francés), Trinidad Cabañas (hondureño), José Miguel Saravia (guatemalteco), Máximo Cordero, Nicolás Espinoza y Francisco Ignacio Pascón (salvadoreños). Ese mismo día Morazán lanzó su famosa proclama a los costarricenses y el 9 avanzó hacia el interior del país después de haber organizado su ejército. El Jefe Vitalicio del Estado movilizó su ejército bajo el mando del General Vicente Villaseñor con quién, después de largas conversaciones, suscribió en el paraje de El Jocote, un convenio el 11 de abril, por el cual Morazán no tendría oposición, llegando a San José el día 12.

Carrillo, había sido derrocado y el General vencedor se hizo cargo de la Jefatura del Estado. El pueblo de Costa Rica apoyó jubiloso el advenimiento del nuevo régimen, pues bajo su tutela comenzó a disfrutar de un ambiente de libertad, de seguridad individual, de gobierno democrático y por medio de sus representantes en la Asamblea, declaró a Morazán "Libertador de Costa Rica" y le colmó de honores y distinciones, lo que dió la evidencia de que ese pueblo se había olvidado de Carrillo y estaba satisfecho con la actitud asumida por el presidente Morazán y los hombres distinguidos que participaban en su gobierno. No es esta la oportunidad para tratar de si el General Morazán procedió bien o mal en Costa Rica, si su gobierno trajo beneficios o grandes desaciertos y daños para los costarricenses, que para esto habrá páginas bastantes y bien documentadas en mi estudio "Braulio Carrillo en Honduras", ya casi concluido, pero como las vidas de Morazán y Cabañas se mantuvieron unidas tan íntimamente durante las campañas federalistas, precisa hacer algunas consideraciones de orden general acerca de la última cruzada del mártir que cayó asesinado en la plaza principal de San José el 15 de Septiembre de 1842.

Es seguro que un genio de la talla de Morazán, que conjugaba en sí el talento del estratega, la visión del estadista y la validez intrínseca de un hombre de bien, haya cometido grandes errores; pero es seguro también que para cometerlos haya consultado, o al menos los hayan aprobado creyéndolos medidas acertadas, muchos hombres de talento, muchos ciudadanos conspicuos y de grandes prestigios ante los costarricenses. Entre estos hombres se mencionan: Juan Mora

Fernández, ex Presidente; José Francisco Peralta, Joaquín Bernardo Calvo, José León Fernández, Rafael Moya, Mariano Montealegre, Alejandro y Ceferino Escalante, Pablo Alvarado, José María y Florentino Alfaro, Nicolás Ulloa, Joaquín Iglesias, José María Castro, Francisco Sancho, Francisco María Oreamuno, Manuel María Gutiérrez, autor del Himno Nacional de Costa Rica y Coronel de Morazán en 1842, Vicente Aguilar, José Antonio Castro, y otros tantos ciudadanos a quienes los ticos suelen poner como ejemplo de patriotas.

En Junio de 1842 las cosas cambiaron violentamente: el Director Supremo del Estado de Nicaragua inició una serie de provocaciones contra Morazán y Costa Rica alentado, por el Carrerismo guatemalteco, lo que obligó al Jefe Supremo Provisorio del Estado a enviar al General Nicolás Augusto y al Lic. Don Manuel Irungaray para que conferenciasen "con el Jefe Nicaragüense Don Pablo Buitrago, y ver si era posible atraerlo para la reconstrucción de la República Centroamericana". Esta misión fracasó y Buitrago, lejos de parar sus actos de hostilidad, ordenó movimientos de tropas por el lado de Rivas.

Morazán ordenó al General Cabañas que se trasladase a la provincia de Guanacaste para enterase de la situación, para que reorganizase las milicias de Liberia, pasase a Nicoya con el mismo objeto, y regresase a San José para informar. Cabañas cumplió su cometido y se encontraba en Nicoya cuando la Asamblea Legislativa Nicaragüense declaró que la provincia de Guanacaste pertenecía al Estado de Nicaragua. Cabañas regresó rápidamente a la capital. La Asamblea constituyente de Costa Rica contestó el decreto nicaragüense con otro decreto en el que se afirmaba que el Guanacaste había sido y era Provincia de Costa Rica. Comenzaron a llegar mensajes y comisionados ante Morazán para pedirle que procediese a la defensa del territorio del Estado; las presidencias municipales, las Jefaturas provinciales y los diputados a la Asamblea instaron al Jefe Supremo Provisorio para que salvaguardase al Estado de la amenaza nicaragüense impidiendo la desmembración de Guanacaste; ello representaba la reorganización del ejército y luego la lucha armada.

El General Trinidad Cabañas fue enviado a organizar el reclutamiento en Heredia y Alajuela; fué necesario hacer empréstitos forzosos porque no se disponía del suficiente en las arcas públicas, se llevó a filas a cuanto ciudadano se creyó conveniente, y el 29 de agosto, Morazán ordenó al General Isidoro Saget que "iniciara el ataque a Nicaragua, destacándolo al puerto de Puntarenas" con 300 hombres que debían embarcarse en la goletas "Cruzador" y "Cosmopolita" para dirigirse hacia los puertos nicaragüenses del Pacífico. El 2 de septiembre quedó organizado el ejército de tierra en cuatro Batallones: el de Alajuela al mando del intrépido Cabañas, el de Cartago, al mando de Máximo Cordero; el de Heredia al mando del General Nicolás Angulo, y el de San José, que por de pronto quedó sin Jefe. La mayoría de los biógrafos de Morazán, así como todos los que han escrito sobre los trágicos acontecimientos de septiembre de 1842 en Costa Rica, se han conformado con copias al historiador Don Ricardo Fernández Guardia repitiendo al pie de la letra esa leyenda tan hábilmente tejida para ocultar la realidad y buscarle alguna justificación al injustificable asesinato del General Morazán, cuya sangre sigue cayendo gota a gota en la conciencia de los descendientes de aquellos asesinos y traidores.

Uno de tantos escritores se expresa así, repitiendo a Don Ricardo: "El pueblo de Costa Rica observaba todos estos movimientos con profunda desconfianza. Pueblo amante de la paz y el trabajo, aquellos preparativos de guerra lo inquietaban. El descontento empezó a hacerse general en todas las poblaciones, quedando fiel a Morazán únicamente la plaza de Cartago. En este punto, lo convencional es llamar traidor a todo aquel que no estuvo al lado de Morazán, Nosotros no podemos suscribir a ese criterio. Es tiempo ya de que los sucesos históricos se analicen en forma objetiva, especialmente, cuando al hacerlo así, nada se resta a la gloria innegable del Héroe de la Federación. Para nosotros, el único traidor verdadero en esta ocasión fue Pedro Mayorga. Para él no puede haber disculpas ni perdón".

La realidad era otra: Morazán iba a defender la integridad territorial de Costa Rica y a preservar la estabilidad de su gobierno provisional amenazados ambos por fuerzas de Nicaragua; las posibilidades de éxito en la empresa estaban de parte del ejército de Morazán y, el triunfar contra Buitrago, seguramente habría marchado sobre Ferrera y Malespín hasta llegar de nuevo a Guatemala. La lucha habría sido sangrienta, pero los costarricenses "amantes del trabajo y de la paz" podrían regresarse de Nicaragua, porque de allí en adelante le sobrarían soldados al Héroe unionista. Convencidos de esta verdad, los conservadores separatistas, temerosos de perder su hegemonía, buscaron los medios para destruir a Morazán y no tardaron en hallar un buen padrino: el Cónsul Federico Chatfield. Este entrometido intrigante británico veía también la amenaza Morazánica sobre su poderío colonialista. Morazán y Cabañas habían regresado del Perú para defender a Nicaragua de la invasión inglesa de su costa Atlántica; Buitrago había cambiado de la libertad al colonialismo; Ferrera estaba a punto de reconocer al dominio de un Rey Mosco de invención inglesa llamado Sir Lowry Robinson y Chatfield estaba arreglando la suscripción de un tratado entre el Gobierno de Honduras presidido por el General Francisco Ferrera y el Rey Robinson, del mismo modo que estaba presionado otro Tratado que luego iba a suscribir el General Rafael Carrera, entre Inglaterra y Guatemala, y con Morazán de por medio todos estos planes oprobiosos caerían definitivamente.

Había que detener a Morazán a como hubiera lugar, y luego había que destruirlo. Chatfield se encargó de buscar los medios y de formular el plan más conveniente. Vivía en San José un marino aventurero Portugués llamado Antonio Pinto de modales y calidad tan espernible como las que Fernández Guardia (libro Morazán en Costa Rica), atribuye a los Morazanistas, pero que, por haber contraído nupcias con una dama costarricense de buena posición económica y social, aquel ilustre historiador le llama "General" y le rodea de leyendas y prestigios que estuvo muy lejos de tener. Este fué el peón escogido por Chatfield para encabe zar la rebelión en San José y Pinto se encargó de seleccionar a los traidores.

Pronto los encontró; Pedro Mayorga en Cartago y Florentino Alfaro en Alajuela. El General Trinidad Cabañas, que estaba en Alajuela listo para marchar hacia Nicaragua, fué llamado a San José por razones del servicio el día 10 de Septiembre. Llegó acompañado de un piquete de soldados escogidos que sumaban unos cincuenta entre hondureños, costarricenses y salvadoreños que fueron alojados en el Cuartel Principal en donde se encontraban los Generales Morazán y Villaseñor. Cabañas encargó el mando de la tropa y la Comandancia de la Plaza al Judas de Alajuela, Teniente Coronel

Florentino Alfaro, quien como aquel que recibiera los 30 denarios por entregar a Jesús en el huerto de los Olivos, no bien se hubo perdido en lontananza el polvo de la pequeña caballería del glorioso lugarteniente de Morazán, comenzó a ejecutar el plan de su traición para justificar los chelines que el Cónsul Chatfield le había otorgado por intermedio de las manos tatuadas del mercenario portugués Antonio Pinto.

En el Cuartel de "Los Almacenes" se encontraba el valiente General Máximo Cordero con el Batallón de Cartago que había llegado a San José el mismo día llamado por Morazán para recibir instrucciones. Cordero tampoco sospechaba, como no sospechó Cabañas, que el Judas de Cartago sería Pedro Mayorga, a quien dejara como Comandante de aquella Plaza. Ninguno de estos dos Generales, Cabañas y Cordero, pudo regresar a su Cuartel de operaciones. Florentino Alfaro se pronunció en rebelión el 11 de Septiembre en la madrugada y Antonio Pinto se alzó en armas en San José ese mismo día a las ocho de la mañana. Los combates fueron tremendos. Morazán pudo haber aniquilado a Pinto el mismo día once, pero en su deseo de ahorrar sangre fraterna, se abstuvo de ordenar una batida general; cuando se decidió por aquella medida ya era tarde: el día doce, Florentino Alfaro llegaba de Alajuela con sus tropas iniciando un furioso ataque contra "Los Almacenes", hasta desalojar a Cordero y sus valientes Cartagineses que se replegaron al Cuartel Principal. Morazán, que en lo fragoso del combate salió para proteger el repliegue de Cordero, recibió una herida en la mejilla izquierda. El Combate siguió toda la noche. El grito de guerra de los traidores era: "hay que acabar con los forasteros", "aniquilemos a los forasteros enemigos de Costa Rica".

La situación era angustiosa, y entonces, como siempre, tocó el instante Supremo al heroico Cabañas, al soldado sin tacha y sin miedo, al héroe de la última jornada Morazánica, que habría de superarse a sí mismo en aquella lucha encarnizada y desigual. En aquella hora suprema, Cabañas hizo acopio de su arrojo y se lanzó resueltamente contra las tropas de Alfaro y de Pinto para abrir la brecha salvadora. Céleo Arias, el insigne líder del liberalismo hondureño, describe con estas palabras el heroísmo de Cabañas: "Sabemos los esfuerzos del héroe centroamericano y sus medidas preparatorias, en aquel estado, para organizar la República. Sabernos el fin trágico que tuvo en San José de Costa Rica, con todos sus episodios. Lo que la historia no nos ha contado es el papel heroico que tocó al General Cabañas en la estupenda cuanto maravillosa salida del General Morazán de la plaza de San José, estrechada como con un círculo de hierro, por todo un pueblo sublevado. Después de tres días de combate desesperado, en que se había inundado de sangre las calles; perdiendo la vida Jefes tan notables como el valiente General Lazo, herido ya el mismo General Morazán y perdida toda esperanza de someter a los sublevados, diose la orden de romper líneas de sitio compuestas de fuertes columnas de tropas salidas de los cuarteles insurrectos y de masas informes que afluían de todos los Departamentos, colocados en grupo, desde el centro hasta los arrabales de la ciudad.

El General Cabañas, como en la memorable salida de Guatemala, se puso al frente de una pequeña guardia que había quedado al General Morazán y se abrió paso de un modo portentoso a través de la metralla enemiga, rompiendo con su espada las cuerdas obstructoras, colocadas de balcón a balcón en la calles principales, hasta llegar fuera de la ciudad, donde no había ya fuerzas que combatir. Allí hizo alto; y a la llegada del General Morazán, el intrépido Cabañas ocupó la retaguardia para contener y rechazar las partidas de tropas enemigas que venían en persecución. El General Morazán, acompañado de los Generales Saravia y Villaseñor, llegó a Cartago con la mira de esperar al General Cabañas.

Todos conocemos la traición de que allí fué víctima el grande hombre. ¡Ay! Cabañas, glorioso Cabañas, cómo deben haber visto los traidores el brillo de tu espada rompiendo las cuerdas de aquella trampa infernal. ¡Cómo deben haber visto los traidores la dimensión enorme de tu grandeza y el tamaño sublime de tu valor! Al igual que un dios olímpico partiendo el trueno de la fusilería, tu pecho de soldado con la única coraza de tu lealtad, recibió las descargas de los trabucos alimentados con las balas del colonialismo inglés que pugnaban por aniquilar el único destello de la dignidad centroamericana. Ante tamaña grandeza, ¿cómo pueden discutir tus glorias los tarugos metidos a historiadores? ¿En donde están los treinta años dedicados a la investigación histórica de que blasonan estos batracios que allá por los años treinta eran unos pianistas bohemios que se pasaban las noches de claro en claro sableando parroquianos en las glorietas del Parque Morazán?

Ni cien Ferreras ni mil Guardiolas pueden llevar en su frente una sola de la hojas de laurel de tu corona; ellos lucen otras glorias, legítimamente ganadas y están colocados en otros pedestales erigidos por el pueblo hondureño en tributo de sus méritos, pero no pueden disputar los tuyos, glorioso Cabañas, "señor de las derrotas" como te llaman los últimos retoños del conservatismo carrerista, porque esos laureles te los ciñó en la frente el pueblo centroamericano en pago de tu lealtad, como premio a tu valor y como recuerdo imperecedero de tus heroicas cruzadas en favor de la nacionalidad. José Antonio Vijil, testigo presencial de tus batallas, con el lenguaje sencillo de un hombre honrado, describe así tus actos de heroísmo: "El día anterior había yo acompañado al Jefe de Día, y era tal la certeza del malestar del cuartel de Josefinos, que al salir de visitarlo, me dijo estas palabras: 'Estos están insurrectos, pero no tienen parque, las armas no sirven; pero se sabe que aún piedras de chispa no tenían, se les ha repartido'. El Gral. Morazán anduvo hasta las once, en cuya hora entramos al cuartel y siguió el General Cabañas, saliendo a batirlos, hasta las cuatro o cinco de la tarde que llegó la fuerza de Alajuela. En todo el día hizo el General Cabañas proezas de heroico valor recibió en el vestido, en el sombrero y en el caballo como diez y siete balazos, con la especialidad de no haberle hecho la más pequeña herida: de las ventanas, de las puertas, de los tejados le hacían fuego, no hubo un solo Jefe y Oficial que saliera con él que no fuera herido o muerto, y llegaron a creer los enemigos que era brujo o el diablo y forraban aún las balas con cera de castilla bendita para tirarle. Tales eran los peligros a que se exponía, y que solo puede decirse que la Providencia lo libraba".

CAPÍTULO XIX: LA CAPTURA DE CABAÑAS

Don Ricardo Fernández Guardia fué un eminente historiador y ameno narrador anecdótico que, por haberse especializado en enjuiciar a Morazán, llegó a ser el Oráculo de los conservadores constarricenses descendiente de los traidores de 1842 con cuya complicidad al aventurero Pinto perpetró el asesinato del mártir de la Unidad Centroamericana. Don Ricardo, con cuya amistad y trato me honré, en el último año de su preciosa vida, fue un hábil acomodador de los documentos históricos de aquel período aciago en la carrera militar y política del Paladín Unionista y bajo el filo de su implacable pluma cayeron todos los morazanistas "forasteros", salvándose apenas, y como vía de excepción, los Generales Trinidad Cabañas, Miguel González Saravia, y José María Cañas y Don Pedro y Don Felipe Molina. Los demás eran "espernibles", como Pinto, Mayorga y Alfaro, pero estos últimos son los héroes de sus novelas históricas. Ya he dicho que habrá oportunidad para desvanecer los cargos que contra Morazán se han formulado alterando la verdad documental. Pues bien, Fernández Guardia dice: "Después de su fuga de San José, Morazán llegó a Cartago a las siete de la mañana del 14 de Septiembre con el general Villaseñor y José Antonio Vijil. Tras ellos llegaron también el general Saravia y el joven Francisco, hijo de Morazán, todos a caballo. Cubriendo la retirada, montado en una mula torda, marchaba también hacia Cartago el intrépido General Cabañas con los restos de la guarnición de la capital, tan de prisa como lo permitía el estado de extenuación en que se encontraban aquellos trescientos hombres, que durante tres días y tres noches consecutivos habían peleado sin comer ni dormir".

Verdaderamente, Trinidad Cabañas, el bizarro General de División de 37 años de edad, realizó una de las acciones más brillantes de su carrera militar. Si durante el asedio de la capital Josefina, cuando los atacantes intentaban estrechar el cerco del Cuartel Principal, Cabañas salía del recinto en violentos contraataques hasta repeler la ofensiva rebelde, al momento de la evacuación de la plaza, tuvo que romper el cerco de los sitiadores en un acto de arrojo ejemplar, de valor y de pericia para permitir que su querido Jefe y sus amigos salieran hacia Cartago.

Los Morazanistas habían quedado reducidos a cuatro manzanas en el centro de la plaza; los 200 Josefinos que se acuartelaban en el edificio de la Municipalidad defeccionaron uniéndose a los sublevados de Alfaro; del resto de la tropa habían muerto muchos y otros tantos estaban heridos; de aquel infierno solo podía salirse rompiendo líneas. Cabañas lo hizo con heroísmo, y al llegar a la altura de la Cuesta de la Moras, se detuvo. Tomó posiciones con unos cuantos valientes casi hasta clarear el día. El ataque de los alzados se detuvo; era tan vigorosa la resistencia de aquel grupo de Cartagos y "forasteros" que prefirieron esperar. Un fuerte aguacero que cayó sobre San José entre las cinco y las seis de la mañana del 14, permitió a Cabañas abandonar sus posiciones y seguir el camino de Cartago. La Marcha fué penosa por el cansancio de la tropa que al llegar a la cuesta de Quircot, tuvo que disparar los postreros cartuchos al enfrentarse con un retén que tenía allí Pedro Mayorga, quien en Oficio para Pinto le dice: "Antes de concluir debo patentizar a usted que después de apresado el General Morazán y los que lo acompañaban, fue acompañado del señor Adriano Bonilla a la cuesta de Quircot y allí encontré a Cabañas, que con los restos de las fuerzas enemigas aún hacía resistencia; pero en virtud de excitación mía y del Señor Bonilla, hecha a algunos soldados que se nos allegaron, quedó tan débil que tomó partido de fugarse; pero como he dicho, ya se persigue".

Mayorga no habló con Cabañas, pues si tuvo valor para traicionar a sus amigos en desgracia, le faltó para darle la cara al bizarro general que era espejo de lealtad y rectitud, y tampoco dice la verdad el traidor: Cabañas optó por no fugarse porque el retén de Quircot desocupó sus trincheras, y a pesar de que se le comunicó de deserción de muchos soldados de Cartago que la acompañaban, rebasó la cuesta y prosiguió su marcha para llegar a tiempo de reunirse con Morazán.

Así llegó al puente de Taras, en donde ordenó hacer alto con despliegue de posiciones por mientras reconocía si una fuerza que estaba parapeteada del otro lado era amiga o enemiga. Pronto el Capitán Eusebio Prieto, se adelantó preguntando por Cabañas. Prieto venía en busca del General enviado por Juan Fresesñeco, segundo de Mayorga, y en el diálogo, Cabañas indagó por Morazán y sus compañeros. Prieto contestó: "Esta en casa del comandante Mayorga. Cuando salí de Cartago había una guardia en la puerta de la casa".

En ese instante llegaban de Cartago Don Francisco Giralt, Don Buenaventura Espinach y don Félix Sancho, quienes interrumpiendo el diálogo dijeron: "General, la guardia que dice este oficial es guardia de honor, no es de prisión". Pero no bien habían terminado de hablar estos señores, "el estruendo de una descarga de fusilería a retaguardia de Cabañas cortó en este punto la conversación. La vanguardia de las tropas Josefinas que venían persiguiendo a Morazán acababa de llegar al alto de la cuesta de Taras, rompiendo el fuego desde allí".

Cabañas con todo y lo inesperado del ataque organizó con rapidez la resistencia, pero a los pocos minutos de recio tiroteo se vió abandonado por sus valientes soldados que carecían de parque y de fuerzas físicas para rechazar al enemigo en un combate prolongado. El Capitán Prieto al referirse a estos hechos dice: "Ignoro cuantos saldrían heridos en estas descargas, pero fué tal la confusión, que tanto los Texiguats como los cartagos que venían rendidos de cansancio y muertos de hambre y sin parque, porque desde el domingo no comían ni dormían, salieron en dispersión por los potreros, quedando solamente 60 soldados con el general Cabañas".

Difícil posición la del General Cabañas: tenía de juntarse con su querido Morazán y quizá intuía que algo grave estaba sucediendo a sus compañeros y amigos. Él, que siempre había cumplido como bueno, él, que jamás había mentido y respetaba la palabra empeñada... ¿Que podía hacer en circunstancias tan adversas? Tenía dos disyuntivas: combatir hasta la muerte contra las tropas Josefinas y las de Prieto que amenazaban cercarle, o escapar por el único sendero que había entre los potreros cercanos al camino. Lo primero, habría sido un suicidio sin provecho, habría sido llevar a los pocos soldados que le seguían con excelsa lealtad, a un sacrificio inútil. Por él, eso no importaba, estaba acostumbrado a enfrentarse a los peligros sin pensar en la muerte. Pero, ¿y los soldados? ¿No habían probado acaso su valor y su lealtad en sesenta y tantas horas de lucha sin descanso? Y si él se los pedía, ¿no estaban listos a morir sin esperanza alguna? Las cavilaciones fueron de minutos, quizá segundos. El Dios de los ejércitos, el Dios del Universo que conoce a sus criaturas y las tiene divididas entre buenos y malos; ese Dios excelso que decretó las palmas del martirio para el insigne Morazán y la execración eterna para los Judas que le llevaron a la suprema prueba, iluminó otra vez la mente de Cabañas, y como centella que cruza en raudo trazo, le señaló el camino. Con rapidez increíble como corresponde a un buen soldado, Cabañas ordena fuego en retirada señalando el camino por entre los potreros y breñales; divide sus pocos hombres en grupos de diez que tendrían que retirarse disparando los últimos cartuchos y que deben tomar la senda de los Zacatales antes que Prieto, que comienza a desplegarse sobre los potreros, tuviera tiempo de cerrarles el paso.

Él, entre tanto, con los ocho oficiales de caballería que le quedaban, cubrió con heroísmo singular aquella retirada, aquella escapada digna de los homéricos cantos, cuidando que todos se pusieran a salvo, que los pocos heridos que llevaba lograran ponerse a buen recaudo, y manteniendo el fuego graneado por las pocas municiones, retrocediendo hacia el bosque, caminó único de salvación tan pronto como los últimos diez hombres habían ganado terreno, ordenó la postrer descarga y con los ocho de caballería a todo galope, logró perderse en los tupidos bosques de una cercana montañuela.

Los soldados se ocultaron entre los matorrales rendidos por el hambre y el cansancio y en la lejanía del bosque una tenue nube de polvo arrancada de la tierra, denunciaba la ruta que seguían los últimos centauros de la lucha morazánica en la que siempre será la patria de Carrillo y la negación del magno ideal de la Patria Grande. Cualquiera otro de los generales de la época, quizás habría optado por combatir hasta el final. Quizá, aunque es dudoso. Aquellos guerreros, del bando que fueran, tenían un concepto del hombre muy por encima de los orgullos y las satisfacciones personales; para ellos, para los Carreras, los Guardiolas, los Ferreras, y aún los tétricos Malespines, siempre fue más valiosa la vida de un ser humano, fuese este soldado o general, que el hipócrita aplauso de los logreros metidos a políticos, porque el político logrero solo empuja y se oculta a la hora oportuna. Solo el portugués "espernible", como califica Fernández Guardia a los Morazanistas forasteros, no tuvo, ni podía esperarse que lo tuviera, ese noble sentimiento de humanidad, de respeto a los eternos valores espirituales que han venido rigiendo los destinos del universo. Cabañas, esquivando a sus perseguidores, dió un gran rodeo para salir al camino de Matina y al pasar por el

Monte de La Cidra, cerca de la villa del Paraíso, ya solo le acompañaban veinte soldados armados, los más de a pié, con los que llegó al sitio llamado Juan Viñas en donde Don Francisco Gutiérrez le obsequió en su casa con una taza de café, pues no quiso detenerse para tomar el camino de Turrialba. Por ese rumbo se encontró con Felipe Romero, vecino de aquellos sitios quien le vió que iba solo, pues los pocos soldados que le seguían a pié se habían ido quedando por el camino extenuados por la fatiga; de Turrialba, Cabañas abandonó el camino de Matina; ya iba muy hacia el Atlántico cuando quizá pensó en buscar a Saget que había quedado en Puntarenas suponiendo que por la rapidez con que se habían sucedido los acontecimientos aquel valiente general todavía estuviera ignorando lo ocurrido en San José, o quizá también, con su ayuda pudiera volver en auxilio de Morazán cuya suerte le era desconocida.

Quizá haciéndose estas reflexiones, al caer la tarde del 14 de Septiembre de 1842, el gran soldado de Morazán, el Caballero sin tacha y sin miedo, el que como Garibaldi soñó en la unidad de un pueblo como único medio para alcanzar su grandeza y su florecimiento, desmontó frente a la casa de la hacienda de Don Ponciano Alvarado, quien le hospedó generosamente. El inesperado huésped fué alojado en una habitación del segundo piso de la casa; pero estaba lejos de saber que el capitán Prieto venía siguiéndole con cien hombres con orden de hacerlo prisionero. El descanso en el campo se inicia en las primeras horas que siguen al crepúsculo y todos dormían en la hacienda cuando el insistente ladrido de los perros les despertó indicándoles que algo raro sucedía.

En efecto, Alvarado fué el primero en levantarse y se dió cuenta de que la gran llanura en cuyo centro estaba la casa, era ocupada por gente armada que avanzaba sobre los corrales y los corredores. Eran el Capitán Prieto y sus hombres. De pronto, un gendarme llamó a la puerta de la casa y preguntó por el General Cabañas. Este ya venía bajando la escalera armado de sus pistolas cuando inesperadamente Prieto le intimó para que le escuchara sin desconfianza, asegurándole que su vida sería respetada y que le llevaría a Cartago de orden del General Morazán, quien por su medio le pedía no oponer resistencia y al contrario, que entregase las armas que tuviera en su poder.

Según la versión de Prieto, Cabañas no opuso resistencia al enterarse de que Morazán le esperaba, y le entregó las pistolas y su espada. Esa noche, captor y prisionero durmieron en la hacienda y muy temprano emprendieron la jornada llegando a Cartago a las siete de la noche del 15 de Septiembre de 1842, una hora más tarde del asesinato de Morazán y Villaseñor en la plaza de San José, por orden de Antonio Pinto. Cabañas recibió la triste noticia esa misma noche. Qué angustia debe haber experimentado aquel soldado valeroso, que sus ojos vivos se humedecieron por las lágrimas. Desolación inmensa el sentirse solo, sin aquel amigo tan querido a quien jamás volvería a ver, cuya voz se había apagado para siempre a causa de la saña y del odio de tan infames verdugos. Hondas y amargas las meditaciones de Cabañas: él huérfano de aquel afecto; y la patria, la que había sido dueña de las inquietudes, de la devoción y el amor de Morazán, la patria que él amaba también con profunda sinceridad, la patria grande, quedaba destrozada y hundida en un mar de pasiones y rencores. Aquella noche interminable de agotadora vigilia comenzó a escarchar su cabello castaño y dejó surcos imborrables en su rostro y profundas heridas en su corazón.

Los guardias de su custodia respetaron la solemne quietud de su silencio, pues las últimas palabras que dijo con vehemencia al escuchar la noticia del asesinato de Morazán fueron: "A nosotros nos pueden fusilar, pero al general Morazán no; porque sería un crímen de esa nación centroamericana"... y no volvió a decir más. Al siguiente día fue conducido a San José y puesto en prisión en el cuartel de Los Almacenes en donde encontró igualmente entristecidos a Cruz Lozano, Máximo Cordero, Francisco Morazán hijo, José Antonio Vijil, Nicolas Angulo y otros oficiales y soldados que lloraban la muerte de aquel Jefe querido y amigo inapreciable.

El mal ya no tenía remedio. Cabañas en señal de duelo, no volvió a afeitarse la barba ni a cortarse el cabello, que supo llevar con arrogante dignidad hasta que bajó al sepulcro. Cerrabasé así el largo capítulo de la vida de Trinidad Cabañas al lado de Francisco Morazán, e iba a comenzar ahora la lucha del Bayardo hondureño por restaurar la nacionalidad, el largo y penoso camino en el que acechaban agazapados los políticos falaces y de los cuales hubo de protegerse más que de las balas disparadas por los fusiles conservadores. Nada tendría que ser más importante para Cabañas que plantar en las cumbres de la montañas centroamericanas la bandera que cayó de las manos del Héroe en Costa Rica, y con ese ideal pasó al trote de su corcel por las campiñas de la Patria Grande batallando por la perdida unidad.

CAPÍTULO XX: LA ELECCIÓN DE CABAÑAS

El Doctor Don Juan Lindo terminó su período presidencial el 1° de febrero de 1852 depositando el poder en el Senador Don Francisco Gómez por mientras tomaba posesión el elegido para tan alto cargo, General de División Don Trinidad Cabañas que se encontraba en su retiro del Yamabal dedicado a la vida campesina. Ya se ha visto cuantos escollos tuvo que vadear el Presidente Lindo durante su gobierno: intrigas dentro de su propio partido: dificultades, presiones y agresiones del Cónsul Chatfield: enemistad del poderoso General Rafael Carrera y finalmente, fracaso de sus empeños para restaurar la antigua nacionalidad centroamericana. Centro América no era en la década del 50 que estaba comenzando, tierra propicia para que retoñara el viejo árbol de la unidad nacional tronchado inicuamente en Costa Rica hacía diez años al derribar a Morazán, y Honduras era aún menos adecuada para que el heredero de aquel insigne paladín viniera a gobernarla. Rafael Carrera en Guatemala se creía enviado divino por la voluntad de los curas perdonavidas que le habían encasquetado el sobrenombre de "Caudillo adorado de los pueblos" y acababa de darle una zurra a Lindo y a Vasconcelos, parte de la cual recibió Cabañas en San José de La Arada, de suerte que la elección del General como Presidente de Honduras para sustituir al Doctor Lindo, causó sorpresa y desconcierto entre los políticos regionales que no atinaban a comprender cuál era la maniobra que los hondureños estaban realizando para asombro de los déspotas. Y era justificada la sorpresa, porque ayer como ahora, las relaciones interestatales son importantes para el buen suceso de una administración, y Cabañas carecía de la simpatía y de la venia del árbitro guatemalteco: era de suponer que se buscaba una nueva contienda o que se iba directamente a destruir el sistema de la Reforma que se había llevado adelante con el concurso de los tiranuelos que gobernaban la suerte de estos desdichados girones de la patria de Morazán.

Había que esperar los acontecimientos, pero había que preparar los nuevos cuadros de combate por si acaso. Carrera no perdió tiempo y asiló generosamente a los generales hondureños Juan López y Santos Guardiola que serían los ejecutores, si el caso llegaba, de sus planes de agresión. Carrera pensaba entonces lo que pensaron los pipiles en el año 1969: anexarse a Honduras por medio de la conquista armada. Pero como Cabañas fue el más sorprendido por la actitud de los hondureños al elegirlo Presidente, su pensamiento iba por otros caminos, por el sendero de la cordura y la confraternidad, porque se dió cuenta luego de las graves amenazas que podían aparecer obrando de otro modo. Él, si no había colgado la espada y las empolvadas botas de Caballero Andante del ideal centroamericano de Morazán, iba a buscar la concreción de sus anhelos por otras vías, pero para los cachurecos retrógrados, era claro que su presencia en el sillón presidencial no ofrecía garantía de paz y de estabilidad política, porque rodeada Honduras de líderes separatistas influenciados por la política colonialista, iban a buscar las probables divisiones internas como las que tuvo que resolver el Doctor Lindo, para lo cual tenían en el interior, las armas y los elementos humanos necesarios.

Cabañas no sólo se sorprendió cuando le llegó la noticia de su elección, también tuvo grandes preocupaciones: él había buscado el refugio de su finca rural donde le esperaba su amante y abnegada esposa Doña Petronila Barrios; deseaba seguramente instantes de paz espiritual, de sosiego físico que le permitieran meditar en todo cuanto estaba ocurriendo con su amada y despedazada patria, pero visto estaba que era otro su destino, que tendría que seguir bregando por aquel sendero poco halagüeño para un idealista y honesto ciudadano cuyo solo pensamiento era el de contribuir a la felicidad de los pueblos y dudaba si ésta habría de ser esa oportunidad. Sus cavilaciones se vieron disminuidas cuando recibió en San Miguel a la comisión enviada por la Asamblea de Honduras integrada por los Señores don Francisco López, Don Vicente Vaquero y su entrañable amigo Don León Alvarado.

Ellos pusieron en sus manos los pliegos de su elección. Si bien sus cavilaciones habían disminuido, su resistencia para aceptar tan alto destino se mantenía firme. Así lo manifestó a sus amigos: él no era el llamado para mandar en Honduras: él era un militar y no un político; tampoco era estadista, y por tanto, carecía de las costumbres, de los modos y las mañas requeridas para esquivar las intrigas de que solían ser víctima los gobernantes. Pero no fueron buenas sus razones: el concepto que tenía del deber doblegó su obstinación y se rindió a las exigencias de su cumplimiento. Aceptó la gran responsabilidad. De regreso en Yamabal, al momento de la confidencia conyugal, Cabañas volvió a sus preocupaciones: no tenía ropa apropiada para presentarse como era de rigor ni había en sus cofres dinero para comprarla: tenía la dignidad y la respetabilidad de un gobernante, pero carecía del atuendo necesario para aparentarlo. Más ya no era posible retroceder, pero tampoco era posible lograr un préstamo con la rapidez que el caso demandaba. Y aquí intervino su esposa Doña Petronila: ella podía ayudar a resolver el caso tan apremiante; como la insigne Isabel de Castilla puso en empeño sus joyas recibidas en herencia, y el General compró lo necesario con parquedad: los avíos del viaje hasta Comayagua se arreglaron con un préstamo que le hizo su hermano político General Gerardo Barrios.

Así llegó Cabañas a tomar posesión de la Presidencia de Honduras. ¿Qué comentarios pueden hacerse? ¿No era éste un hombre de extraordinarias virtudes que le hacían digno de ocupar aquel dosel tan elevado? ¿Quién, entre los que se disputaban el poder, sino Dionisio de Herrera, que había muerto dos años antes, podía compararse con la figura de Cabañas? ¿Quién, sino Lincoln, había pasado de leñador a Presidente? Cabañas ciertamente tenía méritos para mandar a los hondureños. El 1º de marzo de 1852 el General de División Trinidad Cabañas tomó posesión de su elevado cargo en una sencilla ceremonia que puede interpretarse a través de los años, como el más puro y noble reconocimiento que el pueblo de Honduras tributó al ínclito soldado, al ciudadano cuya honradez y limpias virtudes personales serían espejo de caballeros y ejemplo de amor patriótico para las generaciones del futuro.

Era evidente que la presencia de Cabañas en la presidencia de Honduras resultaba la más elocuente respuesta que se daba al desastre de La Arada "que si bien era un triunfo de los guatemaltecos", no lo era para el separatismo ni para el colonialismo de Chatfield, porque Cabañas, fiel a sus ideas unionistas habría de aprovechar la brecha abierta por Lindo para volver a la restauración de la nacionalidad y porque la unión de los centroamericanos era el enemigo más poderoso contra las ambiciones territoriales británicas. Era, además, el testimonio de la verdad; el testimonio de que en Cabañas los hondureños jamás vieron al traidor que con tanto atrevimiento pretenden dibujar los sapos que crean en los campos de la historia; era el reconocimiento, de sus méritos, de la grandeza de su corazón, de la pureza de sus principios, de la diafanidad de sus ideas.

Los que le siguieron, solo pudieron escalar la presidencia amparados por las armas, chapoteando los caminos de la patria ensangrentados, pasando por sobre cientos de víctimas caídas en aras de la ambición; ellos sin revolución, sin carnicería, jamás habrían llegado por la expresa determinación del voto popular. Cabañas sí; Cabañas no pidió la presidencia, no jugó a la política destructora como peón de Carrera, ni de nadie. A Cabañas le llamó su pueblo, sus conciudadanos, los hijos de su pequeña patria que le vieron como bandera de salvación, como garantía de libertad, como estanque tranquilo y seguro en aquel torbellino de pasiones desenfrenadas.

Wells deja ver con claridad el entusiasmo con que los hondureños recibieron la buena nueva de la elección presidencial de Cabañas, la fe que tenían puesta en este ilustre heredero de Morazán y la confianza en sus principios democráticos y republicanos. Al efecto, este distinguido norteamericano dice: "En 1850 la elección presidencial cuadrienal se llevó a cabo en Honduras, y al no haber obtenido mayoría absoluta de sufragios alguno de los candidatos los nombres de los dos que recibieron más votos fueron sometidos a la consideración del Congreso, como estaba previsto en la Constitución de 1848. La escogencia favoreció al General José Trinidad Cabañas, de cuya reputación y servicios públicos se ha hecho mención en otra parte de este libro, humanitario y moderado en su política, distinguido miembro de la escuela morazánica y entonces reconocido como Jefe del partido liberal. Su elección fue celebrada en todo el país como un acontecimiento peculiarmente propicio y como una garantía eficaz contra las amenazas abusivas de Guatemala, cuyas inclinaciones agresivas eran ahora observadas con ansiedad y alarma.

De los pocos hombres públicos que aún quedaban en la república, los más eminentes fueron llamados a integrar su Gabinete. Se emitieron sanos decretos estimulando la agricultura, el comercio y las empresas mineras y se hicieron erogaciones del tesoro público para fines educacionales con más liberalidad que en ningún otro tiempo desde la independencia. La era tempestuosa de la política parecía haber dado paso a la calma por lo que el pueblo auguró un futuro próspero y feliz." (William Wells, Exploraciones y Aventuras en Honduras).

Pero a Cabañas le tocaría gobernar en circunstancias bien difíciles no sólo por la oposición conservadora como se verá luego, sino por la alianza traidora de algunos cabecillas hondureños con los que pugnaban por aniquilar al Estado de Honduras. Los malos vecinos ja- más dejaron que este país nuestro siguiera el camino de la organización y la bonanza; tan pronto había un período de paz y de confianza pública ellos se encargaban de fomentar disturbios, de provocar invasiones, de realizar actos vandálicos en las fronteras, de buscar convenios onerosos para la dignidad nacional, porque sabían los enemigos de esta patria hondureña, que dentro de la paz y la confianza públicas, Honduras se desarrollaría de tal suerte por sus recursos humanos y naturales, que difícilmente podrían lograr su dominación, Para los conservadores chapines y hondureños que estaban a su servicio, no se podía dejar que levantara cabeza, Había que mantener al país en eterna zozobra, porque de lo contrario, se levantaría el gigante y haciendo acopio de todas sus energías, les daría la lección del siglo. Por otra parte, la economía hondureña no era tan bonancible como para echar a caminar de inmediato el plan de gobierno liberal que Cabañas pudo concretar con sus ministros y consejeros. Era un plan ambicioso de un presidente revolucionario e idealista que podía ponerse en práctica toda vez que los recursos fiscales aseguraran su desarrollo. No se trataba de un desordenado deseo de hacer algo por sobre lo común, porque a pesar de que Cabañas no era un estadista, lo que logró llevar a término y que no le dejaron hacer los cachurecos López y Guardiola brazos armados de Carrera, es prueba fehaciente de que en todo hubo visión realista, seriedad, patriotismo y un cerebro organizado.

Por eso, cuando Cabañas comenzó a desarrollar su plan de gobierno aplicando los pocos recursos fiscales de que disponía el país, cuando comenzaron a instalarse escuelas de primeras letras para educar al pueblo, cuando se dictaron medidas saludables sobre libertad de pensamiento y de locomoción y se reinició el auge de la minería, de la agricultura y la ganadería, los enemigos de Honduras, internos y externos, pensaron en detenerlo, en frenar aquel cambio saludable que se estaba operando, porque amenazaba la estabilidad de la tiranía en otros sectores de la patria grande, y comenzaron a hostilizarlo por las fronteras, a fomentar intrigas, a despertar inquietudes con invasiones a los indefensos pueblos de Occidente y del Sur, porque esta era la mejor manera de atajar el progreso de la administración liberal. Naturalmente, Cabañas, al verse hostilizado, invadido, agredido injustamente, el dinero que estaba aplicando a las obras de reorganización nacional, tuvo que invertirse en comprar armas y otros implementos guerreros para defenderse y salvar la dignidad de la República.

El dilema era: o se compran fusiles para detener los invasores, o perece Honduras. Cabañas optó por lo primero. Pero no fue porque él lo deseara, sino porque le obligaron a hacerlo. Y en esta intriga, el Cónsul Chatfield desplegó toda su energía así como el Superintendente de Belice y los aristócratas guatemaltecos. Por ahí salen muy mal parados algunos hondureños ambiciosos que ya habrá tiempo de señalar.

CAPÍTULO XXI: CABAÑAS FRENTE A LA ORGANIZACIÓN DEL ESTADO

Cuando inauguró su gobierno el General Cabañas, la política centroamericana se encontraba en un impase como consecuencia de la habilidad diplomática del Doctor Juan Lindo, aunque no se vislumbraban señales que hicieran suponer un entendimiento cordial entre los partidos en contienda: el conservador, tratando de afianzar su poder tomando como base la calidad de sus políticos y las recientes victorias de sus armas, y el liberal, siempre en pugna interna pero buscando la ocasión propicia para restablecer el contenido de la revolución morazanista. El nuevo gobernante era un hombre bien equilibrado, con suficiente seso para saber cuál era la realidad del medio en que tenía que moverse; en verdad no tenía la agilidad política de Lindo, pero su rectitud, su honradez y su integridad moral superaban en mucho los atributos intelectuales del voluble "Zorro" graciano, además de que siempre supo demostrar que poseía una clara inteligencia y suficiente sentido común; también tuvo la virtud de no considerarse providencial y de guardar el otro sentido, el de las proporciones.

Pocos eran los hombres con experiencia en asuntos de estado, y Cabañas supo escoger entre ellos a los más capaces y a los que, como él, se guiaban por el supremo bien de la república. Según la Constitución de 1848, el período presidencial era de cuatro años sin que se permitiera la reelección; el Gabinete debía integrarse por los Secretarios de Estado de los cuales el gobernante nombró dos: el de Relaciones o de Estado y el de Hacienda: el Poder Legislativo se formaba por dos Cámaras: la de Diputados, dos por cada Departamento, y la de Senadores, uno por cada departamento, y el Poder Judicial era ejercido por la Corte Suprema de Justicia, dividida en dos secciones, una en Comayagua y otra en Tegucigalpa, compuesta de tres Magistrados propietarios y dos suplentes cada una, "siendo cada una Tribunal de Segunda instancia en su territorio, y de tercera instancia en los negocios de que otra Sección conociera del recurso de alzada".

El gobierno departamental era ejercido por un Jefe Político, un Comandante de Armas o Jefe militar y un Intendente de Hacienda, además de un Juez de Primera Instancia; el gobierno local era ejercido por los Alcaldes Municipales y un Jefe de Distrito. Los ingresos del Estado provenían de los estancos de tabaco, aguardiente, papel sellado y pólvora, así como de las "canchas de gallos". También se agregaron a éstas la renta del aforo de mercaderías importadas y exportadas, especialmente la madera. Eran entonces renglones de exportación los cueros de res, pieles de venado, miel de palo o "miel virgen", la zarzaparrilla, la vainilla, la semilla de ricino, el carey, el añil, la madera de brasil o brasilete, el oro, la plata, maderas de construcción y para ebanistería y el ganado vacuno y caballar.

Los puertos habilitados para el comercio eran Amapala y la Brea del Golfo de Fonseca y Trujillo y Omoa en el litoral atlántico. Honduras importaba de Europa la mayor parte de de los artículos que necesitaba como telas, calzado, abalorios, vinos y licores, aceitunas, aceite de olivas, mariscos enlatados, fideos y pastas alimenticias, herramientas diversas, y de los Estados Unidos del Norte algunas otras cosas como combustibles, embutidos y carnes preparadas, velas y jabones, etcétera, ya que por entonces apenas se iniciaba la influencia norteamericana en Centro América, no obstante que desde 1826 la República Federal había suscrito un Tratado Comercial con el país del Norte, por medio de su Representante Don Antonio José Cañas. Las armas é implementos bélicos se compraban en Belice, en Jamaica o en La Habana.

Para Cabañas no era un secreto que la agricultura podía ser un renglón de riqueza para Honduras, pero sabía que a causa de las constantes revoluciones interestatales e internas, los campos estaban abandonados y las cosechas disminuidas, pues eran tan frecuentes los reclutamientos que los campesinos ya no tenían tiempo de dedicarse a sus labranzas. Otro tanto ocurría con la ganadería y con la minería, de suerte que, cuando asumió el poder estaba consciente de que iba a gobernar una República agobiada por muchos factores, especialmente por una deuda extranjera que solía cobrarse con exigencia según los vientos políticos y de la cual el Dr. Lindo había amortizado más de 200.000 pesos. No obstante esto, Cabañas quiso salir adelante en sus proyectos. La disciplina del soldado le hizo empezar por el principio: rehacer y reglamentar la Hacienda Pública.

Don José María Cacho, Ministro del ramo, era hombre de mucho talento y muy entendido en los menesteres hacendarios y se propuso mejorar las rentas dictando medidas atinadas en el ramo de aguardientes, reglamentando la exportación de ganado con un aumento en los derechos arancelarios; revisando los cortes de madera en el Sur y en el litoral atlántico en donde gobiernos anteriores habían otorgado permisos o concedido derechos para dicha explotación sin cobrar los impuestos indispensables, y como Cabañas era minero, se preocupó por reglamentar y estimular este renglón dando las facilidades que permitía la ley para proteger a los inversionistas que desearan dedicarse al giro de minas. Durante el primer año de gobierno, luchando a brazo partido con un cúmulo de circunstancias adversas y contra toda clase de obstáculos y dificultades, el Ministro Cacho logró mejorar la hacienda pública al grado que se prescindió del viejo y molesto sistema de las contribuciones forzosas y los empréstitos privados sin razón que los justificara imponiéndose un régimen de austeridad y de trabajo.

Esto explica el que Cabañas haya dedicado parte de su atención a mejorar la instrucción pública: en un año había sumado cincuenta escuelas de primeras letras a las 350 que había dejado establecidas el Doctor Lindo; que ayudara al Colegio Tridentino de Comayagua y a la Academia Literaria o Universidad de Tegucigalpa, económicamente. Para el mantenimiento de las escuelas se destinó "el producto de las multas por pena correccional, los comisos de aguardiente clandestino, y el producto de cementeras comunales". Al mismo tiempo el Ministro Presbítero Mejía expresaba lo siguiente: "Se proyecta por algunos buenos patriotas de Santa Rosa, la creación de otro establecimiento literario en aquella ciudad que cuenta ya con eficaz protección de la Suprema Autoridad". Este párrafo nos da entender que lo que posteriormente fuera el Instituto de San Carlos que funcionó en Santa Rosa de Copan como establecimiento de enseñanza superior, había sido ya planificado y apoyado por el Gobierno del General Trinidad Cabañas, actitud que abona a los méritos del soldado gobernante que supo cumplir con el postulado de la Revolución Morazanista de instruir al pueblo para que no permitiera el entronizamiento del despotismo.

Por otra parte, Cabañas mantuvo las mejores relaciones de cordialidad con el clero. No había Obispo, pero el Gobernador de la mitra y los ministros de la Iglesia gozaron del respeto, la consideración y el apoyo del gobernante. Esto demuestra que sin perder los principios de la doctrina liberal, se puede colaborar con los eclesiásticos en el progreso y el mantenimiento de la tranquilidad pública, porque el clero, como elemento de mayor ilustración en aquel entonces, era el mejor apoyo para el desarrollo de las nuevas ideas, siempre y cuando no se le hiciera patente el repudio de que fue víctima en eras posteriores a Cabañas. El funcionamiento del Poder Judicial desde los albores de la República representó un serio problema para todos los gobernantes, y para Cabañas no fue menos. La desorganización de los sistemas legales, las pésimas e inadecuadas instalaciones carcelarias, la mínima asignación presupuestaria y otros factores, incidían en el mal funcionamiento de la justicia Para que este poder del Estado pudiera cumplir con los deberes que le fijaba la ley, se propuso a las Cámaras Legislativas una nueva ley orgánica o al menos, de no ser aprobada ésta, una serie de medidas tendientes a regularizar la aplicación de la justicia.

Para darle más eficacia al combate contra la delincuencia, Cabañas reorganizó los servicios de Policía; se quejaba gobierno de que en los cortes de madera de la región norte del país, se refugiaban constantemente los criminales y contrabandistas debido a la falta de vigilancia policial. El Presidente logró en parte su propósito de reorganización judicial, pues contaba con amigos, aunque quizá no fueran sus partidarios, tanto en la Asamblea como en el senado.

En efecto, en la Cámara de Diputados estaban Don Joaquín Bustillo, Don Casto Alvarado, ferrerista furibundo, y Don Santiago Díaz, el primero y el último, representaban esa clase de políticos incoloros, de actitudes indefinidas e indecisas, que suelen aparecer con frecuencia en los organismos estatales y que terminan por plegarse a los grupos más agresivos de opinión pública. En cambio en el Senado figuraban hombres definidos como José Antonio Vijil y Pedro Ramírez, Joaquín Meza y José Justo Rodas de quien no podía asegurarse tampoco si era liberal o cachureco, pero sí, amigo muy estimado de Cabañas.

La organización de las milicias fue en Cabañas preocupación constante dada la permanente amenaza de los vecinos. Él había probado más de una vez su amor a la paz; sabía que sin tranquilidad no hay trabajo ni puede emprenderse obra alguna de bienestar público, pero creía que el hecho de fortalecer el ejército no presupone un principio guerrerista. Lo hacía porque estaba rodeado de enemigos, unos declarados como Rafael Carrera y otros velados, encubiertos por simulados principios, pero temerosos de ofrecerle su colaboración porque el amo guatemalteco podía tirarles de la orejas. Viéndose solo, sintiéndose casi aislado, buscó los medios civilizados para entrar en pacífica convivencia con los gobiernos vecinos más afines, o que parecían ser más afines con el suyo y acreditó representaciones diplomáticas cerca de los de Nicaragua y El Salvador.

Este paso de la incipiente diplomacia hondureña se dió tras

largas cavilaciones con su Ministro de Relaciones, Presbítero Don Ramón Mejía; iba contra los principios de Cabañas que contemplaba la patria grande morazánica, pero era preciso darlo, tanto por la seguridad de su gobierno como porque serviría para preparar el camino hacia la reconstrucción nacional que podía iniciarse por la unión de los tres Estados. Otro aspecto importante de la Administración Cabañas fué el inicio de las vías de comunicación modernas. Soñó el ilustre soldado en ver a Honduras cruzado por una vía férrea que pasando por el corazón del país, uniera el Atlántico con el Pacífico. Su sueño nunca fue realizado por una continuada cadena de intrigas e invasiones armadas que desataron contra él los conservadores y la diplomacia pirata de Inglaterra, que terminaron por derribarle del poder. Un hecho que merece destacarse es el de que durante el gobierno del General Cabañas todos los ciudadanos gozaron de las garantías constitucionales: no hubo extrañamientos ni confinamientos, se respetó la propiedad y el derecho de disentir, se dió absoluta libertad de imprenta y fue inalterable la de movimiento. Esto debe marcarse con piedra blanca porque la costumbre instaurada por los tiranos era de atropellos, persecuciones, fusilamientos y expulsiones.

Esto lo declara el Ministro Mejía a la Cámara de Diputados con estas palabras: "La Administración ni combate ni es combatida por facciones, a pesar de la libertad de imprenta que aseguran las leyes y de que podría abusarse en otros países". Eso demuestra que Cabañas no necesitó del rigor para mantener la paz interna durante algún tiempo ni echó mano al expediente de los déspotas para hacerse respetar, y no obstante que los cachurecos le llamaban "el asesino Cabañas, esclavo del tirano Morazán", todavía no se han encontrado los documentos que prueben los supuestos asesinatos que le atribuyen los gansos de la historia, pero sí son abundantes lo que se refieren al incendio y destrucción de Texiguat y al asesinato del Coronel Don Joaquín Rivera, ex-Jefe del Estado de Honduras, hechos cometidos precisamente por los denigradores de Cabañas.

El Gobierno de este gran soldado fue democrático en extremo, y ello dió motivo para que las mafias de tiranuelos que gobernaban los países vecinos, como se maneja una hacienda por un Mayordomo, sintieran celos y se creyeran amenazados en su estabilidad; esto los condujo a entrar en maquinaciones tenebrosas para derrumbarlo del poder, entrando a la fiesta sin invitación el gran bailarín británico Federico Chatfield.

"Por lo que hace a la tranquilidad pública —decía el Ministro Mejía— el Estado goza interiormente de una paz perfecta. La más completa fusión de los partidos, ha venido a proteger un solo pensamiento, que es el de la unión nacional de Honduras con los otros Estados". Pero esta unidad hondureña no convenía a los ambiciosos vecinos y había que destruirla, porque dentro de la paz, la potencialidad económica del país bien orientada como estaba, amenazada adelantarse a las realizaciones negativas que ellos habían logrado en sus dominios. De esta suerte, fueron los incendiarios de Texiguat, los déspotas disfrazados de patriotas, los que se pusieron bajo las órdenes de Carrera para alterar la paz de que disfrutaban los hondureños.

Ellos no tenían la categoría de Cabañas, no eran hombres de su estatura moral capaces de poner se a trabajar para ganar el dinero limpiamente y merecer el respeto de sus conciudadanos, y no se aguantaban las ganas de armar una guerrita para encaramarse en el solio presidencial, de todo lo cual se hablará más adelante. En cuanto a la política económica hondureña relacionada con el capital extranjero para la explotación de sus recursos, es preciso puntualizar cuál era el pensamiento del gobernante que la encauzaba por medio del Ministro de Hacienda Don José María Cacho. Ambos funcionarios comprendían que Honduras tenía fuentes de riqueza inagotables que era preciso explotar y que esto no podía hacerse con los recursos monetarios nacionales, ni tampoco con el producto de un empréstito extranjero; era necesario buscar la afluencia de ese capital con una legislación apropiada de estimular y garantizar su inversión, pero especialmente que propiciara la llegada y asentamiento de inmigrantes, pues si bien el dinero era indispensable, lo serían más el elemento humano que aportaría nuevas ideas, modernos métodos, avanzadas técnicas, trayendo a la vez aspiraciones distintas y otros conocimientos capaces de mejorar en algunos aspectos las condiciones del país.

Cabañas creía que una inmigración Europa o Norteamericana escogida, aún cuando no trajese mayor capital, podría ayudar eficazmente al desarrollo de la agricultura, la ganadería y la minería; podría enseñar pequeñas industrias de artículos que eran importados y de diario consumo; se podría mejorar la educación pública dándole impulso a la enseñanza de las ciencias y las artes, a los oficios manuales y a otras actividades embrionarias que podrían perfeccionarse, en fin el Presidente estaba empeñado en asegurar el progreso de Honduras, William V. Wells con quien Cabañas cambió impresiones por varias veces, dice lo siguiente: "El Presidente recibió mis cartas y expresó hallarse favorablemente dispuesto a la participación del capital y empresas americanas para el desarrollo de los recursos naturales de Honduras. Se refirió a su determinación reciente de enviar al señor Barrundia a los Estados Unidos con plenos poderes a fin de que negociara una extensión de privilegios especiales para los conciudadanos de la América del Norte. Yo estaba convencido de que Cabañas haría cualquier sacrificio para estimular el capital norteamericano en Honduras... él ha hecho todo lo posible respetando el honor de la nación, por abrir el territorio a la inmigración. Treinta años de incesantes servicios en las contiendas políticas del país, le habían convencido, como también a otros muchos estadistas prominentes de Centro América, que solo con la superación, energía e inteligencia de los norteamericanos y los europeos será que los recursos de estas republicas podrán ser desarrollados plenamente. Se manifestó anuente a dar su apoyo a toda negociación honorable con nuestros compatriotas, pero oponiéndose de modo implacable a todo intento filibustero contra Centro América".

Las expresiones de Wells sugieren algunos comentarios: Cabañas, como ya he dicho no era un estadista, o al menos, los historiadores y los críticas de su personalidad, hasta hoy, no le han reconocido esta calidad y apenas si alaban y enaltecen su honradez, su valor y su sinceridad ideológica; muchos aún le ha negado su pericia militar y le llaman entreguista, traidor, deshonesto, etcétera, siguiendo la consigna cachureca de Mencos y de otros seguidores de Aycinena y compañía. Pero es el caso que Cabañas, con su visión, con sus ideas sobre el capital y la inmigración extranjera, sobre los tratados honorables y sobre el repudio del intervencionismo norteamericano, estaba demostrando que si era un estadista, que sí era un gobernante preocupado por el futuro de su pequeña patria, porque él no quería las concesiones al modo como las habían concedido sus antecesores, él no hubiera aceptado jamás, por esa su honradez acrisolada, participación en los negocios que se establecieran en Honduras como la habían aceptado sin ruborizarse los Ferreras y Guardiolas y López y demás santurrones que le adversaban, Cabañas pensaba como los estadistas argentinos: una inmigración que no venga a mandarnos: que venga para asentarse y hacer de esta tierra una tierra suya por el trabajo, por la comunidad de intereses, por los ligamentos afectivos y familiares que pudieran haberse creado y no solo por el aporte frío de capital. Esto le olía a Cabañas como explotación. Por eso, con justicia muy clara, Wells decía que Cabañas "había hecho todo lo posible, respetando el honor de la nación, por abrir el territorio a la inmigración".

Se dirá quizá que Cabañas por algo tenía preferencia por los inmigrantes norteamericanos. Sencillamente, porque ya se tenía la amarga experiencia en Centro América de la voracidad esclavista de los británicos. Él Sabía bien que la política inglesa se basaba en los pensamientos de Chatfield y que sostenía: "Creo que si queremos conservar nuestra hegemonía en Centro América, será necesario que nos impongamos". Y había terminado por perderles la confianza posiblemente influenciado por Mr. Squier, que sostenía que: "Realmente, toda la historia de la diplomacia y de las relaciones británicas en este lugar se ha caracterizado por una desfachatez y una falta de escrúpulos casi increíbles y absolutamente sin precedentes".

Por otra parte, parece ser que durante el gobierno de Cabañas se estaba iniciando la pugna entre el colonialismo británico y el imperialismo norteamericano; la lucha por el dominio de esta parcela de Latinoamérica comenzaba y habría de conducirnos fatalmente al mismo fin, pero los métodos eran o parecían diferentes: Chatfield actuaba amparado en la fuerza, en el poderío naval británico, en la deuda llamada "inglesa" y bajo estos pretextos cometió los atropellos y las indignidades más abominables para cualquier pueblo del mundo: Squier, representante yanqui, se miraba en aquel espejo y lo gobernantes del Potomas querían comenzar su imperio con mano suave; ellos no deseaban un dominio territorial ni político, pensaban en una inversión productiva, pero estaban lejos de pensar en asentarse por acá. En resumen, ni los británicos ni los norteamericanos tenían el propósito de convivir con nosotros, Pero una vez estimulada la inmigración, podrían venir otras gentes: europeos como los franceses, los italianos, los húngaros, que si se establecen definitivamente en nuestros lares y comparten con nosotros alegrías y sinsabores.

De aquel entonces a nuestros días el pensamiento político de las naciones ha cambiado de sendero aunque quizá no de objetivo; por ello puede decirse que Cabañas deseaba hacer lo que a casi un siglo de distancia, están haciendo nuestros gobiernos. Ahora se llaman préstamos atados, que muchas veces no respetan "el honor de la nación" como quería aquel insigne patriota; ahora estamos metidos a fuerza en una *integración centroamericana* que es en realidad una plaza de competencias, un mercomún en el que todos tienen en producción la misma cosa, el mismo producto pero con distinto nombre y de diferente dueño norteamericano. Y en eso estriba el desequilibrio de la famosa integración. Si un país produce llantas, todos los demás quieren producirlas; si en uno hay carnes enlatadas, jugos y pastas, todos quieren tener lo mismo; si en una hay fábricas de plásticos, de vidrio, de sintéticos, el capital norteamericano voraz como lo era el capital inglés en el siglo pasado, monta en todas partes las mismas fábricas y lanza al mercado los mismos productos con otros nombres. Total, que nosotros somos la plaza de las competencias en donde las uñas yanquis nos rasgan el pellejo y los ideólogos paisanos nos quieren despojar de nuestras tradiciones para acoplarnos a la fuerza, al pensamiento norteamericano. El honor de la nación que tanto cuidaba Cabañas, no importa un comino. Las tajadas y los trinquetes están a la orden del día, nada más que ahora los políticos no se llaman ni Ferreras, ni López ni Guardiolas. Se llaman de otro modo. Como buen administrador del país, Cabañas deseaba también ajustar y mejorar los métodos seguidos para otorgar concesiones. Cuando él llegó al poder, con el pretexto de "nuevas industrias" se montaron flamantes aserraderos en Amapala y en Olancho y otros sitios del Litoral Atlántico.

Bien estaba que la maquinaria requerida para esta nueva industria, se dejara entrar sin pago de derechos, pero no era aceptable que Mr. Muller en Amapala cortara la madera de tierra firme, la aserrara, la exportara a Callao y no diera al fisco un solo centavo. Malo estaba también que Don Apolonio Ocampo, concuñado del General Santos Guardiola, casado con Doña Mariana Arbizú, explotara la caoba y el cedro y el ceibo de las cuencas del Segovia y el Patuca, sin dejar un centavo al fisco; también estaba malo que Mr. Agustín Follin hiciera iguales explotaciones en la cuenca del Ulúa en igualdad de circunstancias y que Mr. Morano explotara los ricos yacimientos auríferos del Guayape en su ingenio de El Retiro en donde tenía un molino para beneficiar las pepitas, sin pagar derechos al Estado.

Cabañas puso un alto a esta explotación inicua: reglamentó el corte y la exportación de maderas y de brozas minerales. No se pagaba mucho, apenas unos 32 dólares por cada embarque, pero ya era un principio. Los beneficiados alegaron que estas concesiones habían sido otorgadas por el Presidente General Don Francisco Ferrera, y así consta en los expedientes correspondientes. Cabañas, frente a la organización del Estado, con un Presupuesto calculado en 120.000 pesos, realizó en los primeros dos años de gobierno una labor en consonancia con sus ideales; cumplió con su deber y si no llegó a la total realización de sus programas, fue porque los trastornos provocados en los pueblos fronterizos por Carrera y sus acólitos, le obligaron a distraer su atención de los negocios públicos para aplicarse a la defensa de su gobierno y al cuidado de las instituciones.

Se vió obligado a invertir en armas y pertrechos el dinero destinado a escuelas, caminos, hospitales y otros servicios públicos que ya comenzaban a organizarse con éxito. A causa de estas invasiones guatemaltecas y las amenazas de los otros dos vecinos inconformes con el avance que se perfilaba en Honduras, Cabañas tuvo que detenerse. Se paralizó el progreso que se había iniciado en sus dos primeros años de gobierno.

Su buena fe fue sorprendida y traicionada por sus propios compatriotas y por los vecinos que se decían amigos, al ponerse todos bajo la batuta de Carrera que respiraba por las narices de los Aycinena, los Pavón y los Batres, y éstos por las de alerigaya perdonavidas al corte y estilo de los padres Lobo y Durán.

CAPÍTULO XXIII: LAS MANOS LIMPIAS
DE UN PATRIOTA

En la historia de Honduras, como en la de cada uno de los países que una vez fueran Estados de la República Federal de Centro América, se registran nombres ilustres de los hombres que forjaron la nacionalidad, que la defendieron con denuedo y que también la aniquilaron. Pocos, sin embargo, figuran entre los primeros y los segundos; contados son los patriotas y legiones forman los patrioteros, los que en vez de servir a la Patria, la ofendieron, la vejaron haciendo de ella no un santuario sino el escenario trágico en donde lucieron su vocación de déspotas y la ambición paranoica que colmaron con sus crímenes.

José Cecilio del Valle, Francisco Antonio Márquez, Dionisio de Herrera, el "Padre de la Patria"; Francisco Morazán, Trinidad Cabañas, Joaquín Rivera, Diego Vijil y otros ciudadanos de patriotismo probado fueron los forjadores que en Honduras batallaron por estructurar una patria nueva y cimentar las bases de la nacionalidad. Del otro lado figuran los que destruyeron la República. ¿Sus nombres? Para que decirlos. Ellos son bien conocidos. ¿Debemos recriminarlos? Creo que antes debemos comprenderlos: ellos creían que su actitud era justa, era patriótica, era la que convenía a los intereses de la patria chica, porque nunca pudieron entender, y menos comprender que la República era la patria grande la patria de todos los centroamericanos.

Para Cabañas la honestidad era una divisa con que el hombre debe preservar su honor; era un legado de sus padres más valioso que el dinero. Su prolongada militancia en la política y las luchas centroamericanas le ofrecieron muchas oportunidades de enriquecerse pero no aprovechó estas ocasiones para llenar sus bolsillos con las monedas del fisco, con los préstamos o con las contribuciones forzosas impuestas por causa de las contiendas bélicas y la flaqueza de las arcas nacionales. En realidad, la operación del enriquecimiento a costa del fisco es relativamente reciente; deriva quizá del Siglo XIX sin que pueda precisarse cuando se comenzó a tener como lícito el robo de las contribuciones del pueblo, y digo que no puede precisarse fecha, porque los gobernantes del pasado no se enriquecieron dilapidando los caudales públicos.

Dionisio de Herrera murió en la miseria como un modesto maestro de escuela; Morazán dejo deudas personales; Cabañas fue siempre pobre y murió sin un centavo, Francisco Ferrera y Santos Guardiola no dejaron riquezas, ni siquiera propiedades rurales; Coronado Chávez solo dejó al morir su casa y las herramientas de su carpintería; Céleo Arias dejó su propiedad de San Isidro en el Valle de Comayagua, que era herencia familiar, muy comprometida y José Ma- ría Medina, el Medinón que fué por tantos años arbitro de los destinos de Honduras, lo más valioso que dejó fue su camisa perforada y ensangrentada por las balas que lo llevaron a la tumba. Las propiedades eran de su esposa Doña Mariana Milla procedente de familia acomodada.

Las manos de Cabañas eran limpias, como su corazón y sus ideales. Pero eran manos recias y encallecidas por el trabajo. En las horas de angustia para la patria, en las horas tremendas de la contienda armada, aquellas manos menudas y huesosas empuñaron el fusil y blandieron la espada para defender la unidad Centroamericana; y en los días apacibles cuando el peligro estaba lejano, empuñaban el arado y el chuzo para labrar la tierra, para sembrar el grano el sustento en los planes de Yamabal o en las vegas de Selguapa, en donde pasó largos días de su vida. Era el trabajo el mejor lenitivo para calmar sus inquietudes de patriota, porque ya fuera de su labranza o en el campo de batalla, su pensamiento y su esperanza estaban en la patria, esa tierra centroamericana que tanto amaba y a la que entregó desde su juventud el esfuerzo de un hijo digno de defenderla.

Para Cabañas, el patriotismo no sólo era un principio o una idea cuidadosamente cultivados, era un blasón y un timbre de orgullo. Puso en todo instante lo que era como hombre y lo que tenía como ciudadano al servicio de la República y no esperó recompensa alguna ni 199 homenaje que pudiera empañar la cristalina transparencia de su fe. Sirvió a la Nación en el sitio que le fuera designado; cumplió con sus deberes de ciudadano y no se conoce aún ninguna petición solicitando una granjería o un empleo. Manejó los caudales nacionales con absoluta honestidad, a la luz del día y jamás se aprovechó de los dineros públicos para adquirir propiedades, para pagar agasajados o para malversarlos. Cuando empuñaba las armas, recibió solamente el prestigio de su rango militar; ni elaboró planillas falsas con gastos inexistentes, ni puso en ellas plazas supuestas para apropiarse dineros que para él eran sagrados. Cuando disfrutaba de los breves períodos de paz, sacaba de las minas que gustaba explotar o de la fértil labranza, el dinero para llevar una vida de austeridad. Jamás se rebeló ante la pobreza; jamás le ilusionó la vida fácil, de boato y ostentación, fue un sencillo labrador, más que un general arrogante, fue un campesino ejemplar; lleno de glorias, con enorme prestigio, gozando del respeto de sus conciudadanos, jamás perdió su modestia.

Cuando el 1851 la asamblea Legislativa de Honduras le concedió de por vida el sueldo correspondiente a su grado militar, Cabañas, con humildad ejemplar, hace renuncia formal de aquella gracia manifestando que no puede aceptarla porque "todos los ciudadanos tenemos la más estrecha obligación de ser útiles a la patria, y defenderla cuando se ve amenazada de algún peligro; y, cuando hemos tenido ocasión de prestarle algún servicio señalado no hemos hecho más que llenar nuestro deber. Si mis constantes esfuerzos en defender las instituciones democráticas, la libertad e independencia de mi país, han podido llamar la atención de mis conciudadanos, ellos por el órgano de sus apoderados, me han dado ya el más lindo galardón en el decreto de 11 de Mayo, que me condecora con el título de Soldado de la Patria" (Carta del General Trinidad Cabañas para el Ministerio General del Supremo Gobierno del Estado de Honduras, fechada en San Salvador el 30 de junio de 1851).

¡Que actitud más hermosa! ¡Que patriotismo más sincero el de este ciudadano! Cabañas no aceptaba una pensión porque no la consideraba justa. Él decía al Ministro General del Supremo Gobierno: "No olvido tampoco el estado deficiente en que se halla el erario público; y yo, que desearía tener cuantiosas riquezas que suministrarle, a fin de que cubriese tantas y tan importantes atenciones a que no es posible acudir por falta de medios, ¿como había de querer aumentar sus apuros gravándolo con aceptar una pensión? Así es que la renuncio formalmente".

La resolución de Cabañas es un ejemplo para los jóvenes hondureños de todos los tiempos; es un espejo para que se vean el alma y la conciencia los políticos inescrupulosos, los funcionarios deshonestos, los militares voraces, los amigos del trinquete y de la movida turbia, los que manejan caudales públicos, y en fin, es ejemplo de manos puras y de conciencia tranquila, es la expresión más alta de un patriota. Los que cantaron sus glorias, ensalzan la pureza de este hombre extraordinario en cantos de patrióticos acentos:

> Nada hay en su alabanza exagerado,
> aquí no se halla adulación alguna;
> Manos puras, valor y humanidad
> Honran en alto grado a Trinidad.

Esto decía de Cabañas el ilustre José Trinidad Reyes, apóstol de la juventud y guía espiritual de los hondureños. ¿Quién puede, entonces, dudar de estas palabras? Nada podrá contra ellas la calumnia ni los ataques iracundos de los amargados que deseando hacerse notar en los medios intelectuales lanzan contra Cabañas el veneno de los odios ancestrales, creyendo que, para elevar el pedestal de sus ídolos es preciso echar cieno sobre el recuerdo del soldado más puro y del patriota esclarecido que se llamó Trinidad Cabañas

CAPÍTULO: XXIV LA SINCERIDAD IDEOLÓGICA DE UN CIUDADANO

En Trinidad Cabañas, como en muchos de los hombres de su época, la ideología liberal proclamada y aclimatada en Centro América por los Proceres Barrundia, Molina, Herrera, Márquez, Delgado y otros, encontró terreno abonado para desarrollarse con toda plenitud. Diez y seis años había cumplido Cabañas cuando se iniciaban los movimientos formales de emancipación política; y digo formales porque en la empresa se dió primacía a las ideas y a los principios, a la divulgación de otras modalidades de vida sin echar mano a la violencia y al motín.

Para 1820 si bien se fomentaban algunas conspiraciones, éstas por uno ú otro motivo no se llevaron a término, pero en cambio, se comenzaron los planteamientos ideológicos en los escasos periódicos que dirigían los hombres más cultos que había en Centro

América. Ya he dicho antes que al decretarse la forma de Gobierno Federal, Cabañas abrazó la causa de la Unidad Nacional, a la que fue leal hasta el postrer instante de su vida. Pero la abrazó con sinceridad ciudadana y la defendió con heroísmo ejemplar. Por esa ideología liberal que encarnaba en sí la causa del federalismo, Cabañas luchó a lo largo y lo ancho de Centro América. Luchó siempre, por un sólo ideal: lo que se llamaba "la nacionalidad". Esta fué, sin duda, la razón de sus afanes, y no claudicó jamás, su sinceridad ciudadana fue tan pura como su convicción.

Otros fueron tránsfugas de las ideas, porque comenzaron a luchar por ellas con aparente devoción y al momento en que se despertaron la ambición de poder y de honores, voltearon caras para convertirse en los más abyectos enemigos de la unidad Centroamericana poniéndose, incondicionalmente, ya directamente al servicio de los intereses británicos que fueron los más obstinados opositores del federalismo.

Tal es el caso del General Francisco Ferrera que al despertársele la sed de mando y de poder, olvidó los laureles de Tercales y La Ofrecedera, para trocarlos en los crespones lúgubres del Espíritu Santo y Perulapán; tal el caso del General Santos Guardiola, que deseando hacer méritos abrazó el unionismo del Dr. Juan Lindo, luchando al lado de Cabañas en La Arada, pero cuando se percató que en aquellas filas no se vislumbraba el sitial que él pretendía, volvió la espalda para convertirse en testaferro de Don Rafael Carrera, enemigo implacable de la nacionalidad.

Cabañas, en cambio, se cobijó siempre bajo una sola bandera. Con Morazán sostuvo en alto el estandarte federal escribiendo para la historia centroamericana páginas gloriosas; con los "Coquimbos" se esforzó por darle de nuevo vigencia a la consigna federalista de Dios, Unión, Libertad, que eran la Síntesis del credo liberal unionista; con el Dr. Juan Lindo, luchó con sincera resolución para restaurar la Patria Grande; como Presidente de Honduras propició la República mayor de Centro América cuya presidencia declinó con la modestia de un ciudadano que no tenía ambiciones ni sed de honores y fortuna y con Máximo Jerez y Gerardo Barrios emprendió el último esfuerzo para rehacer la unión, que fue su único y más puro ideal.

Cabañas luchó contra Ferrera, porque Ferrera se empeñaba en destruir la unión; luchó contra Guardiola, porque Guardiola era la encarnación de la reacción separatista; luchó contra Rafael Carrera, porque era el máximo líder, el director supremo de la orquesta conservadora que había silenciado con el ruido de sus voces, el acento glorioso de los clarines unionistas. Cabañas no batallaba para obtener prebendas, ni honores, ni distinciones; lo hacía para defender aquella ideología que era consubstancial con su persona, porque era sincero, ya que sólo como militar puso su espada al servicio de su noble causa, sino que como simple ciudadano, durante sus retiros a Yamabal y a Celguapa, puso los escasos haberes de su casa al servicio de los infortunados y perseguidos por la saña y el odio de los caciques lugareños. Si algún motivo tuvieron los separatistas que tenían como Biblia "El Toro Amarillo" de Don Juan José Aycinena, para oponerse a Cabañas, para destruir a Cabañas, este motivo no fue otro que su lealtad a la ideología Morazánica, porque Cabañas no tuvo las variantes y acomodos de Lindo ni las veleidades de Gerardo Barrios cuyos "principios" eran mitad unionistas y mitad de conveniencia personal.

No tuvo tampoco la debilidad de aceptar por acomodo las tentaciones del poder, porque para él lo importante era la República, el Gobierno representativo y democrático tal como estaba señalado en la Constitución que una vez jurara respetar. En Cabañas, mal político, las razones de estado no eran cuestión de estómago ni asuntos de provecho personal, y por eso se le vió levantarse, rehacerse de los fracasos más vigoroso y más convencido de que lo realmente valioso son las ideas, y que los hombres son más estimables cuanto más firmes se muestran para sostener sus principios. Y esa firmeza de Cabañas fue permanente espina que punzaba la conciencia de los tránsfugas, ya que en ellos la lealtad era imposible y la rectitud solo se vió cuando defendían intereses personales. La inconsistencia de los principios de que alardeaban los cabecillas conservadores, fue la base de las continuas defensivas y ofensivas y los aburridos tratados de amistad que proliferaron en Centro América desde 1839. Para suscribirlos no se tuvo en cuenta ningún principio, no se asentó en ellos ninguna ideología política que les diera prestigió y perennidad, y por eso mismo, desaparecida la causa de su origen el convenio quedaba invalidado o era sustituido por otro que se acomodara mejor a las circunstancias.

Aquellas alianzas no eran para preservar los principios o las bases de la República; eran para destruir a los hombres de pensamiento luminoso; eran para aniquilar a los exponentes más conspicuos del federalismo, como si destruyendo al hombre mataran las ideas. Así la primera alianza de Honduras y Nicaragua auspiciada por Ferrera, fue para destruir a Morazán; la alianza de Chávez y Ferrera con Malespín, fue para destruir a los Coquimbos y el pacto de Guardiola y el General Juan López con el General Rafael Carrera, fue para destruir a Cabañas. De suerte que no hubo en ellos ese elevado espíritu, esa base idealista que fué norma invariable en la vida de Cabañas que no necesitó para luchar por ellos de convenios y alianzas desdorosas. Porque el único Pacto que suscribió para dar vigencia a su fe unionista cuando era Presidente de Honduras, fue el de la República mayor con El Salvador y Nicaragua.

Pero este Pacto fracasó porque Cabañas lo suscribió de buena fé, con lealtad ciudadana y los otros dos lo hicieron por cálculo, como medio de preservarse los caudillos en el disfrute del poder. Cuando Cabañas militó en la campaña unionista promovida por el Dr. Juan Lindo, voló al primer llamado y se aprestó a la lucha. Lindo era conservador y había jugado a la política con gran habilidad y Cabañas lo sabía. Pero también sabía que aquel gran hombre cuando se decidió por la causa de la nacionalidad, lo hizo de buena fé, pensando en la patria destrozada que era preciso reconstruir para abrirle paso entre las naciones progresistas de su tiempo. El intento fracasó en "La Arada", y Cabañas salió de la prueba más resuelto a sostener sus principios y a luchar por ellos. Guardiola que allí anduvo también, defeccionó ante la derrota y se dejó seducir por Carrera de cuya voluntad fue desde entonces un fiel ejecutor. ¡Qué diferencial

En verdad, Cabañas cometió muchos yerros, pero no fueron hijos del cálculo; le sorprendían por su candidez, por su sinceridad ideológica, porque nunca fué político ni al modo suyo ni al modo de aquellos que le usaron como medio de saciar ambiciones o de cobrar crueles venganzas. ¡Que diferencial Más, para asombro de las generaciones jóvenes de Honduras, a cien años de la muerte de Cabañas reaparecen los corifeos de Guardiola y a su nombre le llaman traidor, le infaman con saña pretendiendo desnaturalizar su figura de Bayardo y su estatura de "Soldado ilustre de la Patria" con que lo condecoró la Asamblea Legislativa de 1851, y seguramente lo hacen así, como medio de enaltecer a Guardiola, como si el valiente Capitán General Presidente no tuviera otros méritos que disimular sus errores y sus culpas haciéndolo digno del respeto y la admiración de sus conciudadanos. Pero los gansos son así. Nunca han podido cantar las glorias ajenas.

CAPÍTULO XXV: EL VALOR
LEGENDARIO DE UN SOLDADO

La vida militar de Trinidad Cabañas desde sus comienzos fue de peculiares matices. Los que nunca le quisieron bien porque les ofendía el puñado de virtudes del soldado y del ciudadano civil que se conjugaban en su pequeña figura, le llamaron "señor de las derrotas" y sólo hablaron de los fracasos de sus armas sin hacer mención de sus victorias y sin un análisis de las circunstancias que, en varias ocasiones le llevaron a calculadas retiradas sin dar batalla, que ellos calificaran con ligereza como derrotas tremendas. Pero lo que los gansos de la historia silenciaron es que Cabañas fue más grande, más inmenso en los momentos difíciles.

Cuando estaba por perderse una batalla, la frágil figura de Cabañas cobraba las proporciones de un gigante y su valor heroico siempre salvaba la situación atajando al enemigo para poner fuera de peligro la vida de sus soldados. La historia patria no registra en sus páginas gestas más gloriosas que las Cabañas, porque la victoria hace más grande a los hombres, pero la derrota hace más grande a los héroes. Jinete en su corcel, Cabañas cruzó los campos de la Patria Grande para combatir en defensa del ideal de Morazán que era el suyo, y su espada brilló siempre, en la adversidad o en el triunfo. De él se puede decir como de Washington que fue grande en la guerra, grande en la paz y grande en el corazón de sus conciudadanos, calificativos fácilmente demostrables.

Para los separatistas, todas las acciones de armas de Cabañas terminaron en derrotas, y los cachurecos de hoy, últimos reductos del carrerismo, repiten con la torpeza clásica del loro, semejante apreciación, mencionando el combate de "El Potrero" librado contra el Coronel Manuel Quijano, la batalla de Quelepa ganada por el Coronel Ramón Belloso, el sangriento 2 de Junio en que el General Santos Guardiola recuperó la plaza de Comayagua y el desastre de Masaguara, que costó a Cabañas la presidencia de Honduras, ocasionado por las fuerzas carreristas al mando del General Juan López.

Pero los que aún respiran por las narices del conservatismo tipo Jáuregui, silencian el heroísmo de Cabañas al rematar victorioso el combate de Jaitique contra el Coronel Vicente Dominguez que atacaba con fuerzas superiores en posiciones ventajosas a la reducida columna de hondureños que se batían en defensa de la Soberanía Nacional; no hacen mención del triunfo de Cabañas sobre las fuerzas organizadas por Jáuregui y Ferrera para tomar la plaza de Tegucigalpa de la que era Jefe Político e Intendente en donde los reaccionarios recibieron tremenda tunda a manos del soldado liberal; tampoco recuerdan la acción de Cuesta Grande, los combates de La Soledad y Choluteca, la primera ocupación de Chiquimula ni la gloriosa acción de Coatepeque, en donde el valor legendario de Cabañas detuvo y puso en fuga a los Mataquescuintlas de Carrera.

Menos aún pueden hacer mención de la tremenda paliza que Cabañas al mando de 100 hombres cansados y mal municionados, dió a 800 jutiapas comandados por Manuel Figueroa en los llanos de Ahuachapán en marzo de 1840. Todas estas y otras acciones de menor importancia fueron victorias de Cabañas, fueron laureles bien ganados por su valor y pericia en favor de la causa hermosa que defendió toda su vida. Pero los cachurecos de ayer y de hoy, gansos que siguen el sistema histórico de Piñeiro (copiarse unos a otros) niegan estos hechos de armas o al menos aparentan ignorarlos desfigurando la historia, mintiendo, ofreciendo falsas y arregladas evidencias como algunas que han hecho circular para oponerse al homenaje que la patria hondureña prepara con motivo del primer centenario de la muerte de Cabañas.

Si bien Cabañas fué grande en la victoria perdonando y atendiendo a los vencidos, su valor heroico tocó los linderos de lo sublime en las horas de las trágicas angustias; en los instantes de las decisiones definitivas cuando todo se ha perdido, cuando hasta en los grandes generales ha sucumbido o está en zozobra la esperanza,

Cabañas con la entereza que le daba su valor cobraba las dimensiones de un coloso y salvaba las situaciones difíciles. A él le tocó abrir la brecha para romper el cerco carrerista en Guatemala salvando los 400 hombres que habían quedado del ejército de Morazán; Cabañas abrió la brecha y luego se jugó la vida cubriendo la retaguardia de los Morazanistas en el Combate y sitio de San José de Costa Rica; Cabañas rompió filas y protegió la retaguardia para que Gerardo Barrios escapara de San Salvador; mientras Guardiola huía pasándose a las filas del victorioso Carrera después del desastre de La Arada, Cabañas, siempre heroico, siempre pronto al sacrificio, detiene y para en seco a los generales carreristas dando tiempo a los diezmados soldados de Vasconcelos para salvar su vida. Así se batió en León contra el sanguinario y despiadado Malespín, y así detuvo en Comayagua, con solo cinco de sus oficiales a las tropas de Guardiola enardecidas por el triunfo del 2 de Junio.

Pero si su valor fue temerario en el combate, su noble corazón fue grande en las horas de la paz, porque Trinidad Cabañas amaba el trabajo, sentía la atracción del campo, el olor de la tierra roturada por el arado y por el pico que horada la roca cuando iba al laboreo minero de Yamabal. Ser grande en la quietud del campo con la misma grandeza que se ostenta en la hora del triunfo o en el solio de poder, es signo de alta dignidad. Y Cabañas lo fue en demasía porque en él, Trinidad Cabañas héroe o presidente, no cambió en el Cabañas derrotado ni en el Cabañas campesino. Él era igual en la modesta hamaca de sus predios de Selguapa o en el sillón presidencial o bajo el dosel de un Ministerio. Por eso fue grande en la paz; por eso, por su valor de héroe legendario y su dignidad de simple ciudadano, los pueblos lo eligieron primero Vice-Jefe del Estado y luego Presidente de la República de Honduras; por eso también el pueblo, representado en la Asamblea Legislativa le condecoró con el título de Soldado Ilustre de la Patria cuando con otros generales había perdido la acción de La Arada; por eso; la Asamblea Salvadoreña la proclamó Benemérito de la Patria y en toda Centroamérica se le venera y respeta como un alto exponente del soldado valeroso y del ciudadano de manos puras y corazón generoso. Se habla hasta con morbosa fruición de las derrotas de Cabañas, pero ¿qué militar no ha sufrido sus reveses? ¿No fracasó

Napoleón en Rusia y en Waterloo? ¿No sufrió Morazán el eclipse de sus glorias en Guatemala y San José de Costa Rica? ¿Acaso Santos Guardiola no recordaba la acción de El Obrajuelo, como Ferrera las de Espíritu Santo y Perulapán?

En el arte de la guerra los combatientes tienen al frente el enigma de una victoria o de una derrota. La ciencia de la estrategia militar no es una disciplina exacta como las matemáticas, y los cálculos como la astucia suelen fallar cuando menos se espera. Pero lo grande, lo positivo es el valor. El valor para recibir las caricias de la gloria del vencedor, y el valor sublime de ser grande y noble cuando se es vencido.

CAPÍTULO XXVI: LA AUSTERIDAD PRIVADA Y PÚBLICA

Debemos ejemplarizar con Cabañas una virtud que ahora es desconocida: Su austeridad. Pero no tomándola como "mortificación de los sentidos y pasiones", sino en su aceptación de rectitud, de integridad, de justicia en todos los actos de su vida. El desinterés con que luchó por el ideal grande y hermoso de la Nacionalidad centroamericana la probidad con que manejó los pocos caudales de la nación, representen por sí solos ese tipo de austeridad que no tuvo en Cabañas otra influencia que la justa razón a que sujetó su vida privada y pública. Si no bastase para servir de ejemplo el desprendimiento con que renunció a la pensión vitalicia que le otorgó el Estado, pueden mencionarse otras actitudes que representan la moderación y el temple de sus acciones, tales como su resistencia para aceptar el alto honor de venir a ocupar la silla presidencial para lo cual el pueblo hondureño lo había escogido en 1852, o bien aquel gesto de máxima honradez cuando devolvió a los comerciantes migueleños el dinero recibido en préstamo manifestándoles que, como el movimiento revolucionario que iba a financiarse había fracasado, aquel dinero ni le pertenecía ni le servía para nada.

En su vida privada, Trinidad Cabañas fue intachable. Él tenía en alto el concepto del hogar, la idea de la familia, como tenía en su corazón bien grabado el ideal de la unión de cinco pueblos para formar una sola entidad política. Y fue leal a uno y otro, jamás defeccionó ni siquiera se apartó de su línea de conducta. Actuó con decoro y mantuvo su decencia siempre vigente, ya fuera en los asuntos hogareños o en los complicados problemas de la política o de la República. Aquella austeridad traía aparejada la sencillez y la humildad con que Cabañas se presentaba a filas en los instantes más difíciles para la República, y ese conjunto de atributos que destacaron más en un medio inestable como el Centroamericano, en cuyo escenario actuaban hombres llenos de soberbia, abatidos internamente por las pasiones del odio, la venganza y el rencor, fueron el escudo que le protegió contra la intriga y la perversidad.

Es altamente significativo el hecho de que Cabañas jamás fue ultrajado en su persona o en la de su esposa; los jefes militares contra quienes combatió le respetaron concluida la batalla. Las persecuciones de que se le hizo objeto fueron realizadas mientras el valiente general no se daba reposos buscando lo medios para combatir en favor de su eterno y grande ideal, pero cuando él optaba por retirarse a la vida privada, a sus labores de campesino, no se le molestaba. Por algo se le tenía en gran estima. Y ese algo que se conjugaba con su valor, seguramente fue su austeridad; su honradez, sus principios sin dobleces, la rectitud de su doctrina, su apego a lo que era justo, a lo que era digno y decente.

¿Cómo podríamos explicar, de no haber tenido Cabañas estos atributos, que después de una contienda armada, este ejemplar ciudadano se retiraba tranquilo a su heredad de Yamabal sin ser molestado? Cabañas permanecía largos períodos trabajando la tierra, haciendo labores de "güiris" en la explotación minera y los provechos que obtuvo de su trabajo, fueron arrancados con sus manos y no tomados del arca pública por los medios que entonces eran usuales. Y no solo era respeto el que infundía aquel hombre menudo de tez tostada por el sol de las canículas; también era admiración y cierto afecto el que había despertado su conducta ejemplar. Si para perseguir a los enemigos del régimen separatista en cualquier latitud de Centro América sólo bastaba un insinuación de cualesquiera de los déspotas, para haberlo hecho con Cabañas el asunto era distinto, porque no se le podía acusar de conspirador: él combatía de frente y de cara al sol; tampoco de traidor: jamás claudicó de sus ideas o de la fé jurada; y mucho menos de malversados de fondos públicos porque era tal su pobreza que la infamia no podía atreverse a espetar en aquel rostro sereno y tranquilo semejante acusación.

La historia solo registra un folleto publicado por Don Joaquín Eufrasio Guzmán en el cual enrostra a Cabañas como serie de imputaciones que fueron el producto del despecho y no el reflejo de la verdad. Pero hay que hacer a un lado el rubor que produce en la gente decente la mentira, aun cuando se la use como arma política, costumbre muy en boga en aquel tiempo como ahora cuando los valores morales andan de capa caída. Sin embargo aquella explosión de rencor, aquella dialéctica emponzoñada del General Guzmán no logró restar prestigio y respetabilidad a un patriota que solo supo poner su empeño en bien de la República, y claro está que los pueblos jamás abandonaron a Cabañas, jamás dudaron de Cabañas, jamás le ofendieron, al contrario cualesquiera de los errores que como humano cometió; le fueron dispensados, porque el pueblo en muchas ocasiones difícilmente se equivoca, máxime como la verdad y la realidad están a ojos vista.

Pero el Señor Don Joaquín Eufrasio Guzmán hilvanó su escrito con una pluma empapada en la hiel de un resentimiento pueril. Él se inventó lo de la propiedad Salvadoreña de las islas del Golfo de Fonseca porque se había apropiado de la Isla de Martín Pérez desde 1845 afirmando que la había comprado al Gobierno Salvadoreño pagándola peso sobre peso y como Cabañas diera a entender que aquella afirmación era mentira y su posesión ilegal, el Señor Guzmán, en la imposibilidad de probar los extremos de su "verdad", recurrió al arma de los vencidos innobles: la calumnia y la ofensa personal, expediente usado por los contendientes en derrota cuando las batallas se libran por la verdad, la justicia y el derecho.

En defensa de Cabañas salta a la vista su actuación perpendicular, su conducta sin dobleces, su desprendimiento sin límites, y si esto no bastara, la opinión de un extranjero sin ligamentos con la política de la época, sitúa a Cabañas en el sitio justo que le ha dado la historia. Wells, que visitó Honduras cuando Cabañas era Presidente, se expresa de este modo: "Cabañas en este tiempo tenía cincuenta y dos años, pero las zozobras y penalidades de vida militar habían arrugado sus facciones. Sus compatriotas siempre han tenido una inconmovible confianza en su gestión política, a la que aun los peores enemigos de su política liberal, nada le pueden tachar ya que se inspira en los más sanos propósitos. Cuando le agradecí sus gentiles expresiones de bienvenida, tan antiespañolas en su evidente sinceridad, sentí que cuando menos estaba frente a un hombre cuya carrera política no había sido manchada por una sola crueldad o rebajada por un solo acto traicionero o indigno. Durante la conversación, tuve la oportunidad de verificar los varios informes que sobre su aspecto personal se me habían dado. Su estatura, más bien diminuta, estaba compensada con su esbeltez extraordinaria, y en la plática sus ademanes armonizaban con el juego inteligente de su fisonomía. Es, en verdad, un noble ejemplo de varón, pletórico de tranquila dignidad. Sus ojos son dulces, obscuros e inteligentes. Sus cabellos, otrora color castaño, son ahora blancos y largos, mientras su barba, patriarcal por su longitud y color níveo (la que de acuerdo con su promesa solemne, no se ha cortado desde la muerte del General Morazán) imparte un interés adicional a la expresión triste de su rostro. Cabañas está cubierto de heridas, que recibió en innumerables combates, muchos de ellos perdidos en la historia del pequeño teatro de guerra donde ocurrieron, pero casi increíbles por su fiereza salvaje y por la profusión de la sangre derramada".

CAPÍTULO: XXVII GENIO Y FIGURA

La personalidad de Cabañas dió origen al choque de opiniones entre las dos grandes tendencias políticas de su tiempo que, o bien exaltaban sus virtudes o bien destacaban sus errores y desaciertos. Si el juicio provenía de los liberales en cuyas filas militó toda su vida, siempre tuvo ribetes de elogio y de consagración; si lo emplazaban los conservadores, resultaban verdaderas piezas de difamación, con toda la virulencia que caracterizó su época, cuando los manifiestos y las proclamas eran la base de toda propaganda sectarista; de tal manera que ambos juicios alrededor de su figura me han servido para buscar la verdad, y me llevaron a concluir que, las infamaciones que se lanzaron contra él, los cargos y los errores que se le hicieron, tuvieron como base la pasión política que engendraba odios sin límite, y no la realidad de los hechos. De ese cúmulo de cargos y descargos sale el Cabañas que se ajusta más a la verdad: aparece el Cabañas real, el apasionado luchador que no envainó su espada ante las conveniencias, el soldado valiente y heroico pero desafortunado, el político de mala calidad que obraba siempre impulsado por el corazón y no por el cálculo y el análisis sereno del medio que le rodeaban; el estadista de medianía que no podía contrarrestar la sutileza política de los pícaros y depravados que jugaban a los moros y cristianos en Centro América, y surge también el Cabañas confiado que cree que todos los hombres son buenos, que todos son leales, porque él era leal y bueno; el Cabañas humano, sensible a las miserias de los demás porque hace un recuento de las propias, desprendido, magnánimo y comprensivo.

No aparecen por ningún lado las señales del déspota ni las huellas del traidor; tampoco aparecen las cerraduras violada que deja el ladrón y el defraudador, y al contrario todas las pruebas, todas las evidencias son de honestidad y de manos puras; no hay crímenes ni borracheras ni saqueos que empañen el cristal de su vida porque su pensamiento fue diáfano, su batalla a la luz del día y si fueron más sus derrotas que sus victorias, de ninguna manera disminuyen la talla de su gran valor y la calidad de los principios por los que supo luchar con denuedo. La convicción que dejó expuesta se ha formado de la lectura y el estudio de documentos, privados, cartas y notas de Cancillería que en su tiempo no se daban a conocer, y por lo tanto no es igual este Cabañas puro y noble, al Cabañas descrito en las proclamas y hojas sueltas populacheras, que no obstante sirvieron para buscar el camino que condujo a las mejores fuentes de información.

Aparte de esto, el testimonio de los hombres más preparados y los historiadores más honestos y serenos están concordes en una misma opinión sobre la figura de Trinidad Cabañas, y son testimonios de conservadores y liberales, que los convierte en valiosos respaldos de la verdad. El Dr. Montúfar, cuyo apasionamiento sectario le achacan los conservadores, al juzgar a Cabañas lo hace sin esa adhesión que todo lo perdona, y le fustiga a veces y lo disculpa a medias otras; pero el Dr. Montúfar no fue para mí ni la Biblia ni el Corán. Salir airoso en aquel ambiente de pasiones, en aquel medio convulsionado y cambiando y cambiante, era tarea de titanes; y a Cabañas le tocó luchar por la Unión cuando ya la República había muerto y cuando nadie quería hablar de federación, porque cuando peleó por ello al lado de Morazán, todavía era vigente el pacto federal; pero después él sólo entre léperos y unionistas de mentiras, resultaba como una oveja entre los lobos hambrientos de poder dominados por insanos propósitos y bajo la presión y la influencia de intereses extranjeros colonialistas y esclavistas.

Pero de todo ello, Cabañas aparece limpio de pecado, y su figura se agranda a medida de que quienes le conocieron, hacen la descripción del hombre, no del héroe legendario. Wells se expresa así: "Una cortina de damasco rojo, descolorida, colgada de lado a lado, servía para separar la oficina de la sala. Fue descorrida y, cruzando entre sus amplios pliegues, entramos a un pequeño gabinete. El mobiliario consistía en unos pocos escritorios repletos con expedientes, una gran mesa y escaso número de sillas, que mostraban su mucho uso. T., que era pariente de él, se adelantó y me presentó al señor Presidente. Estaba sentado frente a su escritorio y cuando entramos dirigió la vista hacia nosotros".

José Antonio Vijil, compañero de armas desde los días gloriosos de Morazán, le describe en sus Memorias con estas palabras: "Casi siempre este Jefe daba paso porque su humildad, su bello corazón no era para ser militar: sus desgracias últimas en su carrera pueden muchas, atribuirse a la conciliación que él quería hacer entre el honor, la humanidad y nuestro mal estado, odios e intereses rastreros. De todo le parecía a él que debía de prescindirse ante los grandes e inmensos intereses de la patria, y para conservar la vida de los infelices soldados, y la quietud y reposo de la demás gente laboriosa y pacífica. No era Jefe para estar en la anarquía: demasiado bueno y generoso para satisfacer tanta pasión, o traer al orden a sus enemigos, a quienes hasta en el furor del combate quería ver y tratar como sus hermanos y amigos. En el cielo estará representando su verdadero papel, recogiendo el fruto de tanta virtud. Dispense el lector esta interrupción, propia únicamente de la estimación que por este ilustre hombre tuve durante la mayor parte de su existencia".

Ortega contemporáneo de las luchas por la nacionalidad y de la guerra contra los filibusteros, también se refiere al Cabañas soldado: "La grande y acerada lanza de Bernabé, bien afilada, como la media luna que tenía, causaba el terror, cuando este bravo jinete, la hacía reflejar a los rayos del sol, blandiéndola con su hercúlea diestra, en los días de pelea y granjeándose el renombre de intrépido. Como Cabañas fué llamado en el ejército el impertérrito barbas de oro. Cabañas era adorado por los soldados que se disputaban el honor de salir con él cuando iba a combatir, porque era muy valiente, y además se había captado su simpatía con sus nobles comportamientos. Se interesaba por el bienestar el soldado; le gustaba que estuviese suficientemente alimentado, y con las comodidades compatibles con la vida de campaña. De consiguiente, la tropa le quería mucho, y se presume que en esta circunstancia despertó celos en el Mariscal Casto Fonseca. El principal Jefe de la plaza atacada era Fonseca, que había hecho un trato de víveres, para dar de comer a sus defensores. Este concusionario vulgar, racionaba a la tropa en su casa; y a los soldados con quienes salía Cabañas a los combates, les mandaba su ración muy mezquina. Cuando este Jefe ilustre supo lo que sucedía con su tropa, pensó eliminarse por sí mismo, saliendo de la plaza, poniéndose de acuerdo con el General Álvarez, el Coronel Gerardo Barrios y los demás importantes Jefes de la falange coquimbo".

El Benemérito de la Educación, Doctor Esteban Guardiola , define el General Trinidad Cabañas con estas palabras: "Demócrata sincero, liberal convencido y hombre de gran Corazón; su vida pública fue luminosa y fecunda en grandes hechos y en elocuentes y benéficas enseñanzas. Por tan bellas cualidades mereció ser primero Magistrado de esta República, Presidente de la Asamblea Legislativa de El Salvador y Ministro de la Guerra del Gobierno de aquel Estado, puestos difíciles e importantes en que supo distinguirse por su integridad y buen sentido. Fué también dechado de otras grandes virtudes cívicas y privadas. Patriota abnegado mostro su desinterés sirviendo la Intendencia de la Aduana de Trujillo sin cobrarse sus sueldos y renunciando la pensión vitalicia acordada a su favor y de su familia, porque, según sus bellas palabras, "todos los ciudadanos tenemos la más estrecha obligación de ser útiles a la patria y de defenderla cuando se ve amenazada de algún peligro, y cuando hemos tenido ocasión de prestarle algún servicio señalado, no hemos hecho más que llenar nuestro deber.

Unionista decidido, consagró toda su vida, primero al sostenimiento del pacto federal y después a la reconstrucción de la Patria de nuestros mayores, sin que pudiera ver coronados sus nobles esfuerzos ni realizadas sus postreras esperanzas. Leal, se le vió figurar siempre en las falanges morazánicas, y como Apóstol fervoroso, seguir a todas partes al Luchador incasable, al invicto Caudillo de la unión. Denodado, lo vemos exponerse a los mayores peligros y llevar su audacia hasta asaltar en persona las trincheras del enemigo. Desprendido, se resiste a aceptar la Presidencia de la República y renuncia dos veces el cargo de Presidente Provisional de Centro América.

Humilde, se retira también dos veces a la vida privada, la primera para dedicarse al laboreo de minas en Yamabal, y la segunda, como Washington y Cincinato para vivir "ni envidioso ni envidiado" en una pequeña finque que poseía a orillas del rumoroso Selguapa, donde terminó sus días llevando como Lincoln "vida de leñador". Pero, ¿A quién perseguir? Sus preclaras virtudes y sus grandes hechos están ya consignados en el libro de oro de nuestra historia, y su hermoso hombre, mejor que en el bronce y el el granito, está grabado en el corazón de sus conciudadanos. La fama lo ha colocado en el número de sus negocios, y nosotros no hacemos más que rendir un cumplido homenaje de admiración y respeto a su memoria por siempre venerada. Regocijémonos, y en este día del público entusiasmo, honremos al héroe nacional y con él a Honduras, nuestra amada. Tierra.

Pero Cabañas cerró sus ojos dejándonos este pensamiento, que fué el escudo de sus grandes batallas: Todos los ciudadanos tenemos la más estrecha obligación de ser útiles a la patria, y defenderla cuando se ve amenazada de algún peligro; y, cuando hemos tenido ocasión de prestarle algún servicio señalado no hemos hecho más que llenar nuestro deber. Si mis constantes esfuerzos en defender las instituciones democráticas, la libertad e independencia de mi país, han podido llamar la atención de mis ciudadanos, ellos por el órgano de sus apoderados me han dado ya el más lisonjero galardón en el decreto de 11 de mayo, que me condecora con el título de Soldado de la Patria".

CAPÍTULO XXVIII: DE LA TIERRA A LA GLORIA

Un día de la Pascua de Navidad de 1870, corrió la noticia de que "el General" estaba grave y medio Comayagua se movilizó para indagar la verdad. El viejo Soldado estaba en angustiosa lucha en la muerte; desde principios de diciembre había dejado su finca de Celguapa trasladándose a la capital porque los aires fríos reavivaban el reuma y la afectaban profundamente su salud, y su médico, el Doctor Jesús Bendaña, fue de parecer porque buscara reposo sometiéndose al régimen que habría de indicarle. La antigua casona en que vivía el General Cabañas era una colmena: entraba y salía gente de todas las condiciones sociales; hubo junta de médicos: se llamó a Don Rómulo Colindres, al Doctor Pedro Francisco de La Rocha, que era Ministro del Gabinete y al Licenciado Don Manuel Fernández; los amigos velaron al enfermo largas noches para acompañar también a Doña Petronila, su amante y abnegada esposa, en aquellos momentos de angustia y hasta el Gobierno se interesó por la salud de aquel ilustre enfermo.

Pero la ciencia Médica, que no estaba tan avanzada en nuestro medio, fué impotente para vencer una neumonía doble y una oclusión intestinal complicada, según reza el dictamen de los facultativos. El 8 de enero de 1871, las campanas de la imponente Catedral, anunciaban con sus dobles melancólicos, que El Soldado Ilustre de la Patria, el General Trinidad Cabañas, acababa de morir. La casa del duelo pronto se llenó de gente para ver por última vez al General, que estaba allí en su féretro, sereno con su patriarcal barba blanca, la barba cuyo color era igual al de su corazón, con su uniforme militar azul marino con ribetes rojos y dorados.

Ya no recorría más los polvorientos caminos de la Patria Grande, y no habría ya quien los recorriera por lograr un ideal hermoso, porque con él, con Cabañas, había muerto el último oficial de Morazán. El partido liberal guardaba duelo y en el alto mástil de la plaza, frente al cabildo, el pabellón nacional flotaba a media asta con un negro crepón en señal de duelo de la Patria. Las exequias fueron solemnes presididas por el Vicario General y el Alto Clero con asistencia del Señor Presidente General Medina, de altos funcionarios sociedad y pueblo; un piquete de tropa y la banda marcial formaron el cortejo y nadie se apartó del séquito hasta llegar al templo de San Sebastián. En el atrio de la Iglesia de La Merced fue colocado el ataúd en un catafalco; se rezó un responso y el Licenciado Don Manuel Colindres pronuncio una Oración a nombre del Poder Ejecutivo.

El cortejo prosiguió entre marchas y sollozos y al bajar a la tumba, tres descargas de fusilería y varios cañonazos dieron la señal de que el General Trinidad Cabañas se había incorporado a la madre tierra. Pero había sido sepultado el cuerpo inerte del Gran Soldado, porque su espíritu, seguiría flotando en el espacio ancho y soleado de la Patria; con su muerte, Trinidad Cabañas se convirtió en símbolo centroamericano al lado de Morazán, de Barrundia, de Mora, de Jerez y de Barrios. Con ellos iba a juntarse en la Gloria, en el sitio de los que nunca se olvidan porque su vida fué una lucha, una batalla por la libertad, un vibración del heroísmo que empujó a los grandes hombres de nuestra Historia a realizar los más grandes esfuerzos por el ideal de su época; la unidad y la trasformación social; la libertad, la igualdad y la justicia.

El Capitán General Presidente Don José María Medina, que le había adversado en el campo de batalla, fue el primero en honrar su figura prócer, emitiendo un Decreto en el que le llama "Benemérito y Soldado Ilustre de la Patria", ordenando las exequias y el réquiem "con todo el aparato correspondiente a tan Distinguido Ciudadano", haciendo llegar a Comayagua la fuerza estacionada en La Paz, para que unida con la que se halla en esta plaza, haga al cadáver los honores de ordenanza, y mandando que los gastos fuesen pagados por el Estado. La prensa centroamericana se refirió al doloroso suceso con respeto, y enalteciendo las virtudes de Cabañas; nadie lanzó un insulto, nadie formulo un cargo, nadie le dijo traidor, ni vende patria, ni cobarde. Nadie.

El príncipe de las letras hondureñas, el genial Don Ramón Rosa, le dice: "Héroe inmaculado de los eternos reveses: ante la Historia has vencido, porque siempre fuiste bueno, leal, generoso y patriota; porque la Patria hoy te presenta como dechado de honradez y de heroísmo", y Marco Aurelio Soto, a los once años de su muerte, levanta una estatua en el Parque de La Merced, con esta inscripción: "Al heroico soldado de la Unión Centroamericana. Al guerrero Modelo de Valor, de Constancia, de Honradez y de Lealtad". Era la voz de la Patria, era el sentir del pueblo que le había llorado; era la glorificación de aquel

Soldado Ilustre a quien comenzaba a ponerse como ejemplo para las generaciones. Las Plumas mejor pulidas comenzaron a escribir en elogio del Caballero sin tacha y sin miedo.

Paulino Valladares, el insigne maestro del periodismo que tuvo siempre rasgos geniales de historiador y sociólogo, pedía en 1915 una biografía de Cabañas "pero escrita en forma didáctica y artística para que sirva de libro de lectura en las escuelas públicas para que los niños aprendan lecciones de carácter, de moral, de religión y de civismo. El culto de los héroes empezaría dando resultados fecundos, porque, si el relato de la vida de un día de la Atenas de Pericles, es un curso suficiente de enseñanza integral, la biografía de Cabañas será un tratado completo de educación cívica y del noble uso que el hombre honrado hace de su voluntad y de su inteligencia".

Y Céleo Arias y Rómulo E. Durón escribieron preciosas biografías del Cabañas inmortal; y Antonio Grimaldi, y Zúniga y Montúfar lanzaron sus voces que eran himnos de gloria para el Bayardo Centroamericano y los filósofos como Gavidia, Masferrer y Vecenzi, proclamaron con honda devoción el ejemplo de aquel prócer sencillo y humano donde se habían conjugado las más altas virtudes ciudadanas. Y los poetas cantaron sus heroicos pasajes, desde José Trinidad Reyes hasta el más joven de los portaliras hondureños le dedicaron himnos de gloria. José Antonio Domínguez, Joaquín Soto, Adán Canales, Víctor Cáceres Lara, Juan María Cuéllar y tantos más han escrito los más bellos poemas en su honor. Y vinieron los mármoles y los homenajes sentidos: pueblos y escuelas donde se forman nuestros niños llevan el nombre de Trinidad Cabañas; parques y paseos públicos también llevan su nombre y el crisol en donde se forjan los defensores de la Patria, donde el soldado aprende sus lecciones de honor y de lealtad, con justo orgullo ostenta el nombre de "Fuerte General Trinidad Cabañas".

El Doctor Ángel R. Fortín, uno de los más recios periodistas hondureños afirmó: "Puede atentarse contra todas las glorias nacionales; pero no hay ni habrá jamás una pluma, una mano, una conciencia que se atreva a atentar contra la memoria de Cabañas, Puede decirse que es el único verdadero sol moral a donde no pueden llegar jamás los besos de la sombra". En 1921, a los 50 años de su muerte, el Partido Liberal colocó en su tumba una sencilla lápida. Y Trinidad Cabañas hizo el tránsito de la tierra a la Gloria.